Ozan Zakariya Keskinkılıç
MUSLIMANIAC

Ozan Zakariya Keskinkılıç

# MUSLIMANIAC

## Die Karriere eines Feindbildes

Edition
Körber

Bibliografische Information der Deutschen Nationalbibliothek

Die Deutsche Nationalbibliothek verzeichnet diese Publikation in der Deutschen Nationalbibliografie; detaillierte bibliografische Daten sind im Internet unter http://dnb.d-nb.de abrufbar.



Umschlagillustration: Nes Kapucu
Umschlag: Groothuis. www.groothuis.de
Herstellung: Das Herstellungsbüro, Hamburg |
www.buch-herstellungsbuero.de
Druck und Bindung: CPI – Clausen & Bosse, Leck
Printed in Germany

ISBN 978-3-89684-289-3



www.edition-koerber.de

# Inhalt

Einleitung: Unter Verdacht ... 9

1. Koloniale Diagnosen ... 29
2. Kanak Attak Reloaded ... 45
3. Die Verwandlung zum islamischen Schreckgespenst ... 69
4. Orientalika. Über Exotismus und Barbarei ... 101
5. Geschlechterfeindbilder ... 128
6. Queer Dschihad ... 149
7. »Nichts als deutsch redende Orientalen«? – Sprache, Kunst und das Märchen der Leitkultur ... 182
8. Poetischer Islam ... 204

Danksagung ... 224

Anmerkungen ... 226

Quellennachweis Interventionen ... 263

*Für Marwa El-Sherbini (1977–2009)*

Der Zustand des Fremdseins hat mich vergessen lassen, was ich wünsche; vielleicht aber kannst du – Gott stärke dich – mir sagen, was ich will.

– Ibn Khaldun (1332 – 1406)

# Einleitung: Unter Verdacht

> Alles schien darauf angelegt, mich zum Schweigen zu bringen und von dem abzulenken, der ich war, mich zu jemand anderem zu machen. Damit begann mein lebenslanger Kampf gegen die Launenhaftigkeit und Heuchelei einer Macht, deren Autorität sich ausschließlich auf ihre ideologische Selbstdarstellung stützte, der zufolge sie moralisch handele, im guten Glauben und mit den besten Absichten.
>
> – Edward W. Said, *Am falschen Ort*

Auf meinem Rechner sammele ich schon seit einigen Jahren Zuschriften »besorgter Bürgerinnen und Bürger«, die in mir so etwas wie den Pressesprecher der »islamischen Welt« sehen. Anders kann ich mir die Vielzahl von Nachrichten nicht erklären, die mich regelmäßig per E-Mail, über Social-Media-Kanäle, manchmal sogar ganz traditionell auf dem Postweg erreichen. Da ist zum Beispiel Herr A. Er schickt mir eine selbst erstellte Excel-Liste diverser Gräueltaten, die von Musliminnen und Muslimen weltweit begangen wurden oder begangen worden sein sollen, penibel sortiert nach Datum, Ort und Ausmaß der Brutalität. Er bittet mich um Stellungnahme bis zur kommenden Woche.

Meistens sind die Nachrichten kurz und knackig. »Ich

werde dir 9/11 niemals verzeihen«, schrieb mir ein Unbekannter auf Facebook. Bis dato wusste ich noch nicht, dass ich höchstpersönlich für die Anschläge auf das World Trade Center verantwortlich war, und erschrak für einen Moment über die Hinterlistigkeit, mit der ich sogar mich selbst betrog. Einige Zeitgenossen fordern mich auf, das Land zu verlassen, am besten bis morgen. Anderen reicht diese Vorstellung nicht, sie wünschen mir gleich den Tod.

Zum Glück gibt es mitunter kreative und einfallsreiche Zuschriften, die mich manchmal sogar zum Lachen bringen. Vor zwei Jahren erreichte mich in meinem Hochschulpostfach ein handschriftlich verfasster Brief von Herrn F., der sich als FDP-Mitglied vorstellte. Er begann den Brief damit, mehrfach zu betonen, dass er Afghaninnen und Afghanen Deutschunterricht gibt und zwar kostenlos. Herr F. schrieb, dass er weltoffen ist. Dass Hass und Gewalt durch nichts zu rechtfertigen sind. Das klang alles sehr schön. Doch meine langjährige Erfahrung als unbezahlter Pressesprecher der »islamischen Welt« lehrte mich, dass nach der Mitteilung solch aufopfernder Gesten am Anfang eines Briefes das Aber nicht weit entfernt sein kann.

Und tatsächlich, da kam die Einschränkung schon im nächsten Satz. Die Grenzen der Toleranz des Herrn F. waren nämlich nun erreicht. Er störte sich generell an den Muslim:innen. In seinem Brief beklagte er, dass das Kopftuch Alltag geworden sei und dass die Liste an Gewalttaten, die diese Menschen begehen, gar nicht in seinen Brief passen würde. Dafür hätte er auch keine Zeit.

Aber mir eigens ein Bild zu malen, dafür schon. Dem Brief war eine selbst gemalte Zeichnung beigelegt. Sie zeigt eine Frau, einmal in Niqab und einmal in Burka. Dunkle Wassermalfarben auf DIN A4. Die Notiz zum Kunstwerk lautet: »Diese Dame hätte ich so nicht gewählt – es ist Frau Bundeskanzlerin Merkel.«

Das Bild habe ich eingerahmt und über meinen Schreibtisch gehängt. Es erinnert mich daran, dass die »Islamisierung Deutschlands« ganz nach Plan verläuft. Den Eindruck haben jedenfalls nicht wenige Menschen im Land. Einmal abgesehen von PEGIDA, den *Patriotischen Europäern gegen die Islamisierung des Abendlandes*, und der *Alternative für Deutschland* (AfD), fühlt sich fast die Hälfte »durch die vielen Muslime hier (...) manchmal wie ein Fremder im eigenen Land«[1]. 27,4 Prozent – in Ostdeutschland sogar 40,2 Prozent – plädieren dafür, Musliminnen und Muslimen die Zuwanderung nach Deutschland zu verbieten. Der Vorwurf lautet Unterwanderung und Überfremdung. Das muss man sich auf der Zunge zergehen lassen: Einwanderungsverbot, weil muslimisch.

Zwanzig Jahre nach der Geburtsstunde der »Leitkultur-Debatte« und zehn Jahre nach der Veröffentlichung von Thilo Sarrazins Hetzschrift, Sie wissen welche, steht die Warnung vor »dem« Islam als Gefahr für Gesellschaft, Demokratie und Rechtsstaat auf der Tagesordnung. Über die Kultur und Religion der Anderen wird leidenschaftlich debattiert und gestritten, in der medialen Berichterstattung und auf Demonstrationen gegen Migration und Asyl, in Polit-Talkshows über Terror und

Gewalt, in wissenschaftlichen Studien über vermeintlich integrationsunwillige muslimische Jugendliche oder ganz beiläufig auf der familiären Weihnachtsfeier und in der Supermarktschlange.

Der Islam weckt Misstrauen. Er symbolisiert das Fremde, mit ihm ist eine Liste unzähliger Defizite assoziiert, die es zu korrigieren oder abzuwehren gilt. Er funktioniert wie eine Mülltonne, in die Probleme entsorgt werden können, um den Rest der Gesellschaft von seiner Verantwortung freizusprechen und das eigene Gewissen reinzuwaschen. Die Sozialpädagogin und Rassismusforscherin Iman Attia spricht deshalb auch von einer »Muslimisierung« gesellschaftlicher Probleme und Debatten. Sie schreibt: »Indem politische, gesellschaftliche und soziale Phänomene zunehmend mit ›der Religion‹ der anderen verknüpft werden, können eigene Anteile an diesen Phänomenen und am problematischen Verhältnis zueinander geleugnet werden. (…) Die Lage der Anderen wird mit deren ›Kultur‹ begründet, die wesentlich durch ›ihre Religion‹ geprägt sei, ›der Islam‹ sei für desolate Zustände verantwortlich und gefährde darüber hinaus ›uns‹.«[2]

Kein Wunder also, dass einige meinen, sie würden Sexismus, Homofeindlichkeit, Antisemitismus, Gewalt und Terror abschaffen, indem sie gegen »den« Islam auf die Barrikaden gehen und die Einwanderung von »den« Musliminnen und Muslimen und »den« Geflüchteten ablehnen. Oder indem sie Frauen mit Kopftuch die Ausübung des Lehrerinnenberufs untersagen und gegen den Bau einer Moschee in ihrem Stadtviertel protestieren. Nicht gerade überzeugende Maßnahmen für mehr Demokratie, Freiheit und Sicherheit.

Der Islam ist der Sündenbock unserer Zeit, er ist wie ein verzerrtes Spiegelbild, in dem sich Europa selbst idealisiert: rational, modern, egalitär und entwickelt.

Seit Jahren wird darüber diskutiert, ob der Islam zu Deutschland gehört, ohne zu verstehen, dass die Leidenschaft, mit der das geschieht, bereits beweist, wie abhängig das Land von »seinen Fremden« geworden ist. Ohne Islamdebatte kein Deutschland mehr. Und wer dazugehören will, betreibt »Islamkritik«, das gehört zum guten Ton. Mich hat das Wort schon immer irritiert. Es klingt so, als gäbe es »den« Islam als absolute Kategorie, eine Art Bauklotz, mit klaren Ecken und Kanten, in eindeutiger Farbe und immer gleichem Muster. Er muss kritisiert und korrigiert werden, dieser Islam, weil er sonst nicht zu den restlichen Bauklötzen passen würde, weil das Haus sonst zusammenbricht. Islamkritik, das heißt: Kritik am Islam ist überlebensnotwendig.

Während Islam und Kritik wie Pech und Schwefel aneinanderkleben, genießt das Christentum ein unsichtbares Privileg. Das Wort Christentumkritik gibt es nicht mal. »Das« Christliche verkörpert Menschenwürde und Nächstenliebe. Es wird mit Europa und Demokratie verknüpft. »Der« Islam bildet seine Antithese. Dem positiven Christlich-Europäischen steht das negative Islamisch-Orientalische gegenüber. Deshalb muss es offensichtlich das Wort Islamkritik geben, genauso wie den »politischen Islam«[3].

Einen solchen Straftatbestand forderte der österreichische Kanzler Sebastian Kurz wenige Tage nach dem islamistischen Angriff in Wien im November 2020, »um gegen diejenigen vorgehen zu können, die selbst keine Terroristen sind, aber den Nährboden für solche schaffen«. Als dann auch noch im selben Twitter-Thread von der »Einführung eines Imame-Registers« die Rede war,[4] lief mir ein eiskalter Schauer über den Rücken. Das klingt nach Gesinnungsstrafrecht für Musliminnen und Muslime. Da müssten doch Alarmglocken läuten. Ich will mir nicht vorstellen, wie leicht ein Straftatbestand »politischer Islam« missbraucht werden kann. Ohnehin fehlt dem Begriff jede definitorische Trennschärfe.

Manch ein Experte behauptet, dieser ominöse politische Islam wäre eine viel gefährlichere Ideologie als der Wahabismus oder der Salafismus.[5] Gefährlicher deshalb, weil seine Anhängerinnen und Anhänger sich tarnen, Integration nur vorspielen, sich bewusst distanzieren, sich nett und freundlich geben, aber in Wirklichkeit andere Pläne verfolgen würden. Wer so etwas sagt, lädt die Gesellschaft dazu ein, in allen Muslim:innen heimliche Islamist:innen zu vermuten. Mit einem solchen Pauschalverdacht, wie er in den letzten Jahren öfters laut wird, schert man alle über einen Kamm, die die gesellschaftliche und politische Bühne als Muslim:innen betreten.

Und tatsächlich: Im Juni 2021 stellte die umstrittene »Dokumentationsstelle Politischer Islam« in Österreich eine »Islam-Landkarte« vor. Über 600 Moscheen, islamische Gemeinden und Einrichtungen wurden kartografiert. In den Kurzbeschreibungen werden u.a. auch ethnische Zugehörigkeiten und weltanschauliche Ausrichtungen verzeichnet. Das alles soll angeblich Transparenz schaffen, fördert in Wirklichkeit aber nur Misstrauen. Rechtsextreme nutzten das Serviceangebot für ihre Zwecke. Sie montierten Warnschilder vor mehreren Moscheen in Wien mit der Aufschrift »Achtung! Politischer Islam in deiner Nähe«. Und an die Tür einer Moschee in Salzburg schmierte jemand: »Der Führer ist wieder zurück«. Trotzdem hält die österreichische Regierung weiterhin an diesem Projekt fest. Um die Sicherheit von Muslim:innen geht es wieder einmal nicht.

Längst wird der Begriff »politischer Islam« instrumentalisiert, um muslimische Menschen pauschal zu beschuldigen. Unter ihm kann all das zusammengeführt werden, was Islamkritikerinnen und -kritiker an muslimischen Menschen im Allgemeinen und an ihren kulturellen und religiösen Praktiken im Speziellen verdächtig und nicht kompatibel mit »dem westlichen Leben« finden. Die Debatten gehen nicht über das plakative, sog. islamkritische Vokabular hinaus. Auf das ist man angewiesen, das zieht im Wahlkampf, nicht nur ganz weit rechts, sondern bei allen, die sich von Islamthemen von Herzen gern gruseln lassen.

»Bei der Besessenheit mit muslimischen Menschen und dem Islam habe ich die Befürchtung, dass Sebastian Kurz das Kalifat in Österreich ausrufen möchte«, amüsierte sich die Journalistin Nour Khelifi über den Fall. Auch sie fordert Bekenntnisse zu Demokratie und Rechtsstaat – und das zur Abwechslung einmal von Seiten österreichischer Parteien und Politikerinnen und Politiker, deren Nähe zu rechter Ideologie, zu Rassismus, Antisemitismus und Burschenschaften gerne unter den Teppich gekehrt wird. »Und da frage ich mich mal ganz ungeniert: Respektieren ÖVP und FPÖ die österreichische Verfassung?«[6]

Das ist eine gute Frage, die sich ebenso auf Deutschland beziehen lässt. Und das nicht nur mit Blick auf die AfD und ihre Unterstützerkreise. Die wenigsten würden hierzulande einen Straftatbestand »politisches Christentum« einführen wollen, und ebenso wenig überraschend existiert auch dieses Wort in unserem Sprachgebrauch nicht. Dabei streben christliche Fundamentalistinnen und Fundamentalisten politische Macht an. In Polen wollen sie Abtreibungen verbieten und ziehen LGBTQI+[7]-Aktivist:innen vor Gericht, weil sie auf einem Protestplakat den Heiligenschein der Madonna in Regenbogenfarben dargestellt haben. In den USA erklären radikale christliche Predigerinnen und Prediger die Linke zum satanischen Bösen, das bekämpft werden müsse. Auch in Deutschland bieten christliche Fundamentalistinnen und Fundamentalisten sogenannte »Konversions-Therapien« an, um Homosexuelle zu »heilen«.[8] Der norwegische Attentäter Breivik, der Anschläge in Oslo und Utøya beging und 77 Menschen ermordete, sah sich als moderner Kreuzritter. Von der sagenumwobenen Nächstenliebe ist jedenfalls nichts zu spüren, wenn Rechtsextreme auf christliche Symbolik zurückgreifen. Zum Beispiel auf die *Reconquista* Spaniens im 15. und 16. Jahrhundert, als jüdische und muslimische Menschen von der iberischen Halbinsel nach Nordafrika vertrieben wurden. In ihrem Namen *Reconquista Germanica* griff eine rechtsextreme Gruppe derartige Vertreibungsfantasien explizit auf.

So tief ist die hiesige Gesellschaft vom Feindbild Islam durchdrungen, dass sie Musliminnen und Muslime erst gar nicht als gleichberechtigte Bürgerinnen und Bürger mit legitimen politischen Forderungen nach Teilhabe und Schutz, etwa vor rechter Gewalt, wahrnehmen kann. Weder im Inland noch im Ausland. In Guantánamo wird von Folter an muslimischen Gefangenen berichtet. Im neuseeländischen Christchurch wurden Moscheen angegriffen und Muslim:innen ermordet. Auch in Indien erfährt die muslimische Minderheit Hetze und Anfeindungen auf offener Straße bis hin zu brutalen Pogromen. In Myanmar und in China nimmt die Verfolgung genozidale Ausmaße an. Das erregt hier nicht die gleiche Aufmerksamkeit wie jene Fälle, in denen die Tatpersonen selbst Musliminnen oder Muslime sind.

Antimuslimischer Rassismus[9] wird geleugnet oder kleingeredet. Doch das Problem ist real, und es kann tödlich enden. Auch in Deutschland. Das hat der Mord an Marwa El-Sherbini am 1. Juli 2009 aufs Schrecklichste gezeigt. Sie saß im Dresdener Landgericht, um gegen den Angeklagten auszusagen, der sie auf einem Spielplatz als Terroristin und Islamistin beschimpft hatte. Im Laufe der Strafverhandlung warf sich der Angeklagte plötzlich auf die im dritten Monat schwangere Frau und ermordete sie mitten im Gerichtssaal mit 18 Messerstichen. Elwy Ali Okaz, der Ehemann, eilte ihr zur Hilfe, wurde von einem Polizisten mit dem Täter verwechselt und selbst angeschossen.

Der Fall hat sich mir tief ins Bewusstsein gegraben. Hier war eine Mitbürgerin, die in Sicherheit und Würde leben wollte. Die es nicht duldete, beschimpft und gedemütigt zu werden. Wer hätte gedacht, dass sie ausgerechnet dort ermordet werden würde, wo sie Gerechtigkeit durch den Rechtsstaat einforderte? Zu wenigen in diesem Land sagt der Name Marwa El-Sherbini etwas. Oft vergessen wir die Namen der Opfer, während sich die Täter medial verewigen und so ihren Weg in die Köpfe Gleichgesinnter finden, ihnen zeigen, dass es möglich ist zu töten, und sie dazu ermutigen, es ihnen nachzutun.

Den 1. Juli hat der Rat muslimischer Studierender & Akademiker (RAMSA) zum Tag gegen antimuslimischen Rassismus ausgerufen. An diesem Datum finden bundesweit Veranstaltungen statt, um auf diesen paradigmatischen Fall aufmerksam zu machen und die Stimme gegen den grassierenden Hass auf Musliminnen und Muslime zu erheben. Denn Anschläge auf Moscheen und Unterkünfte, genauso wie Beschimpfungen und körperliche Angriffe auf offener Straße sind für viele muslimische Menschen, besonders für Frauen mit Kopftuch, an der Tagesordnung. Allein im Jahr 2020 zählte die Kriminalstatistik 1026 islamfeindliche Straftaten.[10] Das ist ein Anstieg von 8 Prozent. Im Vergleich zum Vorjahr nahm die Zahl der durch Gewalttaten Verletzten zu. 2019 starben zwei Menschen in Folge eines Übergriffes. Antimuslimischer Rassismus kann töten.

Doch der gesellschaftliche Aufschrei bleibt aus, obwohl die Gefahr von rechts hoch ist und das Leben von Muslim:innen ebenso wie das von Schwarzen Menschen[11], von Jüd:innen, Sinti:zze und Rom:nja und vielen anderen People of Color[12] bedroht. Für ihre Bedürfnisse, ihre Sorgen und Ängste, ihre Forderungen nach Repräsentation und gleichberechtigter Teilhabe gibt es kaum Gehör. Stattdessen überschatten Misstrauen, Islamismusvorwürfe und eine Integrationsdebatte nach der anderen das alltägliche Leben.

Sobald Musliminnen und Muslime davon berichten, dass sie Rassismus erfahren, macht sich Genervtheit breit. Da wird relativiert, bagatellisiert und geschimpft, was das Zeug hält. Wer es wagt, antimuslimischen Rassismus beim Namen zu nennen, der wird belächelt und als ideologisch verblendet dargestellt. Dem wird vorgeworfen, Fürsprecher des Islamismus zu sein. Der wird aufgefordert, sich selbst von Gewalt und Terror zu distanzieren. Als wäre die Tatsache, dass man die Diskriminierung von muslimischen Menschen beanstandet, ein Beweis dafür, dass man Gewalt, die von Musliminnen und Muslimen ausgeht, ganz wunderbar finden würde. Oder als könnten sie überhaupt gar keine »echten« Opfer sein.

Es muss doch möglich sein, das, was muslimische und als solche wahrgenommene Menschen an Hass und Ausschluss erfahren, konsequent zu verurteilen, ohne reflexhafte Abwehr, kulturelle Vorurteile oder den Hinweis auf die Verbrechen islamistischer Terrorgruppen. Was sagt das über unsere Gesellschaft aus, wenn wir es nicht schaffen, Rassismus ohne Wenn und Aber zu kritisieren und Opfer zu unterstützen?

»Seit ich denken kann«, habe ich einmal in einem Gastbeitrag auf *Zeit Online* geschrieben, »fühle ich mich in diesem Land wie ein Problem. Ich muss erklären, woher ich komme, woher meine Eltern kommen, die Großeltern und die Urgroßeltern. Ich muss beweisen, dass ich kein böser Muslim bin, sondern die freiheitlich-demokratische Grundordnung achte. Immer wieder stehe ich unter dem Druck, meine Zugehörigkeit unter Beweis zu stellen. Aber das Integrationsversprechen löst sich einfach nicht ein. Egal, wie gut Deutsch man spricht, wie sehr man sich gesellschaftlich einbringt, man wird nicht als einer von hier gesehen.«[13] Ich habe viele Jahre gebraucht, um zu verstehen, dass das Problem nicht bei mir liegt. Es ist der Blick, der mich zum Fremden macht. Es sind die Schimpfnamen, die mir das Gefühl der Unzulänglichkeit geben und mein Leben einengen, die meiner Existenz nur einen kleinen begrenzten Rahmen zugestehen. Dieser Raum, auf den ich verwiesen werde, und diese Sprache, in die ich gefangen genommen werde, reichen nicht aus, um zu sein, wer ich bin. Das Vokabular der Dämonisierung, mit dem ein Mensch aufwächst, hinterlässt Spuren im Bewusstsein, im Handeln und Denken über sich und die Welt.

Dafür steht der Titel dieses Buches: *Muslimaniac*. Darunter verstehe ich eine jahrhundertealte Diagnose, die Muslim:innen zum Problem erfindet – sexuell, gesundheitlich, kulturell, religiös, politisch. Sie werden beobachtet, erforscht, inspiziert, korrigiert, abgewehrt. Sie gelten als Außenseiter und Eindringlinge, als gewalttätige Fremdlinge. Sie werden in kolonialhistorischen und zeitgenössischen Debatten misstrauisch beäugt und pathologisiert, mit Krankheit und Gefahr in Verbindung gebracht, herabgewürdigt und deklassiert.

Die Figur des *Muslimaniac* steht für eine strukturelle Paradoxie: Musliminnen und Muslime sollen Loyalität unter Beweis stellen, sich integrieren und anpassen, sich zu Rechtsstaat und Demokratie bekennen, den Schritt aus der Tradition in die Moderne machen und sich »nach westlichem Vorbild« weiterentwickeln. Die Liste an Forderungen ist lang, doch das Versprechen auf Gleichheit und Gerechtigkeit löst sich nicht ein. Es besitzt nur eine Alibifunktion. Das Idealbild eines »guten«, »integrierten« Muslims dient dazu, »böse« Muslime ins Visier zu nehmen. Doch wer »gut« und wer »böse« ist, das liegt in der Hand der mehrheitsdeutschen Autorität.

Die Karriere dieses Feindbildes reicht weit zurück. Sie steht im Zusammenhang mit anderen Feindbildern und Diskursen über »die« Ausländer, »die« Migranten, »die« Geflüchteten, über »die« Gastarbeiter, »die« Asiaten und »die« Afrikaner, über »die« Menschen mit Migrationshintergrund. Und sie ist identitätsstiftend – in beide Richtungen. Die Anderen werden herabgewürdigt, »wir Deutsche (Österreicher, Franzosen, Niederländer, Europäer …)« idealisiert. Den Anderen werden Rechte verwehrt, »unsere« Privilegien gesichert.

*Muslimaniac* – in diesem Wort mischt sich die Fremdkonstruktion mit dem Geist des Ausbruchs aus den Stereotypen. Es steht für europäische Fantasien und Sehnsüchte nach Homogenität und Kontrolle, die sich am Feindbild Islam ausbilden. Aber genauso für die Gefühlswelt von Musliminnen und Muslimen selbst. Dafür, was es heißt, in ein Integrationskorsett gezwängt zu werden und sich ununterbrochen beweisen zu müssen. Es steht für die Diskrepanz zwischen Fremd- und Selbstbild. Dafür, sich in den Debatten, die über den eigenen Kopf hinweg geführt werden, nicht mehr erkennen zu können. Die Anfeindungen und Anschuldigungen, die Stereotype und Verschwörungsmythen – sie stecken wie ein Kloß im Hals. Es ist schwer, unter der Last der Fremdbilder ein selbstbestimmtes Ich auszubuchstabieren.

»Wenn *ich*, eine sichtbare Muslimin, bei Rot über die Straße gehe, gehen mit mir 1,9 Milliarden Muslim*innen bei Rot über die Straße«, schreibt die Autorin Kübra Gümüşay. »Eine ganze Weltreligion missachtet gemeinsam mit mir die Verkehrsregeln.«[14] Muslim:in in Deutschland und Europa zu sein bedeutet, für die Fehler anderer zur Rechenschaft gezogen zu werden. Es heißt, niemals ich, immer die Anderen zu sein. Es heißt, sich unerwünscht zu fühlen und zum Gegenbild deutscher Identität und Tugend erfunden zu werden. Zum Schreckgespenst Europas, zur »Gefahr der Islamisierung«, einem hartnäckigen Gerücht.

Das passiert nicht ohne einen Funken irrwitziger Paradoxie, denn blickt man genauer auf die Debatten, müsste einem die Absurdität direkt ins Auge stechen. Wie Schrödingers Katze[15] trotzen auch muslimische

Menschen allen physikalischen Grenzen. In islamfeindlichen Weltbildern heißt es einerseits, »die« Musliminnen und Muslime seien »den« Deutschen unterlegen: sie hätten ein niedriges Bildungsniveau, würden nicht richtig Deutsch lernen und sich weiter in ihrer rückständigen Kultur abschotten. Andererseits betreten Muslim:innen die Bühne im Zeichen von Übermacht und List: Sie würden den Rechtsstaat bedrohen, wird behauptet, öffentliche Institutionen infiltrieren und Deutschland abschaffen. Das setzt schon eine gewisse Intelligenz oder wenigstens strategisches Kalkül und auch Macht voraus – und das ausgerechnet von einer Kultur, die doch der europäischen Zivilisation gar nicht gewachsen sein soll.

Schrödingers Muslime können also, folgt man den widersprüchlichen Stereotypen, mehrere Dinge zur gleichen Zeit sein: Über »die« muslimischen Männer heißt es, sie würden Frauen den Handschlag verweigern, weil sie auf das andere Geschlecht herabblicken und für sie die Berührung anderer als der eigenen Ehefrau sexuell und sündhaft wäre, *gleichzeitig* wird davor gewarnt, dass »die« muslimischen Männer Frauen begrapschen und sexuell belästigen – beides liege in ihrer Religion und Kultur begründet. Ebenso heißt es, »die« Muslim:innen würden sich nicht integrieren und sich stattdessen in »Parallelgesellschaften« isolieren – aber *gleichzeitig* wird beklagt, dass muslimische Frauen mit Kopftuch Lehrerinnen werden wollen. Dabei ist das doch ein Beruf, der für gesellschaftliche Teilhabe und sozialen Aufstieg steht. Dann lieber doch als Putzkräfte engagieren, da verletzt die religiöse Kleidung offenbar keine Neutralitätsgefühle. Im Übrigen ist es bereits skurril genug, dass Frauen mit Kopftuch Berufsverbote erteilt oder der Ausbildungsplatz verweigert, sie auf offener Straße bespuckt und angegriffen und ihnen der Hijab gewaltsam heruntergerissen wird, *weil* der Islam sie unterdrückt und gar nicht zu Deutschland passt. Das ist eine merkwürdige Art, Frauen zu befreien.

Natürlich sind Schrödingers Muslime wie andere »ausländische« Menschen auch dafür bekannt, »den« Deutschen die Arbeitsplätze wegzunehmen – *gleichzeitig* plündern sie die Sozialkassen und leben von Hartz IV, sie reisen sogar nur deshalb hierher, um Leistungen für sich und die zehn-, nein zwanzigköpfige Familie zu erschleichen. Aus Kriegsgeflüchteten und politisch Verfolgten werden »Wirtschaftsflüchtlinge« gemacht; aus Menschen, die z. B. aus der Türkei migriert sind, werden »Gastarbeiterinnen« und »Gastarbeiter«, die einfach nicht zurückgehen; aus ihren Nachkommen werden Menschen mit Migrationshintergrund in zweiter, in dritter, in vierter, wenn es so weitergeht vielleicht auch in zehnter oder zwanzigster Generation.

Das Prinzip sollte klar geworden sein: Die Anderen sind ein hoffnungsloses Problem, immer und überall, vor allem wenn es sich um Muslim:innen handelt. Sie werden als Übeltäter:innen diskreditiert und »die« Deutschen als ihre Opfer imaginiert, als geknechtetes Volk *im eigenen* Land. In Konsequenz erscheint die Ausgrenzung von muslimischen Menschen, ihre Kontrolle und Beobachtung, ihre Verdrängung und Bestrafung wie eine Art Selbstverteidigung. Das ist die subtile und perfide Argumentationsstrategie antimuslimischer Verschwörungstheorien.

Für mich als Muslim in Deutschland und Europa bedeutet das, damit irgendwie klarkommen zu müssen. Es bedeutet, mich nach Normalität und Akzeptanz zu sehnen und mir schmerzhafte Fragen zu stellen, auf die es nicht immer Antworten gibt. Ich frage mich zum Beispiel, wer ich heute wäre, wer ich hätte sein können und wie ich schreiben würde, wenn es diese klischeebeladenen Debatten um Migration und Integration nicht gäbe, wenn »der« Islam nicht ständig für »das Böse« herhalten müsste. Und wenn ich nicht damit beschäftigt wäre, Antworten zu finden auf Fragen, die tagein, tagaus wie Regen auf einen herunterprasseln. Denn egal wie oft ich die Klamotten wechsele und wie regenfest sie zu sein scheinen – ich stehe doch immer wieder nass in der Kälte.

> Es gibt im Leben Augenblicke, da die Frage, ob man anders denken kann, als man denkt, und anders wahrnehmen kann, als man sieht, zum Weiterschauen oder Weiterdenken unentbehrlich ist.
>
> – Michel Foucault

Und trotzdem sind wir diesen Zumutungen und Zuschreibungen nicht völlig ausgeliefert. Es gibt Möglichkeiten politischer Interventionen und künstlerischer, auch literarischer, ja poetischer Wege, die althergebrachte Architektur der Sprache über Muslim:innen und Migrant:innen, über Islam und Orient zu öffnen, sie zu brechen und zu sprengen und neue Utopien zu bauen.

Davon erzählt dieses Buch: Es geht mir darum, den Rassismus zu entlarven, der sich mit dem Deckmantel der Meinungsfreiheit und Religionskritik tarnt. Doch hierbei will ich nicht aufhören. Ich möchte die notwendigen Räume öffnen für Stimmen, Biografien und Wirklichkeiten fremdgemachter Menschen, sie würdigen und danach befragen, wie andere Erinnerungen die Karriere des Feindbildes unterlaufen können, wie sie Sehnsüchte nach Reinheit und Homogenität durchkreuzen, wie die Grenzen irritiert, verwirrt und verwischt werden können.

Das ist der Versuch, am Fundament der deutschen Islamdebatte zu rütteln und sie in einen größeren historischen und politischen Zusammenhang zu stellen. Der Wunsch, die gewohnten Ordnungen abzuschütteln und lieber produktives Chaos zu schaffen. Die Hoffnung, als Gesellschaft zu lernen, Veränderungen mit Offenheit und Gelassenheit zu begegnen. Denn das sind die Voraussetzungen, um miteinander in Solidarität leben zu können, um uns gegenseitig zu sehen und zu hören, und um werden zu können, wer wir sein wollen.

Dafür muss ich zurückblicken und die Vergangenheit rekapitulieren, Schritt für Schritt; ich muss Fragen an die Geschichte stellen, um zu verstehen, wie alles begonnen und sich entwickelt hat. Ich möchte das Setting erweitern und zeigen, in welchem breiten Kontext Debatten über Muslim:innen stehen, was ihre Vorläufer sind und worin die Verwandtschaft zu anderen Diskriminierungsformen besteht. Ich muss die historischen Koordinaten abstecken und das Geschehen verorten. Wo liegen die Schnittstellen zu Gender und Sexualität? Wer sind »die« muslimische Frau und »der« muslimische Mann? Was hat es mit den Projektionen auf sich, den sexualisierten Fantasien, den gewalttätigen Bildern? Wie wurde und wird über Orient und Islam geschrieben, gedacht und gesprochen, wie werden sie gemalt, fotografiert und ausgestellt? Und welche Rolle spielen Religion, Migration, Kultur, Kunst, Medizin, Wissenschaft und Politik im Umgang mit Menschen, die zum Gegensatz europäischer Lebensart erfunden werden?

Ich muss schreiben über die Geburt meiner Tochter, die Erstuntersuchung, die Diagnose »Mongolenfleck«, über den Hintergrund des »Migrationshintergrundes«, über migrantische Kämpfe in der Vergangenheit und die aktuellen Widerstände. Ich muss schreiben über meine Verwandlung vom Gastarbeiterenkelkind zum islamischen Schreckgespenst. Über alte und neue Interventionen. Ich muss schreiben über die verschütteten Erinnerungen in diesem Land, die darauf warten, von uns allen aufgewirbelt zu werden. Und über eine poetische Vision, die uns als Gesellschaft lehrt, mit Pluralität, mit Widersprüchen und Ambivalenzen umgehen zu können.

# 1. Koloniale Diagnosen

An einem warmen Septembermorgen ging ich mit einem neugeborenen Kind, eingewickelt in ein weißes Leinentuch, zur Kinderärztin nebenan. Die Mutter lag noch erschöpft von der mehrstündigen Hausgeburt im Bett, während ich nervös die Untersuchung in der Praxis abwartete. Wenige Minuten nach der Anmeldung war es so weit. Die Ärztin beglückwünschte mich zur Geburt dieses Wunders und begann mit geschulten Händen das Kind zu inspizieren. Sie zählte Finger und Zehen ab, wog das Kind und legte ein Messband an. Die Gesellschaft beginnt sehr früh mit der Normvermessung, es muss ja schließlich alles seine Ordnung haben, nicht wahr? Zehn Finger, zehn Zehen. Reflexe scheinen okay zu sein. Aber siehe da. Die Ärztin legte das Kind auf den Bauch, strich mit dem Finger über den Nacken bis hinunter zum winzigen Po. Dort blieb der Finger stehen. »Sehen Sie diesen blauen Fleck, Herr Keskinkılıç?«, fragte sie mich. »Das ist der Mongolenfleck.« – »Ein Mongolen-was?«, fragte ich verwirrt zurück. »Keine Sorge«, antwortete sie. »Das ist eine harmlose Ansammlung von Pigmentzellen, eine Pigmentstörung sozusagen. Sie verschwindet nach ein paar Jahren. Das ist so bei turkvölkischen und asiatischen Menschen, ja, das ist typisch für alle Menschen, die ursprünglich aus Asien kommen.«

Eigentlich kam das Kind ja gestern aus dem Bauch der Mutter. Und ich übrigens aus Hessen. »Ja, aber nicht wirklich«, konterte die Expertin völlig unbeeindruckt. »Sie wissen doch, was ich meine«, sagte sie und griff nach dem Stethoskop.

haymat ist enşöligensi
ih möhte şiş köfte
enşöligensi
ih essı kaynı şinkın
enşöligensi
ih şprehe doyç zer şön
enşöligensi
fiştehin zi mih?
enşöligensi /
aynwanderunk – nix sürük.

– Tunay Önder, *Enşöligensi*

Zuhause angekommen, legte ich das frisch vermessene Kind mit zertifiziertem MH (Migrationshintergrund) wieder sanft neben die noch schlafende Mutter, goss mir einen Pfefferminztee ein und schaltete den Computer an. Und während ich mich eigentlich über unseren süßen Nachwuchs freuen wollte, tauchte ich ein in die Geschichte des »Rassendenkens« – schwer verdaulich, aber notwendig, um in den Debatten über die Anderen, die ich mir einmal mehr nicht ausgesucht hatte, navigieren zu können.

Googelt man »Mongolenfleck«, erscheinen in Sekundenbruchteilen über 6000 Ergebnisse. Das Online-Wörterbuch *Duden.de* fasst sich kurz. Der Mongolenfleck: »bläulicher oder bräunlicher, meist im Kreuz auftretender, später verblassender Fleck in der Haut von Neugeborenen besonders des mongoliden Menschentypus«.[16] Das eröffnet aber mehr Fragen, als es Antworten gibt. Was soll bitte ein »mongolider Menschentypus« sein?

Auch bei *Wikipedia* fällt die Antwort eindeutig aus. Der »Mongolenfleck«, auch »Asiatenfleck« oder »Hunnenfleck« genannt, trete bei 99 Prozent der Kinder von Chinesen, Japanern, Koreanern, Vietnamesen, Mongolen, Turkvölkern, Indochinesen und indigenen Gruppen der Amerikas auf.[17]

Schnell stoße ich auf ein medizinisches Handbuch von 2006, *Pädiatrische Dermatologie*. Darin heißt es, der Fleck komme bei ca. 90 Prozent aller asiatischen und nichtweißen Neugeborenen und bei bis zu 10 Prozent »weißhäutiger« Säuglinge vor. Ausgelöst werde der Fleck durch eine »unvollständige Migration der Melanozyten von der Neuralleiste in die Haut«.[18]

Der »Mongolenfleck« – eine aberwitzige Sammelbezeichnung also, die Menschen mit blauem Fleck ihrer Unterschiede zum Trotz in eine Gruppe zusammenwürfelt und von Menschen ohne blauen Fleck abgrenzt, den sogenannten Europäer:innen. Obwohl von diesem Fleck keine gesundheitliche Gefahr ausgeht, er im Grunde überhaupt keine medizinische Relevanz hat, wird er relevant gemacht. Der zehnte Treffer meiner schnellen Onlinesuche führte mich auf ein sehr suspektes Forum namens *Genealogy.net*. Holli, eine unregistrierte Nutzerin, schrieb am Mittwoch, dem 27. September 2006 um 11:58 Uhr (auch ein Septembermorgen …): »Unser jüngster Sohn hat einen Mongolenfleck. Und wir wüssten doch allzu sehr woher …«[19] Sie sind nicht die Einzigen, die die deutsche Abstammungslinie ihrer Familie nun in Frage stellen und auf biologische Spurensuche gehen wollen. Gaby, eine andere Userin aus Hessen, antwortete darunter: »Es wäre schon interessant, wenn man mit einem Gentest feststellen könnte ob der Fleck von der Mutter oder dem Vater vererbt wurde. Mich würde das schon interessieren. Auch ob wirklich mongolisches Blut in den Adern meiner Tochter fließt oder ob es von der französischen Linie meines Mannes. (…) Allerdings hat auch meine Nichte solch einen Fleck. Das hilft jedoch nicht sehr viel, denn ihre Mutter ist Thailänderin und der Fleck kommt ja gerade in asiatischen Ländern sehr häufig vor. Meine Tochter darf ich darauf allerdings nicht ansprechen, sie will nichts davon hören.«[20]

Ich verstehe nicht ganz: Wenn der Fleck typisch für Menschen aus »asiatischen Ländern« ist, was hat er dann mit der französischen Linie von Gabys Ehemann zu tun? Das hat meine Neugier geweckt. In mehreren Internetforen diskutieren besorgte Eltern über ein Überbleibsel der Hunnen im Genpool Europas. Besonders in Frankreich soll es Regionen geben, wie in der Champagne, wo Ärztinnen und Ärzte überdurchschnittlich oft auf den »Mongolen-« oder eben »Hunnenfleck« treffen. Denn nach der Schlacht auf den Katalaunischen Feldern 451 hätten sich Attilas verwundete Hunnen dort niedergelassen. 1570 Jahre – da hält sich ein Migrationshintergrund mal richtig lang …

Meine Recherche führt mich über Umwege zum Namensgeber. Ausgerechnet ein deutscher Landsmann hat den blauen Fleck am Po fremder Völker entdeckt. Er hieß Erwin Bälz, lebte von 1849 bis 1913 und war ein deutscher Internist und Anthropologe. Bekannt ist er für seine Tätigkeit als Leibarzt am japanischen Kaiserhaus. Zufällig hatte er eine Affinität zur »Rassenforschung«, wie viele andere Wissenschaftler dieser Zeit. Den »Mongolenfleck« bei Säuglingen beschrieb Bälz als typisches Merkmal der »mongolischen Großrasse«. Der Name geht also direkt auf die alte rassenkundliche Bezeichnung »Mongolide« zurück. Dass die Forschung am Menschen besonderer Fähigkeiten bedarf, dessen war sich der Entdecker des blauen Flecks bewusst: »Es scheint sehr einfach, den lebenden Menschen zu studieren, ist es aber gar nicht.«[21] Stimmt, einfach ist es nicht, denn auch Bälz schaffte es nicht, sich dem Menschen abseits rassistischer Ideen anzunähern. Sein Blick war nicht »objektiv«. Genauso wie der von nachfolgenden Generationen europäischer Wissenschaftler; diese Geschichte ist belastet und der Begriff nicht unschuldig.

In dem 1932 veröffentlichten Fachbuch *Angeborene Anomalien* heißt es, der »Mongolenfleck« stelle bei »sog. weißen Kindern« eine »Anomalie« dar, weil er »noch viel seltener sein dürfte, als es die Statistiken beinhalten, da die betroffenen Kinder oft Mischlinge sind«.[22] Ein »Ausländer« in der Familiengenealogie reicht plötzlich aus, um Menschen aus der eigenen Box herauszudenken. Strukturell steckt hinter dem Begriff des »Mischlings« unter Menschen eine Vorstellung von »Degeneration«, von biologischer Grenzübertretung und skurriler »Kreuzung«.

Die wissenschaftlichen Ausführungen zum »Mongolenfleck«, das wird hoffentlich klar, müssen unbedingt kritisch aufgearbeitet werden. Schließlich dreht sich hier alles um das biologische Konstrukt »Rasse«, eine Erfindung!, deren Karriere bis in die Zeit der hochgelobten Aufklärung zurückreicht. Im Namen der Wissenschaft wurden menschliche Körper vermessen, Haut- und Augenfarben eingeordnet und Schädel untersucht. Daraus wurden Charakter, Entwicklungsgrade, intellektuelle Fähigkeiten oder sogar Ästhetik abgeleitet.

Der deutsche Zoologe Johann Friedrich Blumenbach (1752–1840) vermaß gleich 245 Köpfe und kam zu dem Ergebnis, der schönste Menschenschädel sei unter den Georgierinnen und Georgiern im Kaukasus zu finden. Deshalb plädierte er dafür, die »weiße Rasse« nach dem attraktivsten Modell zu benennen: kaukasisch.[23] Auch der deutsche Philosoph Christoph Meiners (1747–1810), ein überzeugter Verfechter des transatlantischen Sklavenhandels, unterschied zwischen der weißen, »kaukasischen Rasse« und der »mongolischen Rasse« unter dem Aspekt der Schönheit. In seinen Publikationen benannte er »weiße Rassen« in schöne und »mongolische« in hässliche um.[24] Es ist natürlich nur ein Zufall, dass europäische »Rassenforscher« der schönsten und klügsten Variante des Menschen angehörten …

Die medizinische Fachdebatte über den »Mongolenfleck«, die auf eine über hundertjährige Geschichte zurückblickt, ist nicht »neutral«. Im Gegenteil, sie ist durch und durch von der »Rassentheorie« durchdrungen. Auch deutsche Mediziner trugen zur Karriere eines Konzeptes bei, das den Weg zur systematischen Ermordung von Jüd:innen, von Sinti:zze und Rom:nja in Europa ebnete. Darunter Eugen Fischer, Fritz Lenz und Erwin Baur mit dem Werk *Grundriss der menschlichen Erblichkeitslehre und Rassenhygiene* (1921). Sie griffen, wie andere, auf den Diskurs um Medizin und Gesundheit zurück und konstruierten Jüdinnen und Juden als ihrem Blut nach krank, schmutzig und minderwertig.[25] Die konstruierte Liste angeblich »jüdischer« Krankheiten war lang. Sie reichte von psychischen Störungen über körperliche Normabweichungen (Beschneidung, Nasenform und »mauscheln«), Diabetes und Blindheit bis hin zu Hysterie und der Syphilis.[26] Diese Geschlechtskrankheit wurde im ausgehenden 19. und zu Beginn des 20. Jahrhunderts auch als typisch für andere Gruppen gesehen, u. a. für arabische und muslimische Menschen. Auch im deutschen Kolonialismus bemühten Missionare, Kolonialbeamte und Wissenschaftler medizinisches Vokabular im Kampf gegen »den« Islam in ihren Kolonien. Sie setzten die Verbreitung der Religion mit der Ausbreitung einer Infektion gleich, machten Araber:innen und Muslim:innen für die Syphilis verantwortlich und legitimierten koloniale »Zivilisierungsmaßnahmen« als »Gesundung«.[27]

Seuchen und Geschlechtskrankheiten zu übertragen wurde auch nach dem Ersten Weltkrieg Schwarzen und arabischen Männern unterstellt. Als das Deutsche Reich im Ersten Weltkrieg den Siegermächten unterlag, beklagten öffentlichkeitswirksame Kampagnen die »Schwarze Schmach am Rhein«, also die Stationierung französischer Kolonialsoldaten aus dem Senegal, aus Marokko und Algerien im Rheinland. Schnell verbreiteten sich Gerüchte, dass Schwarze und arabische Männer weiße Frauen vergewaltigen, gesundheitliche Gefahren mit sich bringen und so »das deutsche Volk« zerstören würden. Diese Hetzkampagnen waren die Vorboten der Verfolgung. 1933 wurden Kinder aus den Beziehungen zwischen Kolonialsoldaten und deutschen Frauen statistisch erfasst. Es wurden Untersuchungen an den sogenannten »Rheinlandbastarden« vorgenommen, die auf Basis rassistischer Erblehren geistige und körperliche Schwächen attestieren sollten. Um weitere »Rassenvermischungen« zu verhindern, wurden diese Kinder 1935 zwangssterilisiert.[28]

Für Frantz Fanon (1925–1961), Psychiater in Algerien und Wegbereiter der Postkolonialen Theorie, war es nicht verwunderlich, dass Ärzte auch im Kolonialismus eine prominente Rolle einnahmen. »Die westliche medizinische Wissenschaft, die zugleich mit dem Rassismus und der Demütigung nach Algerien gebracht wurde, hat als Teil des Unterdrückungssystems beim Einheimischen stets eine zwiespältige Reaktion hervorgerufen«, schrieb Fanon in seiner Kritik *Kolonialismus und Medizin*.[29] Fanon ging es nicht nur um die Sympathien französischer Ärzte mit der Kolonialregierung oder ihre Komplizenschaft bei der Folterung algerischer Kolonisierter. Er klagte zudem ideologische Verbindungen der Psychiatrie zum kolonialrassistischen Projekt an. Der gebürtige Martiniquaner, bekannt für seine Schriften *Schwarze Haut, weiße Masken* (1952) sowie *Die Verdammten dieser Erde* (1961), studierte Medizin in Lyon, bevor er 1953 eine Anstellung als Chefarzt in Blida-Joinville annahm. Die algerische Stadt wurde in dieser Zeit auch »Stadt der Irren« genannt, hier befand sich eine der bekanntesten Psychiatrien auf dem afrikanischen Kontinent.

Das *Hôpital Psychiatrique de Blida* trennte nicht nur zwischen den Geschlechtern, sondern auch zwischen »Europäern« und »Einheimischen«. Es gehörte der renommierten *École d'Alger* (Schule von Algier) an und baute seine Arbeit auf die Haupttheorie der französischen Kolonialpsychiatrie auf, der *mentalité primitive*, einer angeblich mentalen Primitivität des nordafrikanischen Menschen. Diese einflussreiche Schule, die auf den französischen Arzt Antoine Porot (1876–1965) zurückgeht, dominierte die französischen Fachdebatten von den 1930er bis in die 1950er Jahre. Sie diagnostizierte eine vermeintlich anatomisch unvollkommene Hirnentwicklung unter Einheimischen in Nordafrika und identifizierte typische Eigenschaften: Das Leben der Menschen des Maghreb sei von primitiven Instinkten beherrscht; sie seien willenlos, faul und pathologisch leichtgläubig; sie könnten nicht logisch denken; es läge in ihrer Natur, zu lügen und kriminell zu sein.[30] »Später wird man ›Moslems‹ sagen«[31], schrieb die algerische Psychoanalytikerin Alice Cherki in ihrer fulminanten Fanon-Biografie. Und tatsächlich wich die Bezeichnung »Einheimischer« in kürzester Zeit dem Begriff »Moslem«. An den Zuschreibungen hat das nichts geändert, sie blieben erhalten. Krankheit zu simulieren und zu lügen, Ehen zu brechen und zu stehlen, nicht kausal denken zu können und kein Gefühl für Zeit zu haben – all das gehörte laut psychiatrischer Diagnose zu ganz normalen muslimischen Charaktereigenschaften.[32]

Die Kolonialdiagnose – auch dafür steht *Muslimaniac* – pathologisiert das muslimische Leben insgesamt. Sie macht die Anderen zum Problemfeld der Medizin, der Integration, der Sicherheit. Sie fordert Korrektur, Eingliederung und Kontrolle. Sie erfindet muslimische Menschen zum Gegensatz europäischer Menschen: irrational, primitiv, gewalttätig. Sie beschuldigt sie der Kriminalität und Lüge, sie dämonisiert sie und überschattet so ihr ganzes Dasein.

> Die *École d'Alger*, mit ihrem Fokus auf der *mentalité primitive,* sah sich als Autorität nicht nur für Fragen der Psychopathologie, sondern für das gesamte tägliche Leben der Muslime Nordafrikas.
>
> – Nina Salouâ Studer

Gegen solche Kolonialdiagnosen ergriff Fanon das Wort. Er wies rassistische Argumente zurück, die sich auch gegen ihn als Schwarzen Mann richteten, und schloss sich dem algerischen Befreiungskampf an. Fanon hatte es auch auf die Psychiatrie abgesehen: Er strebte die Einführung einer Sozialtherapie an und realisierte früh, dass das nicht ohne den antikolonialen Kampf funktionieren würde. Die Gegenwehr war massiv: »Wollte Fanon seine Prinzipien auch auf die Moslems anwenden? Wie naiv! Wie kann man nur denken, daß die Moslems auf solche Methoden positiv reagieren könnten? Sie sind zu primitiv«, fasste Cherki die skeptischen Reaktionen der französischen Kollegen damals zusammen.[33]

Früh machte Fanon darauf aufmerksam, dass der biologische Rassismus mit der Zeit einem kulturellen wich. Es ging bald nicht mehr um Schädelform, Nasengröße oder biologische Minderwertigkeit: »Der Rassismus, der sich rational, individuell, genotypisch und phänotypisch determiniert gibt, verwandelt sich in einen kulturellen Rassismus«, lautete Fanons Resümee. »Das Objekt des Rassismus ist nicht länger der einzelne Mensch, sondern eine bestimmte Existenz-Form.«[34]

Die »Schule von Algier« hat überlebt. Heute wird zwar nicht mehr Porot zitiert, dafür aber der »Morbus Bosporus« oder der »Morbus Mediterraneus«, manchmal auch der »anatolische Schmerz«. Mit diesen Bezeichnungen wird im Praxisalltag unter Menschen, deren Herkunft im Mittelmeerraum vermutet wird, eine geringe Schmerztoleranz diagnostiziert.[35] Es heißt dann auch, sie würden lügen und simulieren, das sei kulturell bedingt und nicht ernst zu nehmen.

Ganz in der Tradition der *mentalité primitive* wurde auch mir »herkunftsbedingt« unterstellt, wehleidig zu sein. »Südländische« Menschen wären zu schmerzempfindlich. Das musste sich auch mein Cousin anhören, dessen entzündeter Blinddarm erst sehr spät erkannt wurde, weil der Hausarzt davon ausging, dass er ebenfalls, weil »türkisches Kind«, übertreibt. Zum Glück holte meine Tante noch weitere Meinungen ein, sodass ihr Sohn gerade noch rechtzeitig operiert werden konnte.

Die Diagnose »Morbus Mediterraneus« kann tödlich enden, wenn Fälle heruntergespielt und Patientinnen oder Patienten abgewiesen oder ungenügend behandelt werden. Kein Wunder, dass Schwarze Menschen und People of Color in Zeiten der Covid-19-Pandemie ihre Sorge darüber teilen, im Gesundheitswesen diskriminiert zu werden.[36]

Zeitgleich gewinnt der antiasiatische Rassismus unter dem Label Corona an Fahrt. Asiatisch gelesene Menschen werden medial und öffentlich mit dem Virus in Verbindung gebracht und auf offener Straße angegriffen, so, wie auch Sinti:zze und Rom:nja pauschal unter Corona-Verdacht stehen.[37] Zudem kursieren antisemitische Verschwörungstheorien, die jüdische Menschen für das Virus verantwortlich machen. In Indien werden muslimische Menschen zum Sündenbock gemacht und körperlich angegriffen. Unter dem Hashtag #Corona-Jihad kursieren Mythen in den sozialen Medien, dass indische Musliminnen und Muslime das Virus als Waffe für den »Heiligen Krieg« verwenden würden.[38] Auch auf deutschen Straßen zirkuliert für Corona das Wort »Kanaken-Seuche«[39] unter rechten Demonstrantinnen und Demonstranten. Sie nutzen die Corona-Krise, um sich zu mobilisieren.

Schon bei den Dresdner »Montagsspaziergängen« warnten die angeblich so besorgten Bürger mit medizinischen Argumenten vor der »Islamisierung des Abendlandes«. Einige plädierten dafür, Ausländer und Geflüchtete zu isolieren und ihre Einwanderung zu stoppen, schließlich würden sie Krankheiten einschleppen, gegen die die deutsche Bevölkerung nicht immun sei. »Weil ja, wir sind ja ganz anders aufgebaut irgendwie, ne«, erklärte ein »Spaziergänger« dieses »ganz normale medizinische Problem an sich« vor laufender Fernsehkamera im Winter 2015.[40]

Das biologische Argument ist also nicht verschwunden, auch wenn das Wort »Rasse« heute tabuisiert ist. Es kann ein Ventil in Begriffen der Kultur, Religion und Herkunft finden, sich als Meinung und Sorge tarnen, um im nächsten Moment wieder den vermeintlich natürlichen, unüberwindbaren Unterschied zwischen »uns« und »den Anderen« zu propagieren.[41]

Um eines klarzustellen: Menschenrassen gab und gibt es nicht – keine »Europiden«, keine »Mongoliden« oder sonst eine. Rassismus aber gibt es sehr wohl und immer noch. Das Denken in »Rassen« ist nicht verschwunden, auch wenn das Wort selbst unsagbar geworden ist. Wer weiß das besser als Kinder, die als Ergebnis einer skurrilen »Vermischung« wahrgenommen und neugierig beäugt, ja zur Zielscheibe ganz wahnwitziger Diskussionen über »Mongolenflecken« und Menschen in Viertel-, Halb- und Achtelstücken werden?

Auch im engen Freundeskreis kam die Verwunderung über die »Zusammensetzung« unserer Tochter immer wieder zur Sprache. Laut darüber nachzudenken war eben kein medizinisches Phänomen. Es war ein gesellschaftliches Spektakel. Denn unser Kind mit »deutscher«, blonder Mutter und »ausländischem«, schwarzhaarigem Vater hatte nicht nur einen blauen Fleck am Po, sondern blonde Haare noch dazu. Immer wieder wurde an die Biologiestunde damals in der Schulzeit erinnert und genetisches Halbwissen hervorgekramt: Wer darf wem ähnlich sehen und warum?

In solchen Momenten bleibt mir nur die Verwunderung über diese Leidenschaft, den Menschen zu normieren, ihn in eindeutige Kategorien zu zwängen, Grenzübertritte zu bestrafen oder wenigstens mit Verwirrung und Erstaunen zur Kenntnis zu nehmen. Und irgendwann fiel es mir wie Schuppen von den Augen: Integration ist eine Zumutung für »die Anderen«. Sie leben in einer Gesellschaft, in der ihre Körper, Namen, Biografien und Herkünfte zum ewigen Thema werden und niemals unkommentiert bleiben.

Mittlerweile sind ein paar Jahre seit der Geburt unserer Tochter vergangen, und ihre Haare sind, trotz meiner anfänglichen Hoffnung, nicht über Nacht schwarz geworden. Für mich ist es kein Problem, ich bin tolerant. Nur ist es auf Dauer ermüdend, nicht als der Vater seines eigenen Kindes wahrgenommen zu werden. Im Supermarkt und auf dem Spielplatz werde ich regelmäßig von besorgten weißen Eltern gefragt, ob das wirklich mein Kind ist, sie wollten ja nur sichergehen. Andere fragen mich tatsächlich, ob meine Tochter irgendwann Kopftuch tragen muss, ob sie einen Freund (ich frage mich, warum denn nicht eine Freundin?) haben darf, ob sie Sex vor der Ehe haben darf, und ob sie ihren Ehemann (warum denn wohl nicht Ehefrau?)

später frei wählen darf. Mein Kind ist fünf, es ist fünf Jahre alt.

Die Blicke und Bemerkungen gehen auch an ihr nicht spurlos vorbei. Sie merkt, dass wir in den Augen der Öffentlichkeit nicht zusammenpassen. Kürzlich fragte sie mich beim Abendessen, warum ich anders aussehe und warum meine Haare schwarz sind. Sie sagte: »Du musst goldene Haare und goldene Haut haben wie ich.«

An diesem Abend habe ich lange geweint. Es war das erste Mal, dass es aus ihrem eigenen Mund kam, sie war sich der Differenz bewusst, die Gesellschaft hat jeden Tag mit den Fingern darauf gezeigt. Das beobachten auch meine Eltern. »Lasst die Kleine doch gerne mal bei uns, damit sie sich an uns gewöhnt«, baten sie. »Nicht dass sie sich irgendwann fragt, wer denn diese Ausländer sind, und uns abschiebt.« Wir haben gelacht, es war ein Scherz. Irgendwie aber auch nicht. Die Angst, vom eigenen Kind abgelehnt zu werden, begleitet viele Eltern. Bei mir kommt die Angst dazu, dass sich meine Tochter wegen ihrer Herkunft schämen könnte. Dass sie mir nicht verzeiht, weil ich ihr diesen Namen, diese Biografie und Geschichte vererbt habe. Ich weiß nicht, ob sie es schaffen wird, standhaft zu sein, oder mich ablehnen und sich vielleicht selbst verleugnen wird. Das weiße Privileg ist verführerisch. Ich könnte es ihr nicht verübeln. Der Wunsch dazuzugehören ist groß. Davon berichten unsere Bemühungen. Sie erzählen von der Sehnsucht nach Normalität. Der blaue Fleck wird irgendwann verbleichen. Unsere Grenzerfahrungen werden es aber nicht.

Willkommen in unserem Haus
Leg Deine Sachen ab
Hier ist Dein Gewand
Deine Schuhe, Deine Lautstärke.

Achte genau auf meinen Rhythmus
unsere Sprache
unsere Bewegungen

Vergiss nicht, dass Dein Leben uns gehört
dann wird Dir nichts passieren.
*white* passing privilege

– SHIRIN SIMA EGHTESSADI, *Hausordnung*

# 2. Kanak Attak Reloaded

Bereits der Schnurrbart war preisverdächtig, wie er so stolz über die Lippen des begnadeten Poeten Aras Ören ragend einen langen Schatten auf das Publikum warf. Über 100 Menschen waren der Einladung der Heinrich-Böll-Stiftung in die Schumannstraße in Berlin gefolgt, um den 80. Geburtstag dieses Menschen und sein literarisches Schaffen zu feiern, das den meisten im Lande bis heute unbekannt geblieben ist. Bis vor kurzem zählte auch ich zu diesen Ignoranten, denen das Langgedicht *Was will Niyazi in der Naunynstraße?*, obwohl bereits 1973 im Rotbuch Verlag veröffentlicht, rein gar nichts sagte.

> Ein verrückter Wind eines Tages
> wirbelte den Schnurrbart eines Türken,
> und der Türke rannte hinter seinem Schnurrbart
> her und fand sich in der Naunynstraße.
>
> – Aras Ören, *Frau Kutzers Nachbarn*

Spätestens bei dieser Szene hatte mich Ören gefangen genommen. Viele Male flanierte ich durch den Kreuzberger Kiez, ohne zu wissen, dass hier ein 1939 in Istanbul geborener Schriftsteller und Radio-Macher bereits vor 47 Jahren das Berliner Gastarbeiterinnen- und Gastarbeiter-Leben poetisch verewigt hatte.

An so vielen Abenden,
an so vielen Morgen
wurde jeder in dieser Straße
jedem vertraut,
und jedes Ding von jedem in dieser Straße
ein gewohntes Stück,
so daß heute
die Naunynstraße ohne Türken
zwar noch die Naunynstraße wäre,
aber an ihren alten Tagen
ohne neuen Anfang.

– Aras Ören, *Frau Kutzers Nachbarn*

Ein »großer Dichter des Einwanderungslands Almanya«[42] titelte die *taz* im Mai 2017. Der Kulturredakteur Ulrich Gutmair berichtet, Ören tue es weh, dass sich die dritte Generation von Eingewanderten aus der Türkei nicht für ihn interessiere. Ören erklärt sich das so: »Sie wollen nicht an das Leben ihrer Großeltern erinnert werden, die in einem fremden Land zurechtkommen mussten, die in heruntergekommenen Häusern der Innenstädte lebten, als Menschen nicht anerkannt waren, nicht gesehen wurden.«[43]

Doch Unwissenheit entspringt nicht immer einem Desinteresse. Manchmal werden Dinge verschwiegen, unter den Teppich gekehrt. Manchmal ignoriert auch der Kanon, ja der literarische Betrieb das Werk. Ich begegnete Kritikerinnen und Kritikern, die Örens *Niyazi* zum Gegenstand der Turkologie erklärten, um so das an den Pforten zur Germanistik abzuweisen, was doch »von uns« erzählte. Ich teile Gutmairs Einschätzung: »Aras Örens Werk ist das Werk des ersten deutschen Autors, der auf Türkisch schreibt.«[44] Es mag pathetisch klingen, aber mir kamen die Tränen, als ich bei der Buchpräsentation 2019 Aras Örens Worten folgte, wie er die neu verlegte Trilogie der ersten und zweiten Generation aus der Türkei widmete. »Sie haben einen unvergeßlichen Anteil an unserem heutigen Wohlstand und kulturellen Reichtum. Und nicht zuletzt waren sie historischer Prüfstein für unsere Demokratie und Toleranzfähigkeit«, las Ören am besagten Abend aus der Einleitung seines Werkes.[45]

Das Publikum jubelte, wir waren begeistert. Und trotzdem wurde ich den bitteren Geschmack im Mund nicht los. Denn für diesen Ehrentitel müssen Menschen mit dem ominösen Migrationshintergrund, die unter Menschen ohne Migrationshintergrund leben, einen hohen Preis zahlen. Seit dem Fall der Mauer zählt die behördliche Statistik 83 Todesopfer rechtsextremer Gewalt.[46] Die Amadeu Antonio Stiftung kommt auf eine höhere Zahl, sie spricht von mindestens 213 Toten.[47] Mit ihrem Namen erinnert die Stiftung an den Angolaner Amadeu Antonio, der am 25. November 1990 von Rechtsextremen in Eberswalde ermordet wurde. Die 1990er Jahre sind voll von Ereignissen wie diesem …

Am 17. September 1991 greifen Rechtsextreme im sächsischen Hoyerswerda Wohnheime von Migrantinnen und Migranten an, die weiße Anwohnerschaft jubelt den Täterinnen und Tätern zu. Das Foto- und Videomaterial gibt Zeugnis für die sich mitten im öffentlichen Raum abspielende Gewalt und das Versagen der Behörden. Statt gegen Rassist:innen durchzugreifen, werden die Angegriffenen mit Bussen aus der Stadt gefahren.

Wenige Wochen später, der Tag der Deutschen Einheit jährt sich zum ersten Mal, verüben drei Rechtsextreme einen Brandanschlag auf eine Unterkunft von Geflüchteten in Hünxe, Nordrhein-Westfalen.

Im November 1992 folgen Brandanschläge in Rostock-Lichtenhagen auf eine Aufnahmestelle für Geflüchtete und im schleswig-holsteinischen Mölln auf zwei Häuser türkischer Familien. Zwei Mädchen, 10 und 14 Jahre, und ihre 51-jährige Großmutter sterben.

Im Mai 1993 sterben in Solingen bei einem Brandanschlag fünf Frauen und Mädchen mit türkischer »Migrationsgeschichte«.[48]

Zwischen 2000 und 2008 fielen dann noch zehn Menschen – neun Menschen mit »Migrationsgeschichte« und eine weiße Polizistin – der Mordserie des NSU zum Opfer; die Terrorzelle blieb insgesamt 13 Jahre unerkannt. Die Behörden ermittelten jahrelang in die falsche Richtung. Sie verdächtigten Familienangehörige und ignorierten umgekehrt den Verdacht der Betroffenen, dass es sich um rassistische Morde gehandelt haben musste. Statt in Richtung rechter Terror zu ermitteln, wurde in der *Sonderkommission Bosporus* nach migrantischen Tätern gefahndet, Polizeibeamte sprachen von »Verbindungen mit türkischen Drogenhändlern«[49] im Ausland. Eine andere Sonderkommission trug den einfallslos-eindeutigen Namen *Halbmond*.

Im baden-württembergischen Landeskriminalamt war man sich ganz sicher, dass die Mörder Ausländer sein mussten. In der *Gesamtanalyse der bundesweiten Se-*

*rie von Tötungsdelikten an Kleingewerbetreibenden mit Migrationshintergrund* von 2007 heißt es aus der Feder des Kriminalhauptkommissars beim LKA-BW und hauptverantwortlichen Fallanalytikers: »Vor dem Hintergrund, dass die Tötung von Menschen in unserem Kulturkreis mit einem hohen Tabu belegt ist, ist abzuleiten, dass der Täter hinsichtlich seines Verhaltenssystems weit außerhalb des hiesigen Normen- und Wertesystems verortet ist.«[50]

Das ist nicht nur absurd und gefährlich, sondern auch gegenwarts- und geschichtsvergessen. Das klingt fast so, als hätte es hierzulande keinen Genozid an jüdischen Menschen, an Angehörigen der Sinti und Roma gegeben, als würden in der Bundesrepublik keine Neonazis existieren, die Brandanschläge organisieren, Ausländer:innen jagen und ermorden, als würde es hier nicht unter Hintanstellung aller Gruppenzugehörigkeiten mehr als 2000 Tötungsdelikte pro Jahr geben[51]. Und auch der Medienbetrieb versagte. Das Bündnis *NSU-Komplex auflösen* identifizierte im Zusammenhang mit der NSU-Berichterstattung rassistische Klischees in vielen auflagenstarken Zeitungen. In der Berichterstattung konnte man Dinge lesen wie »Kamen die Täter aus der türkischen Türsteherszene?« und »Oder aus dem Rotlichtmilieu?«.[52] Aus Opfern wurden Täter gemacht, indem die Hinterbliebenen der Opfer nicht als trauernde Angehörige wahrgenommen, sondern als Mittäter:innen verdächtigt wurden. Die Geschmacklosigkeit verdichtete sich im medial zirkulierenden Begriff »Döner-Morde«. Es wurde kein Grillfleisch am Spieß ermordet, sondern Menschen. Menschen, an die wir uns erinnern müssen.

> Enver Şimşek
> ermordet am 9. September 2000 in Nürnberg.
> Habil Kılıç
> ermordet am 29. August 2001 in München.
> Mehmet Turgut
> ermordet am 25. Februar 2005 in Rostock.
> Ismail Yaşar
> ermordet am 9. Juni 2005 in Nürnberg.
> Theodoros Boulgarides
> ermordet am 15. Juni 2005 in München.
> Mehmet Kubaşık
> ermordet am 4. April 2006 in Dortmund.
> Halit Yozgat
> ermordet am 6. April 2006 in Kassel.
> Michèle Kiesewetter
> ermordet am 25. April 2007 in Heilbronn.
> Abdurrahim Özüdoğru
> ermordet am 13. Juni 2011 in Nürnberg.
> Süleyman Taşköprü
> ermordet am 27. Juni 2011 in Hamburg.

Diesen Getöteten folgten am 19. Februar 2020 weitere, als ein rassistischer Attentäter in zwei Shisha-Bars in Hanau zehn Menschen erschoss. Ihre Namen lauten: Ferhat Unvar, Mercedes Kierpacz, Sedat Gürbüz, Gökhan Gültekin, Hamza Kurtović, Kaloyan Velkov, Vili Viorel Păun, Said Nesar Hashemi und Fatih Saraçoğlu.

Hanau hatte sicherlich auch etwas mit antimuslimischem Rassismus zu tun, selbst wenn nicht alle Ermordeten tatsächlich muslimischen Glaubens waren. Es geht um die Logik des Täters, darum, wie er aufgrund bestimmter Zuschreibungen Menschen in den Shisha-Bars als muslimisch angenommen hat; aber auch darum, wie das gesellschaftliche Klima dazu beitrug, dass Rassismus unter dem Deckmantel der Religions- und Kulturkritik salonfähig geworden ist. In seinem Manifest schrieb der rassistische Terrorist, dass bestimmte Völker vernichtet werden müssten, deren Ausweisung aus Deutschland nicht mehr zu schaffen sei. Er listete auf: »Marokko, Algerien, Tunesien, Libyen, Ägypten, Israel, Syrien, Jordanien, Libanon, die komplette saudische Halbinsel, die Türkei, Irak, Iran, Kasachstan, Turkmenistan, Usbekistan, Indien, Pakistan, Afghanistan, Bangladesh, Vietnam, Laos, Kambodscha bis hin zu den Philippinen«. Er sprach von einer ersten »Grob-Säuberung«. Auch auf die Bevölkerung in Deutschland hatte er es abgesehen. Er könne sich »eine Halbierung der Bevölkerungszahl« vorstellen, denn nicht alle mit deutschem Pass wären »reinrassig«. Den Islam bezeichnete er als »destruktiv«, er würde keinen Beitrag leisten zur Weiterentwicklung der »Völker«.[53]

Die Botschaft war unmissverständlich und klar. Von Verschwörungstheorien bis zu rassistischen Vernichtungsfantasien war alles dabei. Und was machte die Presse daraufhin? Auf *Focus Online* las ich von »Shisha-Morden«. Ein neues Unwort, nur wenige Jahre nach den »Döner-Morden«. Da hatte jemand in der Redaktion offenbar wieder die Opfer verwechselt – es wurden nicht Shishas, sondern Menschen ermordet. Und das ausgerechnet an Orten, an denen insbesondere migrantisierte

Menschen Freundschaften pflegen, wo sie Erholung von den Strapazen des Alltags und, ja, auch Sicherheit und Normalität suchen. Doch es sind stigmatisierte Orte, die seit Jahren regelmäßigen Razzien der Polizei ausgesetzt sind und unter dem Verdacht der »Clan-Kriminalität« stehen.[54]

Es wäre fatal zu glauben, dass Hanau nichts mit der Mitte der Gesellschaft zu tun hat und das Problem von Rechtsaußen käme. Der Tat geht ein gesellschaftliches Klima voraus, in dem Rassismus sich strukturell und institutionell manifestiert. Er ist fester Bestandteil der Gesellschaft, er lässt uns nicht los. Die Bilder des Anschlags waren für die nächsten Wochen und Monate meine täglichen Begleiter. Es war schlichtweg nicht möglich, zur normalen Tagesordnung überzugehen. Ich merke, wie sich mit jedem rassistischen Anschlag auch meine Bewegung im öffentlichen Raum verändert hat. Seit den rechtsextremen Anschlägen auf Moscheen in Christchurch im März 2019 und den jüngsten Berichten über rechtsterroristische Gruppierungen in Deutschland, die Anschläge planen und Muslim:innen töten wollen, war ich nicht mehr beim Freitagsgebet. Und auch in Bussen und U-Bahnen bin ich wachsam, die Erfahrung zwingt einen dazu, besonders aufzupassen. Rassismus beginnt nicht immer erst mit dem Wort, allein der Blick reicht, um zu verstehen: Darf ich hier sein oder nicht.

Ich fühlte mich wieder an einen Traum erinnert, der mich in meiner Kindheit über Jahre hinweg heimsuchte. Er lief jedes Mal so ab: *Ich steige das Treppenhaus hinauf, meine Eltern sitzen im 3. Stock auf der Wohnzimmercouch, als zwei weiße Männer durch die Eingangspforte hereinplatzen und sich mit einem morbiden Lächeln auf mich werfen. Sie treten auf mich ein, ihr Gebrüll hallt durch das ganze Treppenhaus, aber niemand kommt zur Hilfe. Ich reiße meinen Mund auf, bringe aber keinen Ton heraus. Ich habe meine Stimme verloren, da liegt sie wenige Treppenstufen über meinem Kopf entfernt, auf den sie eintreten.*

Ich erinnere mich noch sehr gut daran, wie ich mich im Traum darüber wunderte, dass ich keine Schmerzen empfand, dass ich die Tritte, so gewalttätig sie auch waren, erduldete und verstummte – als stünde all das dafür, wie normal und unspektakulär rechte Gewalt erscheint, dafür wie die Gesellschaft abstumpft, und dafür wie Betroffene sich daran gewöhnen, dass ihre Hilferufe nicht gehört werden können.

Die Grenzen des Sagbaren über »die Anderen« verschieben sich, und damit auch die Grenzen des Machbaren. Der rechte Terror knüpft nahtlos an den gesellschaftlichen Diskurs über Migration, Integration und Flucht an. Rechtsextreme Täter fühlen sich in ihren Taten ermutigt, sie haben das Gefühl, im Interesse »ihres Volkes« zu handeln, und antworten unmittelbar auf Vorstellungen einer Überfremdung Deutschlands – dass viele von denen, die solche Vorstellungen hegen, Mord und Terror ablehnen, ändert nichts, wenn ihre Überzeugungen die gleichen bleiben.

Bei einer Wahlkampfveranstaltung im thüringischen Eichsfeld im Jahr 2017 fantasierte Alexander Gauland (AfD) von einer »Entsorgung« der Integrationsbeauftragten der Bundesregierung Aydan Özoğuz »in Anatolien«.[55] Ein Jahr später bezeichnete Horst Seehofer (CSU) die Migration als »Mutter aller Probleme«.[56] Und im Frühjahr darauf empörte sich Tübingens Oberbürgermeister Boris Palmer (Die Grünen) über eine Werbekampagne der Deutschen Bahn, auf der nichtweiße Menschen abgebildet waren, und fragte: »Welche Gesellschaft soll das abbilden?«[57]

Solche Hetzrede ist nicht neu. Im Gegenteil blickt sie auf eine lange Tradition zurück und baut auf dem auf, was seit Jahrzehnten eine Gesellschaft umtreibt, die sich nach dem Anwerbeabkommen für sogenannte Gastarbeiterinnen und Gastarbeiter lange weigerte, sich als Einwanderungsland zu begreifen, und darauf wartete, dass das Fremde bald wieder von alleine geht. Die »eingeladenen« Menschen sind aber nicht gegangen, sondern haben Familien gegründet, Existenzen aufgebaut, sie haben das Land, die Gesellschaft, wie Aras Ören richtig sagt, bereichert. Ören wusste, dass diese Menschen in Deutschland nicht zu Gast, sondern dass sie eingewandert waren, und er wusste um die Notwendigkeit, sich dieser Realität anzunehmen.

Im Juli 1973, genau in dem Jahr, als Aras Ören sein erstes Langpoem *Was will Niyazi in der Naunynstraße?* veröffentlichte, titelte *Der Spiegel* »Ghettos in Deutschland. Eine Million Türken«[58]. Auf dem Cover war eine achtköpfige Familie dargestellt, die aus dem Fenster nach draußen blickt, es soll wohl überfüllt wirken. In der Ausgabe gibt es einen Artikel mit einer weiteren reißerischen Überschrift »Die Türken kommen – rette sich, wer kann«. Darin heißt es: »Der Andrang vom Bosporus verschärft eine Krise, die in den von Ausländern überlaufenen Ballungszentren schon lange schwelt.« Die Rede ist von einer »Invasion« in Berlin, München und Frankfurt, die kaum noch zu bewältigen sei.[59]

Ören schrieb weiter Gedichte. Sein zweites Langpoem *Der kurze Traum aus Kagithane* erschien 1974.

> Als in München der Zug
> in die Bahnhofshalle fuhr,
> da murmelte er
> »In Gottes Namen«,
> schnappte seine Koffer, und
> während die Griffe in seine Hände drangen,
> setzte er, wie der Glaube es will, den
> rechten Fuß zuerst, ein wenig nervös
> auf den Boden von Almanya.
>
> – ARAS ÖREN, *Fazil Usta war einer von ihnen*

Auch *Der Spiegel* schrieb weiter. Nur klingen Szenen wie diese im Magazin weniger romantisch, eher bedrohlich. »Die Türken machen zur Invasion der Bundesrepublik mobil«, heißt es zum Beispiel im Juli 1976.[60]

Örens drittes Langpoem *Die Fremde ist auch ein Haus* erschien 1980. Im Januar desselben Jahres bezeichnete *Der Spiegel* Berlin als »größte Türkenstadt diesseits des Bosporus«. Moscheen und Koranschulen werden der »Abgrenzung von den Ungläubigen« beschuldigt. Die Rede ist von Radikalisierung, von gescheiterter Hoffnung und von Zorn.[61] »Die hunderttausend Orientalen, bis vor kurzem noch anscheinend selbstgenügsam im Abseits der

Hinterhöfe, verschaffen sich öffentlich Gehör«,[62] berichtet die Zeitschrift. Sie beklagen Diskriminierungen auf dem Arbeitsmarkt und auch in der Schule, die zweite Generation der Menschen mit Migrationshintergrund verlangt gleiche Bildungschancen. Die wenigsten unter ihnen finden einen Ausbildungsplatz. Sie träumen vom sozialen Aufstieg und stoßen auf dicke Mauern. Das weiß auch Aras Ören. Er wird für diesen Artikel interviewt, allerdings nicht als Dichter, sondern als »Landsmann« vorgestellt. Wahrscheinlich meint die Redaktion damit »der Türke«. Ören wird gefragt, woher die Wut der Jugendlichen komme. Er antwortet: »Die wollen beweisen, daß sie leben, so oder so. (...) Was die alles schlucken müssen, sucht sich ein Ventil.«[63]

Jahrelang hatte auch die Lyrikerin Semra Ertan, geboren in der Türkei und als Tochter einer »Gastarbeiterfamilie« in den 1970er Jahren nach Deutschland gekommen, gegen Rassismus und Unrecht die Stimme erhoben. Als letzten Ausweg wählte sie schließlich eine tödliche Protestform. Am 24. Mai 1982 rief die 25-Jährige beim NDR-Hörfunk und beim ZDF an. Sie las aus ihrem bekannten Gedicht *Mein Name ist Ausländer* und sagte: »Ich möchte, dass Ausländer nicht nur das Recht haben, wie Menschen zu leben, sondern auch das Recht haben, wie Menschen behandelt zu werden. Das ist alles.«[64] Sie wollte ein Zeichen gegen den zunehmenden Rassismus in der Bundesrepublik setzen und vor den Augen der Öffentlichkeit sterben. Am 26. Mai 1982, gegen fünf Uhr morgens, übergoss sich Ertan mit fünf Litern Benzin und zündete sich an der Kreuzung Simon-von-Utrecht-Straße / Detlef-Bremer-Straße im Hamburger Stadtteil St. Pauli an. Sie erlag ihren Verbrennungen im Krankenhaus.

Semra Ertans Name, ihr literarisches Schaffen – über 350 Gedichte hinterließ die Künstlerin – und ihr Kampf gegen Rassismus sind den wenigsten im Land bekannt. Ihre Nichte Cana Bilir-Meier will daran etwas ändern. Sie drehte 2013 den Film *Semra Ertan*, um, wie sie selbst erklärt, »ihre Geschichte neu zu schreiben – als die eines Menschen, der gegen Unrecht aufbegehrt, nicht als die eines Opfers«.[65] Ertans gesammelte Gedichte brachte sie zusammen mit Zühal Bilir-Meier im Dezember 2020 im Verlag edition assemblage heraus, der Band trägt den Titel *Mein Name ist Ausländer*.

> Mein Name ist Ausländer,
> Ich arbeite hier,
> Ich weiß, wie ich arbeite,
> Ob die Deutschen es auch wissen?
> Meine Arbeit ist schwer,
> Meine Arbeit ist schmutzig.
> Das gefällt mir nicht, sage ich.
> »Wenn dir die Arbeit nicht gefällt,
> Geh in deine Heimat«, sagen sie.
> Meine Arbeit ist schwer,
> Meine Arbeit ist schmutzig,
> Mein Lohn ist niedrig.
> Auch ich zahle Steuern, sage ich.
> Ich werde es immer wieder sagen,
> Wenn ich immer wieder hören muss:
> »Suche dir eine andere Arbeit.«
> Aber die Schuld liegt nicht bei den Deutschen,
> Liegt nicht bei den Türken.
> Die Türkei braucht Devisen,

Deutschland Arbeitskräfte.
Mein Land hat uns nach Deutschland verkauft,
Wie Stiefkinder,
Wie unbrauchbare Menschen.
Aber dennoch braucht sie Devisen,
Braucht sie Ruhe.
Mein Land hat mich nach Deutschland verkauft.
Mein Name ist AUSLÄNDER.

– SEMRA ERTAN, *Mein Name ist Ausländer*

Um an die Lyrikerin und ihren Protest zu erinnern, gründete Cana Bilir-Meier im Sommer 2018 die Initiative »Gedenken an Semra Ertan«[66]. Sie fordert eine Gedenktafel und Straßenumbenennung. Mit ihren künstlerischen Ausstellungen und politischen Interventionen rüttelt sie an den dicken Mauern des deutschen Kulturbetriebs. Bilir-Meier würdigt verschüttete Familienarchive und die viel zu lange aus dem öffentlichen Raum verdrängten Stimmen migrantischer Communities, die seit Jahrzehnten mit Begriffen wie »Integrationsunwilligkeit« und »Parallelgesellschaft« stigmatisiert werden.

Was es heißt, unter diesen Zuschreibungen und Bedingungen zu existieren, hat auch den Schriftsteller Feridun Zaimoğlu umgetrieben. »Wie lebt es sich als Kanake in Deutschland?«, formulierte er die Frage etwas eigenwillig in seinem 1995 veröffentlichten Buch *Kanak Sprak*.[67] Er griff, wahrscheinlich zur Verwirrung einiger Leserinnen und Leser, auf ein Schimpfwort zurück.[68] »Kanake, ein Etikett, das nach mehr als 30 Jahren Immigrationsgeschichte von Türken nicht nur Schimpfwort ist, sondern auch ein Name, den ›Gastarbeiterkinder‹ der zweiten und vor allem der dritten Generation mit stolzem Trotz führen«,[69] schreibt Zaimoğlu. Er reiste über mehrere Monate durch das Land, um »die Wortgewalt des Kanaken«, diesen »eigenen Jargon«,[70] mit dem sich die zweite und dritte Generation ihrer eigenen Situation bemächtigt, einzufangen, wie er schreibt.

Zaimoğlus Vorwort liest sich wie eine Parodie auf eine ethnologische Studie. Er stellt sich selbst als teilnehmenden Beobachter dar und berichtet von den Schwierigkeiten, Zugang zu seinem Forschungsobjekt zu finden: »Ich tauchte ab in den ›Lumpen-Hades‹, suchte den Kanaken auf in seinen Distrikten und Revieren, Ghetto-Quartieren und Stammplätzen, in seinen Verschlägen und Teehäusern. Es war nicht einfach, gegen das anfängliche Mißtrauen anzukämpfen, das der Kanake ›dem Studierten‹ gegenüber empfindet«, reflektierte Zaimoğlu den Prozess.[71] Ausgestattet mit Aufnahmegerät und Notizblock, erklärte der Schriftsteller, »hier Kanaken in ihrer eigenen Zunge zu Wort« kommen zu lassen – wobei die Texte künstlerisch bearbeitet sind, Zaimoğlu spricht von »Nachdichtung«.[72] Unter den »24 Misstöne[n] vom Rande der Gesellschaft«, wie der Untertitel des Buches lautet, findet sich zum Beispiel der 29-jährige Akay vom Flohmarkt. Auf die Frage, was es heißt, Kanake in Deutschland zu sein, antwortete er: »Die haben schon unsre heimat prächtig erfunden: kanake da, kanake dort, wo du auch hingerätst, kanake blinkt dir in oberfetten lettern sogar im traum, wenn du pennst und denkst: joker, jetzt bist du in deiner eigenen sendung. Als hättest du'n krebsklumpen mitten in der visage und würdest dich verstricken in so schleifen aus luft, von jedem und allem fortgewirbelt, um in einem fort zu grübeln, was dir verdammt noch mal den boden unter'n füßen wegzieht, (…) es gibt die saubere kanakentour und die schmutzige, was auch immer du anstellen magst, den fremdländer kannst du nimmer aus der fresse wischen.«[73]

Ich erinnere mich sehr gut daran, wie ich dieses Wort das erste Mal hörte. Ich war drei Jahre alt, kam neu in den Kindergarten, als zwei blonde Jungen, ich sehe ihre Gesichter noch heute vor mir, die Laute wie einen Felsen an meinen Kopf schleuderten: Kanake. Ich wusste nicht, was das bedeutete, und doch war klar, so wie sie es sagten und sich dabei amüsierten, der fiese Blick und die Art, wie sie es jedes Mal wiederholten, wie mein Ich in diesem Kindergartenalltag keinen Platz fand: Es sollte schmerzen, und das tat es. Ich lernte, Kanaken steht kein eigener Name zu.

Das Wort hat mich in die Schulzeit begleitet, auf den Pausenhöfen, auch mal beim Bäcker oder auf offener Straße. Als ich erlebte, wie mein Vater von einem weißen deutschen Mann als Kanake beschimpft und angegriffen wurde, begriff ich, dass es, egal wie alt ich bin, nicht aufhören wird. Ich lernte, Kanaken dürfen sich nicht sicher fühlen. Sie haben keine eigene Geschichte und keine Zukunft. Es war ein Wort, das demütigte. Das einem das Recht absprach, hier sein zu dürfen. Ein Wort, an dem Schmutz und Schuld klebte.

Meine Jugend verbrachte ich damit, diese Schande, denn so fühlte es sich an, abzulegen. An warmen Tagen mied ich die Sonne und wechselte auf die Schattenseite des Bürgersteigs, um ja zu vermeiden, dass meine Haut dunkler wurde. Ich bettelte meine Mutter an, mir die Haare zu färben. Blond natürlich, das wollte sie nicht. Rot war der Kompromiss. Von meinem Patenonkel, der als Optiker arbeitete, erschlich ich mir blaue und grüne Kontaktlinsen. Einmal die Welt aus dem Zentrum bewundern, einmal sich selbst vergessen und unsichtbar sein.

Aber egal wie sehr ich mich auch anstrengte, die Transformation war niemals vollkommen. Schließlich war es nur eine Illusion, der ich mich hingab. Weißsein und blonde Haare haben, das war das Idealbild, mit dem ich in dieser Gesellschaft aufwuchs. Rassismus ist mehr und zugleich subtiler, als beschimpft oder ausgeschlossen zu werden. Rassismus ist ein Lehr- und Lernsystem. Es unterrichtet die Gesellschaft darin, was normal ist. Es lehrt, was sein darf und was nicht sein darf. Auch jene, die davon negativ betroffen sind. Rassismus kann dazu führen, dass du als nichtweißer Mensch nicht mehr du selbst sein willst oder kannst. Dass du deinem eigenen Körper, deiner Herkunft, deiner »fremden« Sprache und Biografie mit Ekel begegnest und dich selbst ablehnst.

Irgendwann glaubte ich, dass die Mehrheit recht haben musste. Dass ich dümmer, hässlich, nicht richtig war. Ich nahm an, verantwortlich dafür zu sein, nicht akzeptiert zu werden. Ich begann auf jedes Detail zu achten: wie ich mich bewegte, wie ich mich kleidete, wie ich sprach. Denn nur ein kleiner Fehler in der Aussprache und alle würden denken, es liege an meiner Fremdheit, und nicht daran, dass es normal ist, sich mal zu versprechen. Der Anzug aus deutschen Klischees, den ich mir über Kopf, Haut und Bewusstsein warf, musste gut sitzen: Mit jeder Falte, die er warf, würde ich riskieren, auf ewig fremd zu sein. Ja, es war eine Illusion, der ich mich hingab. Sie zerfraß mein Selbstvertrauen, sodass ich alles, was nur irgendwie »ausländisch« war, von mir wies. Ich konnte mir als Jugendlicher nicht vorstellen, dass jemand »Kanake« sein wollte oder auch nur das Wort freiwillig in den Mund nehmen würde.

Ich muss ungefähr 14 oder 15 Jahre alt gewesen sein, als ich im Bus auf dem Weg zur Schule von einem Jungen angesprochen wurde, der sich als Serkan vorstellte. Er trug eine glänzende Goldkette um den Hals, das schwarze Haar penibel nach hinten gegelt. Er fragte, wie ich heiße. Ich nannte schüchtern meinen Namen, mit großer Wahrscheinlichkeit sprach ich ihn falsch aus, so sehr war ich gewohnt, mich an das mehrheitsdeutsche Ohr anzupassen. Dann sagte Serkan etwas, das mich lange beschäftigte: »Du bist ein Kanake so wie ich, sei stolz.« An der nächsten Haltestelle stieg er aus, ich habe ihn seither nicht mehr gesehen. Wie ein Geist trat er ein, wie ein Geist verschwand er aus meinem Leben. Ich lernte, Kanaken können widersprechen. Ich begriff, dass das Wort, wenn es aus dem eigenen Mund kam, seine Bedrohlichkeit verlor, das nahm einem die Angst. Der Name, der mir eine so klare gesellschaftliche Rolle gab, mich auf einen unteren Platz verweisen sollte und mich als Fremder ins öffentliche Leben einführte, hatte plötzlich eine andere Bedeutung bekommen. Ja, ein Schimpfname verletzt, er setzt herab und erniedrigt; aber ein Schimpfname kann angeeignet und umprogrammiert werden und dadurch eine neue Tür öffnen.

»Durch den Namen, den man erhält, wird man nicht einfach nur festgelegt. Insofern dieser Name verletzend ist, wird man zugleich herabgesetzt und erniedrigt. Doch enthält der Name auch eine andere Möglichkeit, da man durch die Benennung auch eine bestimmte Möglichkeit der gesellschaftlichen Existenz erhält und erst in ein zeitliches Leben der Sprache eingeführt wird, das die ursprünglichen Absichten, die der Namensgebung zugrunde lagen, übersteigt. Während also die verletzende Anrede ihren Adressaten scheinbar nur festschreibt und lähmt, kann sie ebenso eine unerwartete, ermächtigende Antwort hervorrufen«,[74] schreibt die Philosophin Judith Butler in ihrem Buch *Haß spricht*.

Butler geht es um einen Handlungsspielraum, darum, dass Menschen, die von Hassrede betroffen sind, sich zwar den Schimpfnamen nicht entziehen können, sie sind ihnen permanent ausgesetzt. Aber es besteht die Möglichkeit, sie aufzugreifen und so zu verwenden, dass die Bezeichneten selbst in den Diskurs eintreten und ihren eigenen Platz einnehmen, indem sie an das Wort anknüpfen, nur unter anderen, widerständigen Vorzeichen.

Das tun heute beispielsweise die Journalisten Malcolm Ohanwe und Marcel Aburakia mit *Kanackische Welle*, einem beliebten Podcast rund um die Themen Identität, Rassismus, Gender, Musik und Popkultur. Oder Taudy Pathmanathan und Tamer Düzyol, die das Kunst- und

Kultur-Kollektiv *Kanakistan* in Erfurt gegründet haben, mit dem sie poetisch-politische Impulse setzen, wie z. B. in der vielbeachteten Gedichtanthologie *Haymatlos*.

Andere Gruppen wie *Kanak Attak* sind heute etwas in Vergessenheit geraten. Das Bündnis gründete sich 1998 mit dem Ziel, »die Kanakisierung bestimmter Gruppen von Menschen durch rassistische Zuschreibungen mit allen ihren sozialen, rechtlichen und politischen Folgen anzugreifen«[75]. Lange vor der Hashtag-Bewegung *#MeTwo* gegen Alltagsrassismus, die im Sommer 2018 bundesweit für Aufsehen sorgte, hatte *Kanak Attak* es satt, in welchem negativen Licht Menschen mit sogenanntem Migrationshintergrund medial dargestellt und zum Objekt klischeebehafteter Berichterstattung über »Parallelgesellschaften« werden. Sie kritisierten: »Wie sie mit der Linse über ein x-beliebiges Straßenbild schweifen und fast immer beim selben Motiv kleben bleiben: Die kopftuchbedeckte Frau. Sie suggerieren: Die vormodernen Fremden. Die sie sich niemals von vorne zu filmen trauen. O. k., es reicht! Wir als KanakInnen lassen nicht den Blick auf uns richten.«[76]

Das Netzwerk machte mit einer Reihe aktivistischer Maßnahmen und kultureller Aktivitäten auf sich aufmerksam. Mit öffentlichen Protestaktionen, Panels, Lesungen und Filmen rückte die Gruppe migrantische Widerstände ins Zentrum, um die sozialpolitische Situation von Kanakinnen und Kanaken zu formulieren und den Rassismus, »der versucht, Kanaken am gesellschaftlichen Rand zu halten oder aber als exotische Aufsteiger zu feiern, aus der Perspektive vergangener Kämpfe klarer (zu) erkennen«[77].

Man könnte sagen, dass sich hier bereits die Vorläufer einer »Desintegration« finden lassen, wie sie der Publizist Max Czollek in seiner Streitschrift *Desintegriert Euch!* 2018 als Kritik an dem vorherrschenden Integrationsparadigma forderte. Czollek schrieb, dass »das Denken in Kategorien der Integration und Leitkultur die Phantasien von ethnischer Homogenität und kultureller Dominanz nicht nur nicht verhindern kann, sondern seinen Anteil daran hat, dass diese Konzepte nicht auf dem Schrottplatz der Geschichte bleiben, auf den sie gehören«.[78]

Bei *Kanak Attak* hieß es damals »No Integracion!«.[79] Dazu gehört(e), der Mehrheitsgesellschaft die Deutungshoheit über das eigene Leben zu entziehen und Geschichten zu erzählen, die im öffentlichen Diskurs keinen Platz fanden und noch immer nicht finden. Sie drehten den Spieß um: Nun waren sie es, die der Mehrheit die Fragen stellten. Im Jahr 2002 reiste *Kanak Attak* in besonderer Mission nach Köln-Lindenthal.[80] Die Kamera schwenkte durch Supermärkte und Straßen, die Szene erschreckend: fast nur weiße Deutsche zu sehen. »Wie haben die Deutschen es geschafft, Lindenthal so ausländerfrei zu halten?«, fragte die kanakische Reporterin weiße Passantinnen und Passanten auf der Straße. Die waren sichtlich verwirrt und konnten mit der nächsten Frage, wie sich Deutsche besser in die Gesamtgesellschaft integrieren können, nichts anfangen. »Die Deutschen? … Ich denke, wir sind integriert«, antwortete eine ältere Frau zögerlich. Ein Mann versuchte die Kontrolle zurückzuerlangen und markierte das Revier. »Die Deutschen bilden hier zunächst einmal die Gesellschaft, sie sind die primäre Gesellschaft und die Anderen haben die Aufgabe, sich zu integrieren.« Die befragten Passantinnen und Passanten wollten auch nicht selbst etwas zur Integration beitragen: Die meisten beharrten darauf, dass sie am richtigen Platz seien und nichts ändern, keine Privilegien aufgeben müssten. Das Ergebnis dieser nicht nur ironischen Reportage über den »sozialen Brennpunkt in Köln-Lindenthal«: »Die Deutschen schotten sich ab, es gibt weiße Ghettos.« In weniger als acht Minuten stellte *Kanak Attak* das Integrationsparadigma auf den Kopf.

Rund ein Jahrzehnt vor den Interventionen von *Kanak Attak* formierte sich auch die afrodeutsche Community und gab antirassistischen Bewegungen und Konzepten in Wissenschaft, Zivilgesellschaft und Kunst wichtige Impulse. Um 1985/86 gründete sich die bundesweite Organisation *Initiative Schwarzer Menschen in Deutschland* (ISD). Schon bei der Gründung dabei war auch die prominente Wissenschaftlerin und Lyrikerin May Ayim. In ihrer Diplomarbeit in Pädagogik widmete sich Ayim der Schwarzen deutschen Geschichte. Die Arbeit wurde zur Grundlage für die bahnbrechende Veröffentlichung *Farbe bekennen. Afro-deutsche Frauen auf den Spuren ihrer Geschichte.*[81] Das 1986 erschienene Buch bündelte persönliche Erinnerungen afrodeutscher Zeitzeuginnen, historische Forschungen, Gedichte und Interviews. In

Gedichten wie *grenzenlos und unverschämt, gegen leberwurstgrau – für eine bunte republik* oder *deutschland im herbst* rückte May Ayim die Erfahrungen von Schwarzen, Jüd:innen, Rom:nja und Sinti:zze, Türk:innen, Migrant:innen und migrantisierten Menschen vor dem Hintergrund der zunehmenden rechten Gewalt nach der Wende ins Zentrum. In ihren wissenschaftlichen und lyrischen Texten schrieb sie gegen die Leugnung rassistischer Diskriminierung an.

> im vereinten deutschland
> das sich so gerne
> viel zu gerne
> wiedervereinigt nennt
> dort haben
> in diesem und jenem ort
> zuerst häuser
> dann menschen
> gebrannt
> erst im osten dann im westen
> dann
> im ganzen land
>
> – May Ayim, *deutschland im herbst*

Die Gewalt, die sich nach dem Fall der Mauer in so vielen Orten gegen nichtweiße Menschen richtete, war auch schon damals kein reines Ostphänomen und ebenso wenig ein Einzelfall. Wenn ich zurückblicke, welche Kämpfe bereits in der Vergangenheit geführt wurden und wie vehement rassismusbetroffene Menschen ihre Stimme erhoben haben, überkommt mich ein ambivalentes Gefühl. Zum einen ist es erschreckend zu sehen, wie ähnlich die Debatten damals und heute einander sind, dass das Schreckgespenst der »Parallelgesellschaft« noch immer durch das Land geistert und der rechte Terror noch immer unterschätzt wird. Andererseits kann es Mut machen zu wissen, auf welchem Erbe künstlerischer Kämpfe und selbstbewusster Gegenreden wir heute aufbauen können, um daraus zu lernen und uns für die Zukunft zu wappnen.

# 3. Die Verwandlung zum islamischen Schreckgespenst

> Ich mach' Ehrenmord, Zwangsheirat, lieg' auf der Tasche vom deutschen Staat. Meine Kinder werden dumm, weil ihre Gene aus dem Orient kommen. Mir gehts nicht gut. Selber schuld. Wer hat den Moslem nach Deutschland geholt?
>
> – Çığır Özyurt, *Der Moslem*

Nur wenige Tage vor dem schrecklichen Attentat von Hanau im Februar 2020 wurde die rechtsextreme »Gruppe S« enttarnt. Sie plante Anschläge auf Moscheen und wollte muslimische Menschen ermorden. Nach dieser Meldung las ich in den sozialen Medien Sätze wie: Es ist doch nix passiert, es waren doch nur zwölf Leute, man kann auch übertreiben. »Muss ich erst getötet werden, damit ihr empört seid?«, fragte ich deshalb in einem Gastbeitrag auf *Zeit Online*.[82] Die Hassbriefe in meinen digitalen Postfächern ließen nicht lange auf sich warten.

Herr S., ein Steuerberater, wie die Signatur verriet, schrieb: »Seltsamerweise sind Klagen wegen Rassismus ganz selten von Zuwanderern aus dem asiatischen oder südamerikanischen Raum zu vernehmen, während aus der muslimisch geprägten Ecke diese ständig zu hören sind.« Es sei also typisch für Musliminnen und Muslime, immer unzufrieden zu sein und sich ständig zu beschweren. Herr S. teilte mit, er habe die Nase voll von der »Rassismuskeule«. Für ihn war ich ein frecher Gast aus dem Ausland. Mein Name bot ihm Anlass genug, mich in einem anderen Land zu verorten und mir so das Recht abzusprechen, hier Forderungen an ein schönes und sicheres Leben zu stellen. Muslim zu sein war für ihn gleichbedeutend damit, Ausländer zu sein, und das bedeutete wiederum, gehen zu müssen, wenn es einem nicht passt. Mit großer Wahrscheinlichkeit hielt er mich einfach für einen Migranten aus der Türkei, keinen Deutschen, sondern einen Türken. Irrwitzigerweise gehört meine Familie dort einer arabischen Minderheit an. Hier ein türkischer Migrationshintergrund, dort ein syrischer und libanesischer. Nur mal am Rande, auch wenn solche biografischen Details die Briefeschreiber kaum kümmern. Herrn S. ging es um ein grundsätzliches Problem. Er schrieb: »Wenn Ihre Rassen und Religionen in der Mehrzahl sind, werden sich die verbliebenen Biodeutschen nach ihnen richten müssen.«

Lange schwarze Kleider,
Die trage ich doch so gern doch
Sie sind unerwünscht.
Ungern gesehen.
Und es möcht' mich auch keiner verstehn'.
Wenn ich doch sage,
dass ich sie gern trage.
Und dass ich diese Frage
Ob mich denn etwas behage
Nicht mehr ertrage

Genau wie du frei Zwängen bist
So bin ich
So sagt's mein Glaube,
Egal ob mein heiliges Buch
In deinem Auge
Schon längst im Schrank verstaube
bei MIR, da glänzt es noch

– Amira Zarari, *Lange Schwarze Kleider*

Mit dieser, tja, nennen wir es: Sorge, eine Minderheit im eigenen Land zu werden, ist er nicht allein. Wenige Tage später reagierte auch Frau A. mit einer Mail auf meinen Text im Netz. Sie sei wütend auf »den Islam«, denn der würde den öffentlichen Raum durchdringen. Sie habe ein Problem damit, dass der Islam »unserer Demokratie« übergeordnet werden soll. Woher sie diese Information hat, weiß ich nicht. Abstrus ist die Fantasie eines mächtigen Islams, der Deutschland unterwirft, ohne Zweifel. Das wird besonders dann deutlich, wenn Frau A. erklärt, woher ihre Angst noch rührt. »5x am Tag beten – auch während der Arbeit, Freitagsgebet – wo andere noch arbeiten.« Also faul und herrschsüchtig zugleich: Schrödingers Muslime lassen grüßen. Ihre Beschwerde endete mit den Worten: »Sie sind von Jahrgang 1989. Wie stehen Sie zu Kopftüchern?«

Ich kann mich noch sehr gut daran erinnern, wann mir solche Fragen zum bösen Islam zum ersten Mal gestellt wurden. Es hatte etwas mit meiner Verwandlung zu tun. Es geschah an einem verregneten Freitagmorgen in einem südhessischen Schulklassenzimmer. Ich war

15 Jahre alt. Zwischen zwei Unterrichtsstunden Ethik lag eine fünfminütige Verschnaufpause, in der unerwartet zwei Mitschüler aus dem evangelischen Religionsunterricht gegenüber in mein Klassenzimmer stürmten. »Wir haben gerade deine Religion im Unterricht besprochen«, sagte der eine angeekelt zu mir. »Scheiß Moslem«, empörte sich der andere, so als müsste ich mich dieser Religion wegen schämen. Sie warfen mir kleine Papierschnipsel ins Gesicht. Wie sich herausstellte, waren es zerknüllte Verse aus Koransuren, die in ihrer Klasse als Arbeitsmaterialien ausgeteilt worden waren. Nach vollbrachter Mission verließen sie den Raum, während ich verwirrt ins Leere starrte.

Etwas hatte sich verändert. An mir selbst merkte ich zwar keinen großen Unterschied, doch in den Augen der Öffentlichkeit war ich offenbar Repräsentant und Auskunftsgeber für allerhand Fragen und merkwürdige Annahmen nicht nur über mich, sondern auch über die Weltreligion Islam. Auch die Lehrerinnen und Lehrer schienen einem einstudierten Skript zu folgen, in dem regelmäßig Wörter wie »Islam«, »Koran« und »islamische Welt« gefolgt von »fremd«, »anders« und »gefährlich« das Klassenzimmer besetzten. Ein Mathematiklehrer, der mich eigentlich jeden Sommer nach Insider-Tipps für den Urlaub in Antalya gefragt hatte, obwohl ich noch nie dort gewesen war, interessierte sich plötzlich für Frauenrechte, aber nur in der »islamischen Welt«, sonst amüsierte er sich über Feminismus. Weil er gerne Lahmacun aß, hatte er mich früher gefragt, wie man das auf Türkisch bestellt; jetzt wollte er wissen, ob es in »meiner«

Sprache ein Wort für Schwein gibt, schließlich sei das ja *haram*, also verboten. Darüber machte er sich lustig, auch über den Fastenmonat Ramadan und die Muezzin-Rufe, die ihn bei seinem Besuch in Istanbul morgens aus dem süßen Schlaf aufschreckten. Er nannte das eine Lärmbelästigung und sehnte sich nach den sanften Glockenspielchen der deutschen Dorfkirche zurück.

> Ich kam auf die Welt, darum bemüht, den Sinn der Dinge zu ergründen, und meine Seele war von dem Wunsch erfüllt, am Ursprung der Welt zu sein, und dann entdeckte ich mich als Objekt inmitten anderer Objekte.
>
> – Frantz Fanon

Ein Kunstlehrer, der mich bisher immer nur nach »orientalischen« Haremsbildern in der Malerei befragte, forderte mich bei einem Referat über Kalligrafie dazu auf, das rituelle muslimische Gebet auf einem Teppich zu demonstrieren, obwohl das alles rein gar nichts mit dem Unterrichtsthema zu tun hatte. Er wollte sich eben einen Spaß mit dem schwarzhaarigen Schüler erlauben.

Auch im Geschichts- und Politikunterricht sollte ich Auskunft über die verschiedenen Rechtsschulen im Islam geben, darüber, warum sich »die« Sunniten und »die« Schiiten so oft streiten und nicht einfach vertragen. Ich sollte die Situation der Frau in Saudi-Arabien erörtern, den Verlauf des Irak-Krieges nachzeichnen und am besten noch aufklären, was Al Qaida im Schilde führte – schließlich war ich ja Muslim, also irgendwie verwickelt.

Die Anschläge vom 11. September und die darauffolgenden Debatten in Politik und Medien haben zu einer Wahrnehmungsverschiebung geführt. Integration und Migration und ihre Bedeutung für das gesellschaftliche Zusammenleben, ob in Schule, Behörden oder an der Bäckereitheke, standen fortan unter dem Zeichen der »islamischen Gefahr«.

Wenn ein Lehrer wieder einmal mit dem beliebten Einstieg »Aber im Islam ...« über eine angeblich mit den Werten Europas und dem Grundgesetz unvereinbaren Religion monologisierte, wusste ich, was auf mich zukam. Dann richteten sich alle Blicke auf mich, in einer Mischung aus unsicherer Neugier und ängstlicher Distanz. So als könnte in jedem Augenblick dieser Islam, von dem immer die Rede war, aus mir herausplatzen und sie alle in den Tod reißen.

Ein Blick glich dem anderen, wie ein einziges großes Auge, das jede meiner Bewegungen erfasste, mich bis ins Tiefste durchdrang und nicht mehr losließ. Ich sah, wie sich mein Bild in ihren Pupillen spiegelte, aber anstelle meines Gesichts erkannte ich nur das eines dunklen Kamelreiters mit Säbeln in der Hand. Sie sehnten sich nach einem Islam, der das Material für skrupellose Halunken in Hollywoodstreifen bieten sollte.

Während alle anderen bereits »die« Wahrheit über »den« Islam kannten, verzweifelte ich an meiner Rolle in diesem Theaterstück. Ich hatte ja keine Ahnung, welch blutrünstiger Gotteskrieger in mir schlummerte. So gut war meine eigene Tarnung, dass ich mich glatt selbst übers Ohr haute. Unter meiner olivgrünen Haut verbarg sich ein listiger Betrüger, ein Meister der Unterwanderung. Hauptberuflich warf ich Kopftücher über das Haar von Frauen, nebenberuflich war ich ein gutmütiger Gemüseverkäufer in geheimer Mission. *Demokratie? Menschenrechte? Moderne? Nix verstehn.* Meine *Raison d'Être*: Deutschland abschaffen, ja die ganze Welt zerstören. Mein Name ist »die Muslime«. Ich bin das Schreckgespenst Europas, ein hartnäckiges Gerücht.

Nach der Schulzeit hat sich nichts gebessert. Im Gegenteil, Jahr für Jahr kochte die Stimmung gegen Musliminnen und Muslime immer weiter hoch, bis sie stabil auf dem Siedepunkt blieb und die Öffentlichkeit für Unrechtsempfindungen abstumpfte.

Im Erwachsenenalter wurde mir noch viel klarer: Mein Name hat schwerwiegende Konsequenzen. Er benachteiligt zum Beispiel bei der Suche nach einer Wohnung. Das zeigen mehrere Studien: Wer Ismail Hamed heißt, zieht bei der Wohnungssuche den Kürzeren.[83]

Mit einem türkisch oder arabisch klingenden Namen hat man es auch auf dem Arbeitsmarkt schwer. Gerade dann, wenn ein Stück Stoff über dem Haar mit im Spiel ist. Muslimische Frauen mit Kopftuch müssen viermal so viele Bewerbungen wie andere Bewerberinnen mit identischer Qualifikation verschicken, um zum Bewerbungsgespräch eingeladen zu werden.[84]

Wer »die Muslime« heißt, wird auf offener Straße angepöbelt und körperlich angegriffen. Im Jahr 2020 über 1000-mal.[85] Besonders gefährdet sind auch hier muslimische Frauen mit Kopftuch. Im März 2019 schlug in

Berlin ein Rassist einer schwangeren Hijabi in den Bauch.[86] Eine Empörungswelle hat das nicht ausgelöst. Auf bundesweite Solidarisierungskampagnen kann man auch dann lange warten, wenn Gemeinden, Moscheen oder islamische Friedhöfe mit Hakenkreuzen beschmiert werden (November 2018 in Northeim).[87] Oder wenn ein totes Schwein vor die Moschee platziert wird (03.01.2021 in Vechta),[88] wenn Fensterschreiben eingeschlagen werden (01.01.2021 in Sontheim)[89] oder Bombendrohungen per Mail verschickt (14.11.2020 in Mannheim)[90] und Brandanschläge verübt werden (27.01.2021 in Frankfurt)[91]. Mehr als 148 Moscheeangriffe zählte die Initiative *Brandeilig* für das Jahr 2020. Seit 2014 erfasste die Meldestelle bis zu 760 Fälle.

> Ja
> mein Herz ist eine Moschee
> mit bärtigen Männern
> zam zam trinkend
> mit toten Männern
> die von Bomben getroffen
> unter den Trümmern liegend
> deren Gesichter unvergesslich
> umgeben von Ausländern
> Inländer raus
> Schweineköpfe warten vor der Tür
>
> – Nadire Y. Biskin, *Camii*

Wer nach solchen Angriffen zu Hause Zuflucht sucht, sich abends erholen möchte und den Fernseher einschaltet, um sich abzulenken, dem grinst der *Muslimaniac* direkt aus der Röhre ins Wohnzimmer. Ein Blick in die

Toplist des deutschen Fernsehens: Von Anne Will über Maybrit Illner, Frank Plasberg bis Günter Jauch – überall lauern reißerische Fragen über brandgefährliche und mörderische Musliminnen und Muslime. Auch in den Redaktionen auflagenstarker Magazine und Zeitschriften sitzen schon lange kreative Köpfe, die Islam und muslimische Menschen allenfalls im Zwielicht sehen können und sie mit Gewalt, Zwang und Fremde in Verbindung bringen. Ob *Focus*, *Spiegel*, *Cicero* oder *Stern*: Da werden Tauben in Burkas eingesperrt, schauen dunkle Augen durch schwarze Schleier, droht der Halbmond über nationalen Wahrzeichen – möglichst einfach, düster und gruselig muss es sein. Und falls Ihnen solche klischeebeladenen Aufzählungen auf die Nerven gehen: Glauben Sie mir, mir noch viel mehr. Doch solche Bilder sind omnipräsent. Sie prägen die Öffentlichkeit und hinterlassen Spuren auch im Bewusstsein von Musliminnen und Muslimen selbst. Die Vorurteile und Beschimpfungen, die Angriffe und der Verdacht, die gehen nicht einfach so an einem vorbei.

In Deutschland muslimisch zu sein oder dafür gehalten zu werden, bedeutet, mit diesen Bildern aufzuwachsen, permanent unter Verdacht zu stehen und sich zu dieser und jener Angelegenheit im Namen des Islams zu positionieren, Rede und Antwort zu stehen, sich vom Bösen im Sekundentakt zu distanzieren und sich zu entschuldigen. Es heißt, sich der »Leitkultur« unterzuordnen, keine zu großen Ansprüche an die Demokratie und an politische Teilhabe zu stellen. Und wenn einem das nicht passt, dann kann oder eher: soll man doch gehen.

Muslimin oder Muslim zu sein, das bedeutet, ein Etikett wie »liberal«, »säkular« oder »modern« dem eigenen Namen voranstellen zu müssen, um den Zweifel aufzulösen, dass man doch böse, radikal, antidemokratisch oder gewalttätig ist – denn der Name Muslim:in allein zieht das Misstrauen wie ein Magnet an. Muslimin oder Muslim zu sein heißt, einen schweren Rucksack voller Erwartungen und Verantwortungen zu tragen, weil man immerzu ein ganzes Kollektiv repräsentiert. Jeder noch so kleine Fehler wird zum Anlass genommen, ein Urteil über alle zu fällen. Muslimin oder Muslim zu sein heißt, niemals Individuum, immer Aushängeschild zu sein.

Zu diesem Klima hat Thilo Sarrazin mit seinem 2010 veröffentlichten Buch, Sie haben sicher davon gehört, wesentlich beigetragen. Über 1,5 Millionen Exemplare wurden allein bis Anfang 2012 verkauft. Interviews in Presse und Fernsehen, voll besetzte Lesungen und regelmäßige Auftritte in diversen Talkshowrunden hat der ehemalige Berliner Finanzsenator hinter sich. Aber das ändert natürlich nichts daran, dass er sich noch immer darüber beschwert, kein Gehör für seine drängenden Anliegen zu bekommen. Eine spezielle Perfidie von Sarrazins Vorgehensweise bestand darin, unterschiedliche Gruppen von Migrantinnen und Migranten gegeneinander auszuspielen. Indem er auf das Klischeebild intelligenter, übereifriger und lernwilliger Asiatinnen und Asiaten zurückgriff, brandmarkte er Menschen aus dem Nahen Osten im Allgemeinen und muslimische Menschen im Speziellen umso deutlicher als integrationsunwillige Eindringlinge. Nach dem Motto: Wer Asiatinnen und Asiaten lobt, kann doch gar nicht rassistisch sein.

Die Argumentation mit dem Stereotyp einer Vorzeigeminderheit ist eine uralte Strategie. Sie instrumentalisiert die einen zur Ausgrenzung der Anderen und bleibt weiterhin allen Fremden gegenüber misstrauisch. »Die fleißigen Asiat:innen« und »die integrationsunwilligen Muslim:innen« bilden zwei Seiten derselben Medaille. Es geht darum, Fremde zu erfinden und zu kontrollieren. Und es kommt noch die Gefahr hinzu, jederzeit von der Vorzeigeminderheit zum Feind erklärt werden zu können.

Sarrazin erinnert mich aber auch an eine weitere Tradition. Denn das, was er sagte, dachte und schrieb, ist verwandt mit einem anderen jahrhundertealten Feindbild. Sarrazins Buch liest sich wie eine moderne Variante antisemitischer Pamphlete wie die des deutschen Publizisten Heinrich von Treitschke (1834–1896). Treitschke war Gegner der jüdischen Emanzipation und löste 1879 mit seinem Aufsatz *Unsere Aussichten* den sogenannten Berliner Antisemitismusstreit aus. »Es wird immer Juden geben, die nichts sind als deutsch redende Orientalen«, schrieb Treitschke und warf der jüdischen Bevölkerung vor, sich nicht zu integrieren und der deutschen Bevölkerung gegenüber illoyal zu sein. Er forderte, dass Talmud-Schulen beobachtet und kontrolliert werden. Er stellte das Judentum unter Generalverdacht und verlangte, dass religiöse Texte übersetzt und Predigten auf Deutsch gehalten werden, um die Minderheit besser zu kontrollieren. Und er warnte vor einem »Zeitalter deutsch-jüdischer Mischcultur«.[92]

Die heutigen Kontroll- und Bedrohungsszenarien Musliminnen und Muslimen gegenüber klingen ganz ähnlich.[93] Wie Jüdinnen und Juden wird auch ihnen vorgeworfen, illoyal zu sein, zu lügen und ihre »wahren Absichten« zu verheimlichen. Es wird beklagt, muslimische Menschen würden sich nicht integrieren oder es nicht einmal können. Es heißt, sie würden das Land überfremden und bedrohen. Entsprechend findet die Verschwörungstheorie einer »Islamisierung« des Abendlandes eine direkte Analogie im Vorwurf der »Verjudung«. Sehnsüchte nach deutscher Homogenität gehen Hand in Hand mit dem Anspruch auf Überlegenheit der sogenannten »Leitkultur« und der sich daraus ableitenden Dominanz über »Fremde«.

Im Sommer 2018 legte der »deutsche Patriot« mit einem neuen Pamphlet nach. Sarrazin spintisierte »eine allmähliche demografische Überwältigung durch den Islam« als Bedrohung für Europa und die »westliche« Identität herbei.[94] Die Gefahr sei nah, die Deutschen würden zur Minderheit im eigenen Land. Ein trauriges Schicksal, das nicht nur das Ende des Deutschtums bedeuten würde. Denn offenbar stehen nicht nur die Errungenschaften der Moderne, sondern die menschliche Entwicklung insgesamt auf dem Spiel. Sarrazin befürchtet nämlich, dass die demografische Veränderung »eine fühlbare Abnahme der kognitiven Fähigkeiten in Europa«[95] zur Folge hätte. Übersetzt heißt das doch, *Muslime sind dumm*, oder nicht?[96]

Mit derartigen Stereotypisierungen werden zwei antagonistische Lager ausgemacht: »Europa« gegen die »islamische Welt«. Wenn Sarrazin schreibt, »wo immer Muslime waren, übten sie die politische Herrschaft aus«,[97] dann stellt er muslimische Menschen kollektiv unter den Verdacht, Herrschaft über andere anzustreben und sich zu organisieren mit dem Ziel, andere zu unterdrücken – einfach weil sie Musliminnen und Muslime sind. Ein gar nicht mal so subtiler Weg zu sagen, dass ein Deutschland ohne muslimische Menschen, oder wenigstens mit sehr wenigen, besser dran und sicherer wäre.

Im Grunde verbirgt sich auch hinter Sarrazins letzter Hetzschrift nichts, was nicht ohnehin schon in regelmäßigen Abständen und verlässlicher Kontinuität den Markt flutet. Die gute Nachricht: Die Formel der »Islamkritik« lässt sich in wenigen Worten zusammenfassen, kein Grund also, das Geld bei jedem neuen Buch aus dem Fenster zu schmeißen. Sie lautet: Islam = anders, nicht von hier, böse, gewalttätig, antisemitisch, homophob, sexistisch, demokratiefeindlich, traditionell, unzivilisiert, primitiv, integrationsunwillig, integrationsunfähig, kein Teil von Deutschland, kein Teil von uns.

Im August 2020 war es dann endlich so weit: Nach jahrelangem Hin und Her hat die SPD Sarrazin aus der Partei geworfen. Und danach? Eine heuchlerische Stille, wie die Journalistin Mely Kiyak beklagte. »Es ist eine verlogene Stille. Eine Stille gefüllt mit der unbedingten Weigerung, sich mit sich selbst auseinanderzusetzen. Die Stille soll die Schuld überdecken. Denn ein Jahrzehnt lang hat dieses Land nicht geschwiegen, sondern sehr laut und sehr begeistert über die Frage diskutiert, nicht ob, sondern in welchem Ausmaß muslimische Mitbürger dumm, kriminell und nichtsnutzig sind.« Kiyak stellte zu Recht ungemütliche Fragen: »Wo genau kann man in der SPD nachlesen, was sie dem Rassismus gegenüber Muslimen entgegenzusetzen gedenkt? Gibt es da was im Parteiprogramm?«[98]

Nichts. Die Parteiführung wurde ihrer Verantwortung nicht gerecht. Stattdessen wäscht man sich die Hände in Unschuld und gibt sich damit zufrieden, den Unruhestifter nicht mehr unter sich zu wissen. Dabei war Sarrazin kein Einzeltäter. Er wurde in Medien, Politik und Gesellschaft hofiert und gefeiert. Seine Thesen wurden in plumpen Polit-Talkshows aufgegriffen und wohlwollend diskutiert. Auf Sarrazin sind andere Stichwortgeberinnen und Panikmacher gefolgt, die das Geschäft mit der »Islamkritik« erkannt haben und auf dem Rücken der Minderheit zu Erfolg und Ruhm gelangen: *Bad Islam sells!*

»Sarrazin Junior« nennt die Frisörin meines Vertrauens zum Beispiel den Journalisten Constantin Schreiber. Ich kann verstehen, warum.[99] Für sein Buch *Inside Islam* besuchte der *Tagesschau*-Sprecher dreizehn Moscheen zum Freitagsgebet und fragte sich: »Sind die Moscheen Räume eines persönlichen Glaubens oder politische Zonen? Was wird dort wirklich gepredigt, und wie sprechen die Imame über Deutschland? Wie radikal sind die Moscheen in Deutschland? Und: Welchen Beitrag leisten sie zur Integration?«[100]

Mich wundert der Fragenkatalog. Er ist einseitig, klischeebehaftet und klingt wenig originell nach dem üblichen Bedrohungsszenario. Irgendwie gibt Schreiber ein bisschen die *Alice im muslimischen Wunderland,* wie er da in ein Mysterium nach dem anderen springt – und sein Kaninchenbau ist die Moschee: ein Paralleluniversum. »Unbekannte Orte«[101] nennt Schreiber die Moscheen – aber unbekannt für wen? Keine Sorge, schon der erste Satz gibt Auskunft – wenn auch nicht Klarheit: »Es ist eine Schwelle, die die wenigsten Deutschen überschreiten: die in eine der zahlreichen Moscheen in unserem Land.«[102] Das ist merkwürdig. Sind denn die Musliminnen und Muslime in den Moscheen keine Deutschen? Für Schreiber offenbar nicht, zumindest hält der Journalist diesen unsinnigen Dualismus zwischen »den Deutschen« und »den Muslimen« auf 235 Seiten konsequent durch. Das ganze Buch hindurch weist er anhand optischer Stereotype die Rollen »Deutsche« und »Muslime« zu – wobei die Musliminnen und Muslime die Fremden sind, deren Sprachkenntnisse er oberlehrerhaft moniert und die in ihm nicht »den Deutschen« erkennen.[103]

Seine Reportage *Inside Islam* resümierte Schreiber mit folgenden Worten: »Ich würde gerne ein positives Beispiel anführen, eine Predigt, die Weltoffenheit ausstrahlt, eine Brücke baut zum Leben in Deutschland. Leider haben meine Moscheebesuche ein solches Beispiel nicht ergeben.«[104]

Und jetzt? Worauf möchte der Autor hinaus? Was für ein Islambild bleibt da am Ende bei den Leserinnen und Lesern hängen, wenn nicht eines, das Ängste schürt und Misstrauen weckt, ob hinter der nächstgelegenen Moscheetür nicht doch eine Horde Radikalisierter steckt, die die Demokratie in Deutschland abschaffen wollen? Wen wundert es da, wenn Verschwörungstheorien über die »Islamisierung« in der Mitte der Gesellschaft auf Anklang stoßen, wenn Vorwürfe der Integrationsunwilligkeit, Illoyalität und Täuschung die Wahrnehmung über den Islam prägen? Und diese Perspektive ist ungemein erfolgreich, der Verlag wirbt damit, dass das Buch ein »Spiegel-Bestseller« war – Islambashing still sells …

Es gibt den Versuch einer Gegenerzählung: Als Reaktion auf Schreiber teilten Musliminnen und Muslime in den sozialen Medien mit der Hashtag-Kampagne #meinmoscheereport ihre eigenen Moschee-Erfahrungen, darunter fanden sich viele Kindheitserinnerungen und humorvolle Anekdoten:

> #meinmoscheereport ist, dass es dort den günstigsten Friseur gibt, der nur EINE Frisur kennt. (@BilalErkin)
>
> Wenn man eine Seite aus dem Koran fehlerfrei lesen konnte und uns der Imam mit einem Ü-Ei belohnte? (@UeSeymaKarahan)
>
> Wenn du im Ramadan kein Geld mehr hast und zum Iftar nichts zu essen, weißt du: Die Türen der Moschee sind immer geöffnet. (@kkcyln)
>
> Hab schon viele Moscheen von innen gesehen, weil es da keine Türsteher gibt. (@AbdelkarimsLP)

Doch ich befürchte, dass Constantin Schreiber trotz des kritischen Feedbacks in den letzten Jahren nicht dazugelernt hat. Im Mai 2021 erschien sein Roman *Die Kandidatin*. Der Plot um die erste muslimische Bundeskanzlerkandidatin beschwört, wie der Verlag raunt, kurz vor dem Wahlabend einen »Kulturkampf, der das ganze Land zu zerreißen droht«, und erinnert mich sehr stark an Michel Houellebecqs Roman *Unterwerfung* (2015) über einen muslimischen Politiker in Frankreich, der Staatspräsident wird und die Scharia einführt.[105]

Wie soll ich sagen, manch einer möchte offenbar nicht ablassen vom dystopischen Islamfetisch. Schade nur, dass die Literatur darunter leidet.

> Wenn Schriftsteller*innen eine Aufgabe haben, einen Auftrag, dann diesen: Gegenüber der Sprache, die herrscht, immer in Abstand zu stehen, sich nicht von der Sprache vereinnahmen zu lassen, nicht in der Sprache zu stehen.
>
> – Karosh Taha

Woran uns der Fall Schreiber aber schmerzhaft erinnert: Es ist nicht einfach, von Klischees loszukommen. Sie verführen, weil sie so einfach sind. Das betrifft jede und jeden Einzelnen, alle Bereiche unserer Gesellschaft. Nicht nur im Journalismus, nicht nur in der Mehrheitsgesellschaft. Auch der wissenschaftliche Betrieb, der ja einen hohen Anspruch an die eigene Differenziertheit, Objektivität und Wahrhaftigkeit hat, ist nicht immer frei von Vorurteil und zweifelhaftem Rückschluss.

Selbst in renommierten Einrichtungen wie dem Wissenschaftszentrum Berlin für Sozialforschung (WZB) gibt es die ein oder andere eigentümliche Studie. Im Jahr 2013 präsentierte der Soziologe Ruud Koopmans eine Untersuchung, für die rund 9000 Musliminnen und Muslime mit türkischen und marokkanischen Migrationsbiografien in sechs Ländern Europas (Deutschland, Frankreich, Niederlande, Belgien, Österreich und Schweden) und eine christliche Vergleichsgruppe danach befragt wurden, ob sie drei ausgewählten, als fundamentalistisch eingestuften Aussagen zustimmen.[106] Die wären: »Christen (Muslime) sollten zu den Wurzeln des christlichen (muslimischen) Glaubens zurückkehren.« »Es gibt nur eine Interpretation der Bibel (des Korans) und jeder Christ (Muslim) muss sich daran halten.« »Die Regeln der Bibel (des Korans) sind mir wichtiger als die Gesetze des (jeweiligen Einwanderungslandes).«[107]

Das Ergebnis: »Zwei Drittel der befragten Muslime halten demnach religiöse Gesetze für wichtiger als die Gesetze des Landes, in dem sie leben. Drei Viertel von ihnen finden, es gebe nur eine mögliche Auslegung des Korans.«[108] Obwohl die Stichprobe[109] sich auf nur zwei Herkunftsländer beschränkt, viel zu klein und deshalb überhaupt nicht repräsentativ ist, schon gar keine allgemeinen Aussagen über muslimische Menschen in Deutschland oder Europa treffen kann, ist in der Pressemitteilung des WZB die Rede von einer »repräsentativen Befragung« und von »auffallend hohen Werten unter Europas Muslimen«[110]. Das ist fahrlässig. Zumal man sich auch von rechtspopulistischer Seite auf diese Zahlen und Berichte gestürzt hat, um sie für die eigenen Zwecke zu instrumentalisieren. So wie Geert Wilders im April 2015: Bei einer PEGIDA-Kundgebung in Dresden bezog er sich direkt auf die WZB-Studie, um die Warnung vor einer »Islamisierung« Europas zu bekräftigen.

Einmal abgesehen von methodischen Problemen, bleibt die Frage offen, an was genau die Befragten dachten, als sie der Aussage zustimmten, dass die Regeln aus dem Koran wichtiger seien als nationale Gesetze. An das rituelle Gebet? An das Fasten im Monat Ramadan? Die Pilgerfahrt? Respekt vor Eltern, Mitmenschen und Natur? Spenden für die Armen? Nicht zu lügen, nicht zu töten, nicht zu neiden? All das sind ethische Prinzipien und Handlungsweisen, die aus dem Koran abgeleitet werden. Ich bezweifle, dass sie im Konflikt mit Rechtsstaat und Demokratie stehen oder irgendein Indiz für gefährliche, menschenverachtende Gesinnungen sind.

neben bahnsteigen, an bushaltestellen, im terminal, fühl ich mich so muslimisch. durch lautsprecher schallt mein schwarzes haar über asphalt, pflastersteine und pvc-böden, wickelt sich um ohren, um augen und um nackte füße auch. for security reasons, raunt der prediger am schalter. für wessen security, werde ich zurückraunen, sobald ich ankomme. vorerst: speed-dating mit zwangsverkupplung. ein flugzeug, zwei beamte und mein name, ein muttermal auf der haut. nene sagt, ich soll die punkte niemals zählen, sonst werden es immer mehr. nene sagt, so ein gesicht ist nicht schön anzusehen. den kopf in kolonya getaucht. ich bin unsicher, trage ich das mal oder trägt es mich.

ich bin köln silvesternacht. nafri im passpelz. alimentierter messermänner und sonstige taugenichtse. die fremden namen verirren sich wie sand im haar, werde ich sagen, sobald ich ankomme. vorerst: security check und ein leises geräusch aus befürchtungen in plastikhandschuhen. das bittgebet auf einem bein wirft mich zehn jahre zurück auf den behördenschreibtisch. ich muss das merkblatt unterzeichnen, ich muss verfassungstreue schwören, ich muss dem teufel absagen, wieder und wieder werfe ich einer minarette gleich, schatten über misstrauische gesichter. ja sie ziehen reißverschlüsse in die außenluft, aber aus meiner hosentasche ragt eine leiter aus gebetsperlen über die wolken.

– OZAN ZAKARIYA KESKINKILIÇ,
*flying while muslim*

All diese Beispiele zeigen: Musliminnen und Muslime werden zu Fremden gemacht und stehen plötzlich für die Antithese Europas. Ihr ganzes Dasein wird von der Allgegenwärtigkeit des Feindbildes überschattet, und sie werden als globales Kollektiv gedacht, deren Anhänger:innen alle gleich denken und handeln. Der Islam erscheint als monolithischer Block, als zeitloses Gebilde, starr, radikal, unverändert mittelalterlich, eine Religion, die dadurch umso deutlicher von einer christlich-europäischen Haltung abgegrenzt wird.

So werden Musliminnen und Muslime nicht in ihrer menschlichen Komplexität gesehen, sondern in ihrer gesamten Existenz auf eine ganz bestimmte Vorstellung davon reduziert, was »der« Islam sein soll, nämlich gewalttätig, sexistisch und rückständig. Das Motto lautet: Musliminnen und Muslime sind anders, gefährlich und fremd, einfach *weil* sie *muslimische* Menschen sind. Die Zugehörigkeit zum Islam soll ihre Andersheit und die damit verbundene Gefährlichkeit beweisen und so ihre Diskriminierung erklären oder gar als notwendige Maßnahme erscheinen lassen.

Es dürfte kaum überraschen, dass die Denktradition über einen *homo islamicus* als Gegenstück zum europäischen Menschen nicht neu ist, sondern schon lange existiert. Sie findet sich z. B. in den Schriften von Carl Heinrich Becker (1876–1933), dem Mitbegründer der deutschen Islamwissenschaft. In seinem Paradigma der »islamischen Zivilisation« sind die Anderen absolutistisch, despotisch, fatalistisch, fanatisch, faul und unfrei.[111] Darin wirkt der »muslimische Mensch« wie eine Art Sonderspezies, die »unsere« Hilfe benötigt, um sich aus dem primitiven Entwicklungsstadium zu befreien und in die Moderne zu gelangen. So argumentierte Becker auch Anfang des 20. Jahrhunderts politisch, um die Beobachtung, Kontrolle und »Zivilisierung« von arabischen und muslimischen Menschen in deutschen Kolonien zu rechtfertigen – eine junge Wissenschaft flankierte eine politische Karriere.[112]

Ein besonderer Fall ist auch Ernest Renan (1823–1892). Jedes Mal bekomme ich Gänsehaut, wenn ich lese, was der französische Orientalist und Sprachwissenschaftler über »die semitischen Völker« dachte, zu denen er Jüd:innen und Araber:innen zählte. Er würdigte sie kollektiv herab und ordnete sie als dumm, unfähig und geistig unterentwickelt ein. Am 29. März 1883 hielt er einen Vortrag an der Sorbonne, der unter dem Titel *Der Islam und die Wissenschaft* veröffentlicht wurde. Renan schrieb: »Jede Person, die nur einigermassen an dem Geistesleben unserer Zeit teilnimmt, erkennt deutlich die gegenwärtige Inferiorität der mahomedanischen Länder, den Niedergang der vom Islam beherrschten Staaten, die geistige Nichtigkeit der Rassen, die einzig und allein ihre Kultur und ihre Erziehung jener Religion verdanken. Wer immer im Orient oder in Afrika gereist ist, dem musste die Wahrnehmung sich aufdrängen von der thatsächlichen Geistes-Beschränktheit eines wahrhaft Gläubigen, von jener Art eisernen Reifens, der um sein Haupt geschlagen ist und dasselbe der Wissenschaft geradezu verschliesst, es unfähig macht, irgend etwas zu lernen, irgend eine neue Idee in sich aufzunehmen. So wie es in seine Religion eingeweiht ist, um das zehnte bis zwölfte Lebensjahr, wird das muselmännische Kind, das bis dahin zuweilen noch ziemlich geweckt war, plötzlich fanatisch, von jenem Dünkel gesättigt, es besitze Alles, was ihm als absolute Wahrheit gilt, wie über ein Vorrecht über das glücklich, was gerade seine geistige Inferiorität ausmacht. Dieser dumme Hochmuth ist das Laster, welches das ganze Sein des Muselmanns bestimmt.«[113]

Prompt reagierte ein Anhänger dieser geistig beschränkten und fanatischen Kultur. Jamal al-Din al-Afghani (1838–1897), ein im heutigen Iran geborener Intellektueller, schrieb Renan einen höflich formulierten Brief, in dem er ihn als »grossen Philosophen unserer Zeit« würdigte, »dessen Ruf das ganze Abendland erfüllt«[114]. Schon damals musste man im Gespräch mit weißen Männern auf die Wortwahl achten, behutsam und vorsichtig sein, um ihren Stolz nicht zu verletzen. Leider übertrieb al-Afghani ein wenig im Eifer des Gefechts. Er stimmte zu, dass es nur eine Frage der Zeit wäre, bis islamische Gesellschaften sich analog zu christlich-europäischen weiterentwickeln. Dadurch sprach er ihnen eine eigene Geschichte ab und drängte sie auf den westlichen Entwicklungspfad, um den Fußstapfen Europas als vermeintlichem Vorreiter des menschlichen Fortschritts zu folgen. Was sich al-Afghani davon versprach? Er wollte zeigen, dass auch der Islam Platz in der Moderne finden kann, und zwar gleichberechtigt und ebenbürtig. Al-Afghani meinte, dass Renans Kritik im Grunde auf jede Religion bezogen werden könnte, das »Problem« also nicht islamspezifisch sei. »Alle Religionen sind intolerant, jede auf ihre eigene Weise«, schrieb er. »Nein, ich kann nicht gestatten, dass diese Hoffnung dem Islam geraubt werde. Ich vertheidige hier vor Herrn Renan nicht die Sache der mohamedanischen Religion, sondern diejenige mehrerer hundert Millionen Menschen, die ihm zufolge verurtheilt wären, in der Barbarei und Unwissenheit fortzuleben.«[115] Das klang schon selbstbewusster.

Aber Renan blieb davon unbeeindruckt. In seiner Antwort lobte er al-Afghani gönnerhaft als »aufgeklärten Asiaten«, hielt aber weiter an seiner Fixierung auf die »Rassen« fest.[116] Den Entschluss, über das Thema zu schreiben, habe er nach einer Bekanntschaft mit einem islamischen Würdenträger namens Djemmal Eddin zwei Monate zuvor getroffen. »Der Scheik Djemmal Eddin ist ein Afghane, der von den Vorurtheilen des Islam völlig frei geworden; er gehört jenen kräftigen Rassen des oberen, an Indien grenzenden Iran an, in denen der arische Geist noch so energisch unter der dünnen Hülle des officiellen Islam fortlebt.« Und weiter: »Er ist selber der beste Beweis jenes großen Axioms, das wir so oft proklamirt haben, dass Religionen das werth sind, was die Rassen werth sind, die sich zu ihnen bekennen.«[117]

Mit einer solchen Einschätzung konnte Renan sich in einer langen Tradition rassistischer Wissenschaft und Philosophie sehen. Würde und Menschenrechte hatten eben ihre Grenzen: Sie endeten an den Mauern Europas, besser gesagt, bei der eigenen »Rasse« und Kulturgemeinschaft und beim eigenen Geschlecht. Nehmen wir Voltaire. Er gilt zwar als brillantes Beispiel der Aufklärung, war aber zugleich für seine antisemitische und rassistische Rhetorik bekannt. Er hetzte offen gegen Juden und bezeichnete Türken neben der Pest als größten Fluch auf der Welt. »Es reicht nicht, sie zu demütigen; sie sollten zerstört werden«, so Voltaire.[118] In seiner Tragödie *Le fanatisme ou Mahomet le Prophète* (1741), die manche verkürzt als Kritik an religiöser Intoleranz abtun, spielte er mit islamfeindlichen Vorurteilen, in denen Mohamed als ultimative Figur des Lügners, Betrügers und Fanatikers in Erscheinung tritt.

Eine solche Polemik reicht bis ins frühe Mittelalter zurück. Der Prophet des Islams wurde regelmäßig als

Epileptiker mit Wahnvorstellungen beschrieben, der einen Irrglauben unter den Arabern verbreitet hätte. Manch ein »Islam-Experte« schreibt Mohamed auch heute noch einen Vaterkomplex zu, vergleicht ihn mit Hitler, dichtet ihm Größenwahn, Paranoia und psychische Schäden an und meint, der Prophet hätte seine Krankheiten an die Musliminnen und Muslime von heute »vererbt«.[119]

Mohamed ist also ein prototypischer *Muslimaniac*, der bereits in altertümlichen Begriffen wie »Mohammedaner« auf alle Angehörigen des Islams projiziert wird. In Europa erfüllt das Sprechen über ihn damals wie heute die Funktion, den Zugang zu Rechten, Privilegien und Zugehörigkeiten zu verhandeln. Wer denkt, dass die Kritik oder Satire doch nur Mohamed als historische Person betrifft und heutige Musliminnen und Muslime gar nicht berühre, verliert aus dem Blick, wie langfristig wirkmächtig die Bilder, mit denen der Prophet besprochen wird, bis heute sind. Manchen dient die »Mohamed-Kritik« nur als Alibi, um Aussagen über »die« muslimischen Menschen zu treffen und sie als gefährliches globales Kollektiv zu konstruieren. Mohamed und die Musliminnen und Muslime symbolisieren einander – eins kann für das andere stehen.

Das sieht man bereits daran, wie hartnäckig der Vorwurf der Lüge und des Betrugs gegen den historischen Mohamed noch heute Musliminnen und Muslime insgesamt trifft. Mit Loyalitätsbekundungen aus dem Mund eines *Muslimaniac* wollen sich Rechtspopulist:innen jedenfalls nicht zufriedengeben. Im Handbuch *Der Islam.*

*Fakten und Argumente* der AfD-Fraktion Thüringen von 2017 wird die Gefahr des muslimischen Lügners unter der Überschrift »Muslime verheimlichen ihre wahren Absichten« diskutiert.[120] *Taqiyya* lautet der Vorwurf der Lüge auf Befehl Allahs. Übersetzt aus dem Arabischen bedeutet *Taqiyya* »bei Gefahren verbergen«. Im Koran Sure 16:106 heißt es, Gott erlasse denjenigen die Strafe, die ihn unter Zwang verleugnen. Was also ursprünglich Straffreiheit im Falle der Glaubensleugnung bedeutet, wird im rechtspopulistischen Diskurs als Zeichen eines Täuschungsgebots für die rassistische Erzählung umgedeutet. Muslim:innen sei es »in der Situation der Unterlegenheit und unter der Herrschaft der Ungläubigen erlaubt oder gar geboten, sich nach außen hin loyal zu geben, gegenüber den Ungläubigen freundlich und wohlgesonnen zu erscheinen, ohne es aber tatsächlich zu sein«[121], so die Autoren der AfD-Publikation. Sie unterstellen Muslim:innen ein »instrumentelles Verhältnis zu Lüge, Täuschung und Verschleierung«[122]. Das bedeutet nichts anderes, als dass sich hinter »guten« Musliminnen und Muslimen jederzeit »böse« verbergen könnten. Das Misstrauen richtet sich gegen »den« Muslim an sich.

Das Feindbild Islam beschränkt sich aber nicht mehr nur auf muslimische Menschen. Es hat sich in den letzten Jahren ausgeweitet auf politische Eliten, Medien und Konkurrent:innen, denen nachgesagt wird, mit der Minderheit unter einer Decke zu stecken und das »deutsche Volk« in die Irre zu führen. Wer sich etwa rechtspopulistischen Forderungen nach Abwehr der »islamischen Gefahr« nicht beugt, wird des vorauseilenden Gehorsams und der »Islamisierung« verdächtigt und so zur Zielscheibe von Hetze und Gewalt gemacht. Ist kein »böser Muslim« griffbereit, zieht man einfach politischen Gegnerinnen und Gegnern ein muslimisches Tuch über – wir alle haben sicher die Bilder von Angela Merkel mit Kopftuch auf rechten Demonstrationen vor Augen – und wirft ihnen vor, mit irgendwelchen skurrilen muslimischen Figuren ohne Gesicht und Namen unter einer Decke zu stecken und die Abschaffung Deutschlands zu organisieren. In einem solchen Weltbild schwirren Musliminnen und Muslime wie böse Geister umher, die jederzeit zuschlagen und sich der deutschen Körper bemächtigen können.

Manch einer treibt es mit der antizipierten »Selbstislamisierung«[123] so sehr auf die Spitze, dass er sich einfach selbst als böser Muslim ausgibt und im Araberkostüm Attentate plant, damit rechten Forderungen mehr Gewicht verliehen werden kann. So hat es Franco A., Oberleutnant der Bundeswehr gemacht:[124] Am 30. Dezember 2015 betrat er die Erstaufnahmeeinrichtung in Gießen und ließ sich als syrischer Asylbewerber registrieren. Er plante Anschläge und wollte den Verdacht auf »Fremde« aus dem Ausland lenken. Zum Glück wurde er am 3. Februar 2017 auf frischer Tat ertappt. Die österreichische Polizei nahm ihn fest, als er nach einer versteckten Pistole im Putzschacht einer Toilette am Wiener Flughafen griff.

Ich finde, der Fall hat zu wenig Beachtung gefunden. Letztendlich wollte Franco A. nicht mehr warten, bis irgendein Islamist den von ihm sehnsüchtig herbeigesehnten Anschlag begeht. Er wollte ihn selbst inszenieren, den islamistischen Terror, um den Hass gegen »die« Muslime weiter legitimieren zu können und die gesellschaftliche Transformation nach rechten Fantasien zu forcieren. Da liegt es doch nahe, Jean-Paul Sartres bekanntes Zitat aus den *Überlegungen zur Judenfrage*[125] auf den Fall des antimuslimischen Rassismus zu beziehen und zu sagen: Existierte der Muslim nicht, der Rassist würde ihn erfinden.

Wer denkt, dass es nicht merkwürdiger werden kann, hat die Rede des AfD-Abgeordneten Albrecht Glaser im Sommer 2017 bei einer Wahlkampfveranstaltung in Frankfurt a. M. nicht gehört.[126] Dort referierte er über eine angeblichen »Kriegsplan«, der von »den obersten Islam-Gelehrten Saudi-Arabiens erdacht« sei.[127] Klingt irgendwie nach den *Protokollen der Weisen von Zion*, einem antisemitischen Verschwörungspamphlet, nach dem »die Juden« die Weltherrschaft anstreben würden. Offenbar haben sie Konkurrenz bekommen von Musliminnen und Muslimen, die insgesamt Teil des saudischen Kriegsplans sind ... Glaser stellt in seinem Vortrag die Stufen der »Islamisierung« wie folgt vor (Achtung!): Ab 5 Prozent Bevölkerungsanteil üben Musliminnen und Muslime einen überproportionalen Einfluss aus; sie würden dazu drängen, dass Halal-Lebensmittel eingeführt werden. Gruselig, nicht? – Aber es geht natürlich noch schlimmer: Wenn der Anteil muslimischer Menschen 10 Prozent erreicht, würden sie Gesetzlosigkeit als Mittel einsetzen, um sich über das Leben der »Ungläubigen« zu beschweren. Bei 30 Prozent gäbe es Dschihad-Milizen, es folgen sporadische Tötungen, Kirchen wie Synagogen würden angezündet werden. Erreichen sie die 40-Prozent-Marke, verbreiten sich Massaker. Bei 60 Prozent wird die Sondersteuer für »Ungläubige« eingeführt und uneingeschränkt verfolgt. Stellen Musliminnen und Muslime 80 Prozent der Bevölkerung, sei ein staatlich gelenkter Völkermord zu erwarten. Bei 100 Prozent Musliminnen und Muslimen hört die apokalyptische Geschichte aber nicht auf. Zwar leben dann keine Nicht-Muslim:innen mehr unter den Muslim:innen, doch das beruhigt deren blutrünstige Natur nicht, wie es scheint. Sie beginnen sich gegenseitig abzuschlachten: »Ein Gläubiger tötet den weniger Gläubigen, ein Bruder richtet sich gegen den anderen, diese gegen den Vater, die Familie gegen die Cousins, der Klan gegen den Stamm, der Stamm gegen die Welt – und alle gegen die ›Ungläubigen‹«, liest Glaser von seiner Powerpoint-Folie ab.[128]

Da stellt sich doch natürlich den besorgten Bürgerinnen und Bürgern – und wer wäre da nicht besorgt? – die Frage, was angesichts dieser dramatischen Prophezeiung zu tun sei. Die AfD Berlin hatte sich im letzten Wahlkampf eine sehr charmante Kampagne gegen die vermeintliche Überfremdung ausgedacht. Auf Wahlkampfplakaten setzte sie auf den Geburtenkampf[129]: »Neue Deutsche? Machen wir selber!« stand über einem Foto einer schwangeren weißen Frau. Auf einem anderen Wahlplakat wurde eine familienfreundliche Politik gefordert: »Kinder! Machen! Spaß!« Auf dem Foto lagen zwei weiße Deutsche im Liebesakt aufeinander, sicher zum Schutz der Nation …

Um das Liebesleben der Deutschen sorgt sich aber auch Jilet Ayşe, die Kunstfigur der Schauspielerin İdil Baydar. In ihrem Bühnenprogramm *Deutschland, wir müssen reden!* warnte sie vor den Konsequenzen, sollten »die Deutschen« tatsächlich aussterben. Wer solle sonst ihre Hartz-IV-Leistungen finanzieren, fragte Jilet Ayşe und entschied sich prompt, den Betroffenen Nachhilfe in Romantik und Kinderplanung zu geben.

Im Winter 2016 saß ich mit meinem Bruder in der dritten Reihe in der Berliner »Bar jeder Vernunft«, als Jilet Ayşe die Bühne mit einer Handvoll Kondome betrat. Sie verteilte sie unter den schwarzhaarigen Besucherinnen und Besuchern, die hätten zu viele Kinder. Den »Deutschen« verriet sie währenddessen, was sie von ihrer muslimischen Konkurrenz lernen können, damit die Kinderzahl pro deutschem Kopf nicht weiter sinkt.

Jilet Ayşe wirft die überzeichneten Klischees ihrem Publikum aufsässig und frech an den Kopf. Sie weiß um den Rassismus, den Mund lässt sie sich nicht verbieten. Die Idee für Deutschlands »Integrationsalptraum«, wie Baydar ihre Satirefigur nennt, kam ihr kurz nach Thilo Sarrazins Hetzschrift im Jahr 2010. Baydars Antwort darauf: »Ihr wollt den Kanaken? Okay, ihr kriegt den Kanaken.«[130] Seither klagt Jilet Ayşe auf ihre Art die rassistischen Missstände im Land an, indem sie die Integrationsdebatte ins Lächerliche zieht. Ihre Kritik an rechter Hetze und dem alltäglichen Rassismus in Deutschland ist so klingenscharf wie ihr Name. Da bleibt dem einen oder der anderen das Lachen im Hals stecken. Baydar versucht es mit Humor, der ist auch dringend nötig, um dem ganzen Irrsinn standhalten zu können, der mit den Verschwörungstheorien der »Islamisierung« Einzug hielt.

Zu den Manifesten der Vergangenheit, wie sie zuvor *Kanak Attak* formulierte, kommen stetig neue hinzu. So wie sich Rassistinnen und Rassisten umorganisieren und ihre Strategien erweitern, so lernen auch rassismusbetroffene Menschen auf Veränderungen zu reagieren. Im Manifest des Münchner *migrantenstadls*, einem Satire-Blog »von und für grenzüberschreitende, dadaisten und textterroristen«, werden nicht nur Integrationskurse für Sachsen und die Ernennung einer geflüchteten Frau mit neun Kindern zur Familienministerin gefordert. Nein, das Autorenduo Tunay Önder und Imad Mustafa weiß um die Herausforderung in einem sich anbahnenden islamischen Kalifat und erweiterte den satirischen Forderungskatalog: Neben Gebetsstätten und islamischen Museen in allen Stadtzentren und kostenlosen Kopftüchern für alle, ob Migrantin oder nicht, verlangen sie auch ausschließlich »beschnittene schwänze in deutschen pornos«.[131]

Spätestens Anfang der Nullerjahre, als sich »Kanaken« und »Kümmeltürken« über Nacht in »böse Musliminnen und Muslime« verwandelten, wurde also klar: Der Widerstand musste angepasst werden. Das, was in den 1980er und 90er Jahren Zeichen einer »Kanakisierung« war, wurde nun von einer zunehmenden »Islamisierung« der Integrationsdebatte überschattet. »Der« Muslim reicht »dem« Kanaken die Hand, gemeinsam treiben sie ihr Unwesen im Land und erregen die Gemüter.

Musliminnen und Muslime haben sich im Sprechen über Integration, Migration, Religion, Flucht und Asyl zu einer Kontrastfolie entwickelt, auf die gesellschaftliche Missstände und Ängste projiziert werden können, Privilegien für die deutsche Mehrheitsgesellschaft gerechtfertigt und die Diskriminierung der Anderen fast schon wie eine Art notwendige Selbstverteidigung ins Feld geführt werden. Es werden apokalyptische Schreckensszenarien ausgemalt, auf die mit rationalen Argumenten zu antworten ich nicht immer Lust habe. Manchmal muss man die rassistische Logik brechen, bevor sie einen bricht. Anfang des Jahres schrieb mir ein »besorgter Bürger«: »Wenn Muslime sich weiter so schnell verbreiten und Deutschland übernehmen, dann sind wir Deutschen doch in der Minderheit und müssen Kopfsteuer für Ungläubige zahlen!« Meine Antwort lautete: »So lange kann ich nicht warten. Können Sie mir bitte schon jetzt die Abgaben überweisen? Am liebsten über PayPal. Danke und Allah sei mit Ihnen.«

## 4. Orientalika. Über Exotismus und Barbarei

Biegt man in Istanbuls Viertel Kadıköy in die Seitengasse Güneşli Bahçe ein, liegt versteckt in einem verstaubten Papierkarton die Kistenmacherstraße 12. Ein frischer Ostseewind muss *Hoyers Mecklenburger Margarinefabrik*, erbaut 1892, aus der Rostocker Heimat an den Bosporus gefegt haben. Eine derart märchenhafte Begebenheit lassen jedenfalls die Sammelkärtchen vermuten, die das deutsche Unternehmen Anfang des 20. Jahrhunderts als schicke Werbemaßnahme produzierte und den Margarineverpackungen beilegte – und die nun, über hundert Jahre später, in einem Antiquariat in der Türkei von einem deutschen Touristen wiederentdeckt werden. Sechs Türkenbilder »Made in Rostock« hat *Hoyers Margarinefabrik* damals herstellen lassen – neben anderen Sammelbildern aus der Welt der Natur, Technik, Malerei und ethnografischen Weltreise.

Auf einigen sind »orientalische« Männer mit Fez und Turban abgebildet, mal stolzieren sie durch die Wüste, mal schlürfen sie, umgeben von exotischen Pflanzen und Tieren, Schwarztee in staubigen Gassen, rauchen Shisha und faulenzen. Oder sie fahren ganz romantisch auf kleinen Bötchen über den Bosporus, andere reiten auf Kamelen an der anatolischen Eisenbahn vorbei.

Unschuldig schienen diese Bildchen inmitten eines Pappkartons, in dem sich auch britische und französische Postkarten befanden – sie begeben sich in die schier endlose Welt der Exotik und Fremdheit europäischer Kolonien. Ein weitreichender Traum über zeitlose und von der »höheren Zivilisation« scheinbar unberührte Peripherien, mit Menschen ohne Namen und Geschichte. Tanzende Musikanten auf dem Dorfplatz. Die Sphinx in einer mystischen Nacht. Zelte und Gebete in der brütend heißen Sahara. Menschenmassen ohne Gesicht in bunten Gewändern auf dem Orangenmarkt. Magische Schlangenbeschwörer. Und Frauen. Verschleierte und nackte, viele nackte Frauen im Hamam.

> Die exotische Postkarte ist der vulgäre Ausdruck der kolonialen Euphorie.
>
> – Malek Alloula, *Haremsphantasien*

Es waren nicht nur europäische Sammelbilder und Postkarten, die sich hier türmten. Unter den importierten Kulturgütern, die sich Orient, Afrika und Asien zum Schauplatz wilder Sehnsüchte nahmen, gab es auch Gemälde, Reisetagebücher, Skulpturen und Romane. Später fielen mir solche Dinge auch auf den Märkten von Tunis in die Hände, auf einem Bücherflohmarkt in Madrid, auf dem Wiener Naschmarkt, auch auf Berliner Flohmärkten und in den Weiten des World Wide Web.

Regelmäßig tippe ich die Wörter Orient oder Kolonialismus in die Ebay-Suche ein und scrolle mich durch die Funde aus den Dachbodenspeichern verstorbener

Großeltern. Dann stoße ich zum Beispiel auf hundert Jahre alte Zigarettenblechdosen mit Motiven wie aus *Tausendundeiner Nacht*. Vor einigen Jahren ersteigerte ich so ein Exemplar der Marke *Orient-Spende*, hergestellt in den 1920er Jahren von der Firma Arnold Böninger in Andernach. Es ist eine rechteckige, flache Dose, golden umrandet, der Deckel blau bedruckt. Die Abbildung darauf zeigt eine Moschee mit vier Kuppeln und fünf Minaretten, zudem Palmen unter einem magischen Sternenhimmel. »Feinste Orientmischung« steht auf dem Dosenrand.

Es gab aber auch andere Unternehmen, die mit kommerzialisiertem Orientzauber der deutschen Kundschaft Zigaretten schmackhaft machten. Das ging damals so weit, dass sogar die Fabriken selbst das Morgenland architektonisch nachahmten. Als ich das erste Mal mit dem Zug von Berlin nach Dresden fuhr, war ich überwältigt, eine große prachtvolle Moschee am Fenster vorbeiziehen zu sehen (eine seltene Attraktion hierzulande, bei den vielen unscheinbaren »Hinterhofmoscheen«) – nur um später zu erfahren, dass es kein Gotteshaus, sondern ein Marketing-Gag war. In den 1880er Jahren wurde in Dresden das Unternehmen *Yenidze* gegründet. Das Fabrikgebäude der *Orientalischen Tabak & Zigaretten-Fabrik Yenidze* wurde bewusst mit einer moscheeähnlichen Kuppel und Minarett-Türmen errichtet.[132] Von hier stammte unter anderem die Zigarettenmarke *Salem Aleikum* mit Sorten wie *Salem Gold*, *Salem Auslese* und *Salem Lucullus*.

Weil ich nicht rauche, nutze ich meine »orientalische« Zigarettenblechdose für Visitenkarten. Und das nicht unbedingt aus ästhetischen Gründen. Vielmehr habe ich Gefallen daran gefunden, mir als »Orientale« europäische Orientbilder der Vergangenheit anzueignen, den Blick auf Europa zurückzuwerfen, seine Selbstbilder und Sehnsüchte, seine Fantasien und Ansprüche nach Dominanz aufzudecken. Orientalistik ade und a. D. – die Antwort lautet *Okzidentalistik*: Perspektiven drehen und Geschichte gegen den Strich lesen, das Nichterzählte zwischen den Zeilen herauskitzeln, verschüttete Spuren auflesen und alternative Linien ziehen, die gewohnte Ordnung irritieren und stets zurückblicken, immer wieder zurückblicken in die Vergangenheit, um die Gegenwart zu verstehen. Eine Okzidentalistik, wie ich sie im Sinn habe, nimmt »den Okzident« genauer unter die Lupe, verwebt seine Geschichte mit jener der Anderen. Sie lauscht dem Ungesagten und rekonstruiert eine Weltgeschichte der Verwobenheiten und Ambivalenzen.

Es gehört zu meinem beruflichen Portfolio, europäische Orientfantasien von ihrem Zweck zu entfremden, sie in meine persönliche ethnografische Sammlung aufzunehmen und zu befragen. Überall halte ich Ausschau nach Fundstücken, einiges kaufe ich. Ich schenke ihnen ein neues Zuhause in meinen Schubladen und Regalen, an den Wänden und in den Kommoden meiner Wohnung. Das ethnografische Archiv wächst jährlich um neue Schätze. *Orientalika* – so nenne ich Gegenstände, Symbole, Erinnerungsfragmente und Sprachspuren, in denen sich die hartnäckigen Klischees von »Orient« und

»Okzident« spiegeln. Sie kommerzialisieren den Orient, vermarkten Fantasien und setzen so das imaginierte Leben der Fremden für ein »westliches« Publikum in Szene.

Ich stelle mir vor, wie diese Dinge entstanden sind, auf welchem Tisch sie entworfen und in welcher Fabrik sie hergestellt wurden, und ich frage mich, was wohl die Hersteller gedacht hätten, hätten sie gewusst, dass ihre Produkte über hundert Jahre später in den Fingern eines Orientalenkindes dritter Generation in der deutschen Hauptstadt landen würden. Das gibt mir eine gewisse Genugtuung, so wie zum Bespiel das vergoldete Kamel, das ich auf meinem Schreibtisch als Briefbeschwerer für die Hassnachrichten verwende, die mich auffordern, das Land zu verlassen.

Ich will Autorität über Objekte erlangen, die gemacht wurden, um die koloniale Lust des europäischen Publikums zu befriedigen, und sie nun selbst kontrollieren; über Orientalika entscheiden; verschieben, wegschmeißen, ausstellen, bearbeiten, schneiden, neu zusammenfügen, übermalen und ausstechen. Vielleicht aufhängen, zwischen das Schwarzweißfoto meiner Urgroßeltern aus Beirut und den Hochzeitsaufnahmen aus Adana, unter das Foto meiner Einschulung im südhessischen Nirgendwo, über die Wachsmalstiftkritzelei meines Kindes. Für Menschen mit Rassismuserfahrung kann auch das Widerstand bedeuten: Regisseur der eigenen Geschichte, Schöpferin des Universums zu sein, in all den mehrdeutigen und rätselhaften Facetten, die das Leben einem zur Verfügung stellt.

Denn eines steht fest, diese Güter, auf die ich in verschiedensten Varianten, Farben und Sprachen stoße und mit denen ich eigenmächtig spiele, sie erzählen kaum etwas über das »Morgenland«. Aber dafür berichten sie von manchmal neid-, manchmal hasserfüllten Projektionen, von der Begierde des »Abendlands«, das Fremde zu begaffen und die eigene erhabene Zivilisation im Spiegelbild der unterlegenen Anderen zu bewundern.

Für das deutsche Publikum wurde dafür sogar eigens Kairo nach Berlin importiert, jedenfalls als Kulisse. Im Jahr 1896 eröffnete im Treptower Park im Rahmen der Gewerbeausstellung, zu der auch die »Kolonialausstellung« zu den deutschen Kolonien zählte, eine Sonderausstellung unter dem Namen *Kairo in Berlin*.[133] Auf 36 577 Quadratmetern, das sind umgerechnet fünf Fußballfelder, sollte den Gästen der ägyptische Alltag zu Füßen gelegt werden: altägyptische Tempel, Palmenhaine am Ufer und die potemkinschen Versionen der Qaytbay-Moschee, der Al-Mu'ayyad-Moschee, der großen Pforte der Al-Azhar-Moschee und des Dorfes Al-Kafr. Hinzu kamen Aufführungen, wie religiöse Feste und Hochzeitszüge. Selbstredend mussten dafür Statist:innen gefunden werden, um dem Märchen, das hier mitten in Berlin inszeniert wurde, »authentischen« Charakter zu verleihen.

»Mehrere Hunderte von ägyptischen Eingeborenen und eine Beduinentruppe bevölkern ›Kairo‹ in Berlin. Es ist auch weitgehende Sorge dafür getragen, dass die Leute vollauf Gelegenheit finden, ihre rituellen und sonstigen Eigenthümlichkeiten nachzuleben: sie haben ihre Moschee, Schlafräume und Küche für sich und die Gebetsrufer lassen, ganz wie daheim, von den Minarett herab zur bestimmten Zeit ihre Sprüche laut erschallen«, warb der Journalist Carl Krug im *Offiziellen Führer durch die Special-Abteilung der Berliner Gewerbe-Ausstellung 1896*.[134]

So gut kann es den Arbeitsmigrantinnen und -migranten aber nicht gegangen sein: Ihr Alltag und ihre Bewegungsfreiheit wurden stark eingeschränkt. Einige wurden trotz gesundheitlicher Probleme zur Arbeit gezwungen und nicht entlohnt, z.B. der 1878 geborene Hassan Ali. Auf ihn wurde 1893 der Tierhändler Heinrich Möller in der ägyptischen Oase Siwa aufmerksam. Er nahm den 2,40 m großen Mann mit nach Deutschland, um ihn als Riese auftreten zu lassen. Hassan Ali beschwerte sich über die schlechten Arbeitsbedingungen vor dem Berliner Gewerbegericht, nachdem er als angeblich arbeitsunwillig entlassen wurde und seinen Lohn nicht ausbezahlt bekam.[135] Ein Arzt bestätigte in einem Attest: »Er ist nieren- und halsleidend, hat eine starke Luftröhrenentzündung, sowie stark geschwollene Fußgelenke und klagt über Kopf- und Magenschmerzen, so daß er das Bett hüten muß. Es ist festgestellt worden, daß der Riese gezwungen worden ist, das Bett zu verlassen, um sich aufrecht dem Publikum in einem Raume ohne genügende Ventilation zu zeigen!«[136] Doch die Klage wurde abgewiesen. Was mit Hassan Ali geschah, ist bis heute unbekannt.

Währenddessen ging die Orient-Show bedenkenlos weiter. Großer Beliebtheit erfreute sich insbesondere der »ägyptische Harem«: Das Publikum begaffte arabische Frauen hinter einem Gitter. Das Gelände der Ausstellung durften auch sie nicht verlassen. Es sollte um jeden Preis verhindert werden, dass sie Kontakt zur restlichen Bevölkerung aufnahmen, denn die Grenzen zwischen Zivilisation und Barbarei mussten doch gewahrt werden.

Das traf auch 1927 für *Tripolis in Berlin* zu, eine »Völkerschau« ausgerechnet im Berliner Zoo. »Jetzt im Winter ist es in Deutschland natürlich kalt und naß, aber wir freuen uns auf den Sommer. Nur wollen wir auch Berlin sehen. Bis jetzt sind wir Gefangene im Zoologischen Garten. Wenn man uns wirklich nicht hinausläßt, dann schlagen wir alles in Scherben!«[137], beschwerte sich ein arabischer Mann gegenüber der Presse, der wie 72 andere Menschen aus Nordafrika wie ein exotisches Tier ausgestellt war. Sie sollten zur Freude des Publikums das vermeintlich authentisch arabische Alltagsleben darstellen. Wieder gehörte eine Moschee zur Kulisse, von der wieder ein Muezzin zum Gebet rief, und wieder wurden exotische Aufführungen geboten, für die selbst religiöse Praktiken in Szene gesetzt wurden, um das Publikum zu verzaubern.

Im Berliner Zoologischen Garten gab es insgesamt 25 solcher »Völkerschauen«, für die als exotisch empfundene Menschen aus allen Ecken der Welt angeworben und wie Tiere zur Schau gestellt wurden. »Völkerschauen« dieser Art waren beliebt und hatten europaweit eine lange Tradition. Sie dienten dazu, die eigene überlegene Identität abzustecken, Fremde in der Heimat auszustellen oder anthropologische Forschungen an ihnen zu betreiben. Felix von Luschan, Professor für Anthropologie und späterer Leiter des Berliner Völkerkundemuseums, z. B. untersuchte Teilnehmende der besagten »Kolonialausstellung« im Treptower Park und vermaß ihre Körper. Auch *Tripolis in Berlin* war ein gefundenes Fressen für die Wissenschaft, u. a. wurden im Berliner Zoo Sprach- und Musikaufnahmen von arabischen Menschen gemacht, die bis heute im Berliner Phonogramm-Archiv archiviert sind.

Solche Aufnahmen entstanden auch in deutschen Kriegsgefangenenlagern im Ersten Weltkrieg. Eines davon war das sogenannte »Halbmondlager«, erbaut 1915, am Rande Berlins in Zossen. Der Name des Lagers ist kein Zufall, wurden hier doch vorwiegend muslimische Gefangene aus den gegnerischen Armeen der Franzosen, Briten und Russen untergebracht. Unter den Inhaftierten sollen ungefähr 2500 Algerier, 500 Tunesier und 200 Marokkaner gewesen sein.[138] Es gibt aus dieser Zeit mehrere Postkarten, die das »Halbmondlager«, die Moschee und die in einer Reihe aufgestellten Kriegsgefangenen ablichten; auf einigen stehen Überschriften wie »Gruß aus Wünsdorf«, »Aus einem unserer mohammedanischen Gefangenenlager. Beim Verlassen der Moschee« oder schlicht »Mohammedaner«.[139] Anthropologen fanden auch hier ihr Forschungsobjekt direkt vor der eigenen Haustür. Es wurden »Rassen«-Untersuchungen durchgeführt, Körper vermessen und die Sprachen und Stimmen der Gefangenen aufgezeichnet. Mehr als 65 arabischsprachige Aufnahmen lagern bis heute im Lautarchiv der Humboldt-Universität zu Berlin.

Doch in erster Linie diente das Lager einem militärischen Zweck: Es sollte die gefangenen Soldaten dazu bewegen, sich den Kriegszielen der Deutschen anzuschließen. Denn das Deutsche Reich verfolgte im Ersten Weltkrieg nicht weniger als das Ziel eines »deutschen Dschihad«.[140] Richtig gehört. Die Deutschen hatten sich vor über hundert Jahren islamistisch radikalisiert, wenn man so will. Schließlich lautete die Kriegsstrategie, muslimische Länder und Bevölkerungen gegen andere europäische Mächte aufzustacheln und deren koloniale Territorien zu destabilisieren. Eine zynische Instrumentalisierung, bei der Muslime als Kanonenfutter an die Front geschickt werden sollten.

Den Plan hatte der deutsche Diplomat Max von Oppenheim (1860–1946) entwickelt und hielt ihn in seiner Denkschrift *Die Revolutionierung der islamischen Gebiete unserer Feinde* im Oktober 1914 fest. Als »eine unserer wichtigsten Waffen« des Krieges beschrieb Oppenheim darin den Islam.[141] Er plante ein Bündnis mit dem Osmanischen Reich, das dazu dienen sollte, den »Gesamtislam zum Kampfe gegen den Feind« zu mobilisieren[142]. Und weiter: »Das Eingreifen des Islam in den gegenwärtigen Krieg ist besonders für England ein furchtbarer Schlag. Tun wir alles, arbeiten wir vereint mit allen Mitteln, damit derselbe ein tötlicher werde!«[143]

Der deutsche Kaiser ließ sich überzeugen. Im Auftrag des Deutschen Reiches verfasste dann Salih Al-Sharif Al-Tunisi (1869–1920), ein in Tunesien geborener Religionsgelehrter, die Schrift *Haqiqat al Djihad*, auf Deutsch *Die Wahrheit über den Glaubenskrieg*.[144] Darin erklärte er, dass zwar das spirituelle Ringen mit der Seele ein großer Dschihad im Islam ist, aber der kleine Dschihad an der Seite der Deutschen ebenso göttliches Gebot sei. Diese Botschaft verbreitete er in Reden und Flugblättern. Und er reiste sogar nach Berlin, um hier die propagandistischen Strukturen für die deutsche Dschihad-Strategie zu unterstützen. Denn es gab viel zu tun, das wusste auch der Ideengeber Oppenheim. Er wurde Leiter der sogenannten *Nachrichtenstelle für den Orient* (NfO), eines Informationsdienstes gegründet im Oktober 1914 mit Sitz im Reichskolonialamt in Berlin-Mitte. Diese Abteilung sollte sich vollkommen auf den deutschen Dschihad konzentrieren: Informationen aus dem Nahen Osten sammeln, Aufstände vor Ort anzetteln und die Propaganda weiter verbreiten. Dem Team gehörten Diplomaten und Journalisten, aber auch Orientalisten und andere Wissenschaftler an.[145]

Die Mecklenburger Sammelkärtchen aus Hoyers Margarinefabrik, die ich im Istanbuler Antiquariatsladen entdeckte, geben Zeugnis über das deutsch-osmanische Kriegsbündnis im Ersten Weltkrieg. Eines der Rostocker Kärtchen zeigt türkische Soldaten, die erhobenen Hauptes, ausgestattet mit Fez und aufgerichteten Gewehren umherstolzieren. »Von deutschen Offizieren ausgebildet, erfreut sich das türkische Militär bei der Bevölkerung grosser Beliebtheit und es hat wiederholt Proben seiner Tapferkeit gegeben. Die Ausrüstung entspricht dem deutschen Muster, wenn auch statt des Helms der Fez den Soldaten schmückt«, steht darunter.

Im stolzen Deutschen Reich grassierte damals das »Türkenfieber«.[146] So bezeichnete der Orientalist und Islamwissenschaftler Carl Heinrich Becker (1876–1933) die begeisterte Stimmung in der deutschen Bevölkerung, als das Osmanische Reich am 31. Oktober 1914 an der Seite der Deutschen in den Ersten Weltkrieg zog.

In der Zeitung *Welt am Montag* träumte man zu dieser Zeit sogar davon, Türken zu germanisieren: »Der ›kranke‹ Mann wird gesund gemacht, so gründlich kuriert, daß er, wenn er aus dem Genesungsschlaf aufwacht, nicht mehr zum Wiedererkennen ist. Man möchte meinen, er sehe ordentlich blond, blauäugig, germanisch aus.«[147] Ziemlich gruselig – und absurd, wenn man beobachtet, wie die Propaganda sich sogar kulturell behauptete. Im Auswärtigen Amt komponierte der Mitarbeiter Hans Stumme unter dem Pseudonym Fritz Klopfer eigens ein Lied zum gar nicht mal so feierlichen Anlass. Es trägt den Titel *Lied eines deutschen Kriegers an seinen muhammedanischen Kameraden* und geht so: »Kamerad, komm zu mir her nur, / Ich tu Dir nichts an! / Denk nur nicht im Kopfe, dass ich / Dich nicht leiden kann! / Ich bin Christ und Du bist Muslim, / Doch das schadet kaum! / Unser Sieg ist festbeschlossen, / Unser Glück kein Traum! / Wo da herrschet unser Kaiser, / Ist Sieg sein Panier; / Und wo Stambuls Kaiser waltet, / Flieht die Sorge schier. / Kamerad, komm! Sein wir / Freunde! Weg mit Angst und Not! / Iss mit mir hier die Kartoffeln / Und das Stückchen Brot!«[148]

Mit deutschen Sättigungsbeilagen Türken und Muslime an die Front zu locken, klingt nicht sehr überzeugend. Und ebenso war auch die Strategie, Muslime in deutschen Gefangenenlagern mit Propaganda zu bespielen und für den deutschen Krieg zu radikalisieren, zum Scheitern verurteilt. Die Leitung des NfO beklagte, dass die Propagandaschriften unter den Muslimen nicht die gewünschte Wirkung zeigten.[149] Die wenigsten ließen sich davon beeindrucken.

Oppenheims Plan krankte auch daran, dass er das Osmanische Reich als die große islamische Instanz darstellte, die gewährleisten würde, dass die Musliminnen und Muslime weltweit das militärische Projekt unterstützen. Das war natürlich wahnwitzig, weil es den Status des Osmanischen Reiches unter den muslimischen Menschen weltweit überschätzte und das Streben anderer Völker im Machtbereich der Türken nach politischer Unabhängigkeit unterschätzte. Der deutsche Dschihad war mehr Traum als Realität. Er spielte trotz des immensen Aufwandes für den Kriegsverlauf keine große Rolle.

Den Ersten Weltkrieg haben die Bündnispartner verloren. Aber das deutsche Dschihad-Theater zeigt: Rassismus ist oft widersprüchlich. Die Musliminnen und Muslime wurden einerseits exotisiert, aber andererseits weiterhin als fremde Barbaren auf Distanz gehalten. Es war keine Allianz auf Augenhöhe, sondern ein Erziehungsprogramm, besser gesagt Radikalisierungsprojekt, um muslimische Menschen, die weiterhin als unterlegen und fremd galten, an der Front für das eigene politische Ziel bluten zu lassen.

Auch der deutsche Fotograf Otto Stiehl wusste, dass die Präsenz dieser »Wilden« in Deutschland mit Vorsicht zu genießen ist. In seiner Fotosammlung *Unsere Feinde: 96 Charakterköpfe aus deutschen Kriegsgefangenenlagern* von 1916 nannte er das »Halbmondlager« eine »interne Völkerschau«. Stiehl stellte Araber und Afrikaner vor die Kamera und verfasste dazugehörige Bildbeschreibungen. Erst fand er die gefangenen Araber in »orientalischer Farbenpracht« ganz ansehnlich, es wären sogar »sehr edle Gestalten von vornehmer Würde« unter ihnen.[150] Aber der Fotograf ließ sich davon nicht beeindrucken: »Wenn wir bei Besprechung der einzelnen Stämme bemüht gewesen sind, auch den guten Seiten der Wilden und Halbwilden, die der Haß der Feinde gegen uns aufbot, gerecht zu werden, so dürfen wir doch nicht vergessen zu betonen, daß im Gesamteindruck dieser exotischen Waffen doch die Roheit und Barbarei weit überwiegt«, schrieb Stiehl. »Nur mit Schaudern kann man an das Schicksal denken, das unsere wohlgepflegten, kunstreichen Dörfer und Städte, das vor allem unsere Frauen und Kinder getroffen hätte, wenn es nicht gelungen wäre, diese durch keine geistige Kultur gezügelten wilden Horden von unserm Vaterlande abzuwehren.«[151]

Auf der kolonialen Leinwand gehen Exotismus und Barbarei Hand in Hand, wenn es darum geht, die Minderwertigkeit der Anderen um jeden Preis zu propagieren und sich gleichzeitig an ihren Körpern und Kulturen zu ergötzen. Mit seiner Meinung war Stiehl nicht allein, denn schließlich wurde die Gefahr des Islams bereits vor dem Ersten Weltkrieg auf der politischen Bühne leidenschaftlich debattiert – und die stand auch damals schon in Berlin.

Nur wenige Jahre vor der Dschihad-Strategie, die auf die Vereinnahmung des Islams setzte, wurden Muslime und Araber zu Erzfeinden der deutschen Kolonialpolitik ernannt, ja sogar die Gefahr einer »Islamisierung« heraufbeschworen. Schon vor über hundert Jahren wurden im Reichstag Islamdebatten geführt, bei denen Politiker, Missionare und Wissenschaftler das Wort ergriffen und vor dem Feind in den Kolonien warnten.

Wieder war es eine antiquarische Entdeckung, die mich auf die Spur einer deutschen Islamfantasie führte. Zwei jeweils tausendseitige Bücher habe ich vor einigen Jahren auf Ebay ersteigert, die diese Geschichte bezeugen. Es handelt sich um die originalen Protokolle der Zweiten und Dritten Verhandlung der Deutschen Kolonialkongresse. Das eine stammt aus dem Jahr 1905, das andere von 1910. Auf beiden Kongressen stand die Frage nach dem Umgang mit Musliminnen und Muslimen, mit Araberinnen und Arabern auf der Agenda der deutschen Kolonialpolitik. Wenige wissen, dass auch das Deutsche Reich eine koloniale Begegnung mit dem Islam, mit arabischen und muslimischen Menschen hatte. Zwar ist es richtig, dass Deutschland – anders als Frankreich oder England – im Nahen Osten keine Kolonien besaß, aber arabische und muslimische Menschen und sogenannte Orientalen lebten nicht nur um das Mittelmeer herum, sondern auch in deutschen Kolonien in Afrika, die meisten von ihnen in »Deutsch-Ostafrika«, das sind heute Tansania, Burundi und Ruanda.

Anfang des 20. Jahrhunderts wurde im Rahmen der Deutschen Kolonialkongresse darüber verhandelt, wie mit diesen Menschen umzugehen sei, wie sie am effektivsten kolonisiert und diszipliniert werden könnten. Im Oktober 1905 eröffnete ein Pastor namens Julius Richter im Rahmen der Zweiten Kolonialverhandlung 1905 die Islamdebatte. Er warnte vor dem »wilden Instinkte der niedergehaltenen Mohammedaner«[152] und erklärte den Islam zum »gefährlichen Feind unserer Kolonialentwicklung, ja der Kultur Afrikas überhaupt«[153]. Er forderte die Kolonialregierung dazu auf, die arabische Sprache in Wort und Schrift zu verdrängen. Die Kolonisierten müssten durch die Kolonialverwaltung systematisch überwacht werden, das Deutsche als Umgangs- und Regierungssprache etabliert, ja mehr Kirchen gebaut werden, um »den Mohammedanern selbst das Evangelium zu predigen«[154]. Sein Kampfruf: »Für Christentum und Deutschtum!«[155]

Sein Kollege Froberger, ein Provinzialoberer der Missionare »Weisse Väter« aus Trier, schloss sich diesem Urteil an. Der Islam sei primitiv, unsittlich, er behindere und zerstöre Kultur, ja, er sei »in manchen Gegenden und manchen Fällen ein Prinzip sittlicher Fäulnis«.[156] Wem das einleuchtet, der wundert sich wahrscheinlich auch nicht, dass die Diskussionen im Reichstag urplötzlich zu Geschlechtskrankheiten umschwenkten, denn der Islam sei ja auch an der Verbreitung der Syphilis schuld. »Ich mag dies dunkle Gebiet nicht näher schildern, ich bemerke bloss, dass in manchen arabischen Ländern 60 bis 80 Prozent der Bevölkerung von der Syphilis befallen sind«, erklärte Froberger besorgt, um den Kampf gegen den Islam, ganz nach Tradition der bereits diskutierten Kolonialdiagnosen, zum Schutze der Gesundheit einzufordern.[157]

Was also sollte man tun? Ganz klar: den Islamunterricht in Regierungsschulen stoppen. Klingt nicht gerade nach einer effizienten Maßnahme gegen Syphilis, muss es aber auch nicht. Schließlich sollen die medizinischen Argumente nur den Kampf gegen den Islam legitimieren. Am Ende sieht die verabschiedete Resolution wie folgt aus: »Der Deutsche Kolonialkongress 1905 wünscht dringend, dass in den afrikanischen Kolonien dem Islam und insbesondere der Ausbreitung der arabischen Kultur und Sprache in keiner Weise Vorschub geleistet werde; dass demselben im Gegenteil durch eine starke deutsch-christliche Kultur ein Gegengewicht geschaffen werde.«[158]

Trotzdem kehrte im Reichstag keine Ruhe ein. Fünf Jahre später wurde in Berlin wieder vor dem Islam gewarnt. Wieder hieß es, der Islam verbreite Krankheiten. Wieder sollte das Arabische, sprachlich und kulturell, verdrängt werden. Und schon damals wurde erklärt, der Islam sei eine politische Ideologie, die sich als Religion verkleide und den Untergang der »Ungläubigen« anstrebe. »Politisch endlich werden die Mohammedaner stets gefährliche Elemente bleiben«, lautete folgerichtig ein Fazit der Dritten Kolonialverhandlung 1910.[159]

In die Debatte mischten sich auch Wissenschaftler ein. Zum Beispiel der Orientalist Carl Heinrich Becker mit einer gesonderten Expertise, um die jüngsten Erkenntnisse aus der Forschung in den politischen Diskurs einzubringen. Im Reichstag erklärte er, warum der Islam so ganz anders und selbstredend der christlich-europäischen Zivilisation unterlegen sei. Er erklärte: »Die Verschiedenheit der Religion ist der ganz naturgemässe Ausdruck der natürlichen Verschiedenheit der Rassen.«[160] Und weiter: »Das Problem ist unendlich schwierig und kompliziert, namentlich, weil es sich mit dem Rassenproblem vermischt.«[161]

Auch hier kann also nicht einfach von einer schlichten Religionsdebatte gesprochen werden. Die Debatten waren durchgängig vom Rassismus durchtränkt. Islam und muslimische Menschen bildeten einen quasi natürlichen Gegensatz zu Europa und europäischen weißen Menschen.

Eigentlich war Becker für seine Islamophilie bekannt. Er war fasziniert von »dem Orient« und »dem Islam«, gleichzeitig aber davon überzeugt, dass die »islamische Zivilisation« der christlichen und europäischen unterlegen war. Er träumte von einer »Aufwertung« und Entwicklung des Islams nach europäischem Vorbild, um Musliminnen und Muslime in die Moderne »emporzuheben«, sie zu zivilisieren und für die deutsche Kolonialpolitik zu missbrauchen – das ist ein klassisch kolonialer Diskurs, der auf Kontrolle und Instrumentalisierung für politische Zwecke setzt.

Das Gegensatzpaar »guter Muslim« – »böser Muslim«, oder auch »nützlicher und »nutzloser Muslim«, gehört so gesehen zum Einmaleins des Rassismus. Es wird ein Idealbild konstruiert, um gute Andere gegen böse Andere auszuspielen. Doch im Grunde liegt die Definitionshoheit, wer wann als gut und wann als böse gilt, in kolonialer Hand. So hat zum Beispiel Beckers Kollege Martin Hartmann, Arabischprofessor und Islamwissenschaftler, den Islam als »Religion des Hasses und Krieges«[162] definiert und dafür geworben, diese vermeintlich schädliche Tradition zu bekämpfen – und gehört damit zu jenen, die einer Haltung wissenschaftliche Dignität verliehen haben, die zumindest undifferenziert und rassistisch, schlimmstenfalls aber (wie das vorhergehende Kapitel gezeigt hat) tödlich ist.

Becker und Hartmann ergänzten sich somit im Fremdbild Islam, in dem Platz für beides, Exotismus und Dämonisierung ist. Das Bindeglied, das die oft widersprüchlichen Etikettierungen zusammenhält, ist die Erzählung einer quasi natürlichen Andersheit, die *jene* von »uns Deutschen« unterscheidet, und das Interesse, die Fremden zum Spielball politischer Kämpfe um Macht und Autorität zu machen. Zu welchem Ergebnis nun die Verhandlungen der Deutschen Kolonialkongresse im Umgang mit dem Islam kamen, zeigt die neue Resolution von 1910: »Da von der Ausbreitung des Islam der Entwickelung unserer Kolonien ernste Gefahren drohen, rät der Kolonialkongress zu sorgsamer Beachtung und gründlichem Studium dieser Bewegung. Er hält es bei grundsätzlicher religiöser Unparteilichkeit für geboten, dass alle an der Erschliessung der Kolonien Beteiligten gewissenhaft vermeiden, was zur Beförderung der Ausbreitung des Islam und zur Benachteiligung des Christentums dienen könnte, und empfiehlt missionarische Kulturarbeiten, insbesondere auf dem Gebiete des

Schulwesens und der Gesundheitsfürsorge, der tatkräftigen Unterstützung, auch der Kolonialregierung. Er erkennt auch in der islamischen Gefahr eine dringliche Aufforderung an die deutsche Christenheit, die vom Islam noch nicht ergriffenen Gebiete unserer Kolonien ohne Verzug in missionarische Pflege zu nehmen.«[163]

Um diese Ziele zu erreichen, brauchte man Informationen und Wissen über das Land, die Bevölkerungen, darüber, wo und wie sie leben. Somit wurde die Wissenschaft schon vor dem Ersten Weltkrieg und den anthropologischen Untersuchungen an Kriegsgefangenen oder Teilnehmenden von »Völkerschauen« zur Komplizin der deutschen Kolonialpolitik.

> Wissen verleiht Macht, mehr Macht
> erfordert mehr Wissen und so weiter,
> in einer zunehmend lukrativen Dialektik
> von Information und Kontrolle.
>
> – Edward W. Said, *Orientalismus*

Drei Studien wurden von der Kolonialregierung in Auftrag gegeben, um die Gefahr der »Islamisierung« in deutschen Kolonien zu untersuchen. Selbstverständlich nach ganz objektiven Maßstäben. Becker veröffentlichte seine Ergebnisse 1911 in der *Zeitschrift für Geschichte und Kultur des Islamischen Orients* unter dem Titel »Der Islam«. Das Ergebnis: Ostafrikas Küstengebiet zeige ein »buntes Völkergemisch«, »mit arabischem Blut durchsetzt«[164] – so geht rassistische Folklore. Auch sein Urteil über die fortschreitende »Islamisierung« kommt nicht ohne das notorische medizinische Vokabular aus, denn »das Hinterland« von Daressalam und »der Süden der Kolonie« seien »am stärksten infiziert«[165]. Indem muslimische und arabische Menschen als potenzielle Kranke angesehen werden, wird es leichter, den Kolonialismus als notwendige Heilkur zum Wohl der Barbaren zu rechtfertigen.

Will man die heutigen Islamdebatten in Deutschland verstehen, kommt man also wieder einmal nicht umhin, in die Vergangenheit zurückzublicken. Das Erbe der deutschen Kolonialherrschaft findet heute in der kollektiven Erinnerungspraxis wenig Beachtung, dabei ist das Thema hochaktuell.[166] Diese Islamdebatten sind nicht neu, genauso wenig wie die Präsenz von Araberinnen und Arabern, Musliminnen und Muslimen hierzulande. Sie waren nicht nur Spukgespenster in politischen Diskussionen und exotische Objekte auf Sammelbildern oder in »Völkerschauen«. Im Gegenteil, ihre Spuren lassen sich weit zurückverfolgen.

Muslimische Kriegsgefangene wurden z. B. schon im 17. Jahrhundert im Zuge des »Großen Türkenkrieges« (1683–1699) nach Deutschland verschleppt. Die sogenannten »Beutetürken« wurden zwangsgetauft, oft als Sklaven gehalten. Mehr als 345 solcher Gefangenen holte 1686 der bayrische Kurfürst Max Emanuel nach München; andere wurden in Berlin, Kassel und Hannover als exotische Hofbedienstete aufgenommen.[167] Mit dem 18. Jahrhundert fand diese Praxis in Deutschland zwar ihr Ende, nicht aber die Migration. Muslime und Araber kamen als Gesandte, so auch der osmanische Botschafter Ali Aziz Efendi, der 1798 in Berlin verstarb und hier bestattet wurde; so entstand der erste islamische Friedhof Deutschlands. Andere kamen, um Handel zu treiben, zum Studium oder als Reisende.

Das Orient-Bild ist auch von vielen europäischen Reiseberichten geprägt, wir kennen aber hier ungleich seltener Berichte aus der Perspektive von Musliminnen und Muslimen, Araberinnen und Arabern, die z. B. die europäische Welt des 19. Jahrhunderts beschrieben haben. Darunter etwa die omanisch-sansibarische Prinzessin Sayyida Salme (1844–1924), Tochter des Sultans Said ibn Sultan und seiner tscherkessischen Nebenfrau Jilfidan.[168] Sie war 22 Jahre alt, als sie sich 1865 in den deutschen Kaufmann Rudolph Heinrich Ruete verliebte. Sayyida Salme erwartete mit dem deutschen Kaufmann ein Kind und entschied sich, ihn zu heiraten, zum Christentum zu konvertieren und nach Hamburg auszuwandern. Fortan war sie unter ihrem Taufnamen Emily Ruete bekannt. Doch an das neue Leben in Deutschland konnte sie sich nur schwer gewöhnen. Sayyida Salme war sich zeit ihres Lebens unsicher, ob die Konversion zum Christentum, die ihr keine soziale Akzeptanz eintrug, die richtige Entscheidung war. Und als ihr Mann bei einem tragischen Unfall ums Leben kam, war sie mit ihren drei Kindern Antonie Thawka, Rudolph Said und Rosalie Ghuza auf sich allein gestellt. Sie beklagte den sozialen Abstieg, kämpfte um ihr Erbe aus dem osmanisch-sansibarischen Herrschaftshaus und versuchte die politischen Interessen der Deutschen und Briten in Ostafrika für ihre Zwecke zu nutzen – doch vergeblich. Nach Aufenthalten in Dresden, Jaffa und Beirut starb sie im Februar 1924 in Jena. Der Nachwelt hinterließ Sayyida Salme ihre 1886 veröffentlichten *Memoiren einer arabischen Prinzessin*[169], ein seltenes Zeitdokument, handelt es sich doch um die erste Autobiografie einer arabischen Frau in der Literaturgeschichte. Darin gab sie nicht nur Auskunft über Gesellschaft und Kultur in Sansibar zu jener Zeit, auch auf Deutschland blickte sie als scharfsinnige Okzidentalistin. Die unaussprechlichen Namen der Deutschen rollten ihr nur schwer über die Lippen, die Sprache fand sie merkwürdig. Doch am meisten schien sie sich an der Überheblichkeit und Arroganz ihres Umfeldes zu stören. Den europäischen Überlegenheitsanspruch über andere Zivilisationen wies sie zurück, genauso wie die Klischees über »den Orient« und die arabische Frau, für die sie im Alltag herhalten musste. Sie wurde begafft und exotisiert, die Vorurteile kritisierte sie treffsicher: »Der Orient ist eben trotz der erleichterten Verbindungen noch viel zu sehr das alte Fabelland und über ihn darf man ungestraft erzählen, was man will. Da geht ein Tourist auf einige Wochen nach Konstantinopel, nach Syrien, Aegypten, Tunis oder Marokko und schreibt dann ein dickleibiges Buch über Leben, Sitten und Gebräuche im Orient. Er selbst kann nur wenig Äußerliches sehen und niemals in das wirkliche Familienleben einen tieferen Blick thun. (…) Wenn sein Buch nur amüsant und interessant geschrieben ist, so wird es sicher mehr gelesen, als wahrheitsliebendere, die weniger Pikantes bieten, und beherrscht dann das Urtheil der großen Menge.«[170]

Sayyida Salme war nicht die Einzige, die selbstbewusst zurückblickte. Die Historikerin Aischa Ahmed stellt z. B. die außergewöhnliche Biografie des Ägypters Hassan Taufik vor, der in seinem Werk die europäische Perspektive umkehrte.[171] Taufik reiste im September 1887 aus Kairo nach Berlin, blieb fünf Jahre und sammelte seine Erlebnisse im Kaiserreich in einem über 400-seitigen Werk unter dem Titel *Die Reise von Hasan Taufiq Ifindi, 1887–1892, Reise nach Berlin, Frohe Nachrichten von der Urlaubsreise durch Deutschland und die Schweiz*. Taufik arbeitete als Lektor am Seminar für Orientalische Sprachen in Berlin. Er unterrichtete »Ägyptisch-Arabisch«, genoss aber dennoch, wie Ahmed rekonstruiert, nicht annähernd die gleichen Privilegien wie deutsche Hochschullehrer. Ihm stand lediglich die Rolle eines Assistenten an der Seite deutscher Kollegen zu, gemäß Arbeitsvertrag musste er eine orientalische Tracht tragen.[172] Mit seinem Auftreten sollte der fremde Lehrer den Seminarräumen an der Alten Börse am Spreeufer ein exotisches Flair verleihen. Dafür wusste Taufik sich gekonnt über imperialen Stolz und Prahlerei im Deutschen Reich, wie sie ihm in Gemälden und Ausstellungen regelmäßig begegneten, lustig zu machen.[173] Dass in Berliner Museen Sarkophage, Mumien, altägyptische Wandmalereien, ja sogar religiöse muslimische Ausstellungsstücke präsentiert wurden, löste hingegen in ihm Unbehagen aus. »Wie spähten sie in alle Himmelsrichtungen unsere Häuser aus! Wir verspotteten sie und hielten sie für leichtsinnig und begierig. Bis sie aus unseren und anderen Ländern unermesslich viel einheimsten, hätten sie gekonnt, sie hätten sogar die Pyramiden mitgenommen«, kritisierte Taufik Europas koloniale Expeditionen und den Raub von Kunst- und Kulturgütern.[174] Die wissenschaftlichen Absurditäten des »Rassen«-Wahns konnte der Arbeitsmigrant aus Kairo hautnah mitverfolgen: Er beobachtete deutsche Anthropologen, die Kehlköpfe menschlicher Überreste untersuchten, um herauszufinden, ob und wie nah die Person sprachlich am »Semitischen« gewesen sein soll ...[175] Auch die ausgeprägte Judenfeindschaft im Kaiserreich beobachtete er aufmerksam und voller Missfallen: Taufik dokumentierte Fälle von Diskriminierung und kritisierte sie.[176]

Auch der Ägypter Mohamed Helmy (1901–1982) war Zeuge von Antisemitismus und der aufsteigenden Rassenideologie.[177] Helmy kam in den 1920er Jahren nach Berlin, schloss hier sein Medizinstudium ab und erhielt später eine Anstellung am Robert-Koch-Krankenhaus in Moabit. Dem NS-Personal gefiel das gar nicht. In einer Petition protestierte es dagegen, dass der »Hamit«, wie sie Helmy nannten, deutsche Frauen behandelte. Die nationalsozialistische »Rasse«-Politik verhinderte auch, dass Helmy seine »arische« Verlobte Emmy Anna Auguste Ernst (1916–1998) heiraten konnte. Als 1937 sein Arbeitsvertrag nicht mehr verlängert wurde, machte er sich selbstständig. Bei einem Hausbesuch lernte er Anna Boros kennen, eine junge deutsche Jüdin, die von der Gestapo gesucht wurde. Helmy tüftelte einen Plan aus, um sie zu schützen: Er gab vor, sie sei seine muslimische Nichte Nadja. Fortan trug sie Kopftuch und half ihm in der Praxis aus. So konnte sich Anna Boros bis zum

Ende des Krieges versteckt halten und überleben. Die Holocaust-Gedenkstätte Yad Vashem in Jerusalem ehrte Helmy dafür mit dem Ehrentitel der »Gerechten unter den Völkern«.

Wohl nur wenigen hierzulande ist Mohamed Helmy bekannt. Und wohl auch nur wenige machen sich Gedanken darüber, dass Millionen von Muslimen in den britischen Streitkräften und als Teil der Roten Armee gegen den Nationalsozialismus kämpften. Dabei bemühten sich die Nationalsozialisten – ähnlich wie zuvor im Ersten Weltkrieg – Muslime anzuwerben und sie zu instrumentalisieren. In Bosnien gab es sogar eine muslimische Waffen-SS-Division mit 20 000 Mann, und der Großmufti von Jerusalem, Muhammad Amin al-Husseini, kollaborierte mit den Nazis. Insgesamt sind die deutschen Bemühungen um eine Vereinnahmung des Islams aber auch im Zweiten Weltkrieg kläglich gescheitert: Aus dem Nahen Osten gab es nicht mehr als 1200 Freiwillige in den arabischen Einheiten der Wehrmacht – wieder war »der« Islam nicht so zu gebrauchen, wie man sich erhoffte.[178]

»Obwohl es für jeden muslimischen Nazi-Soldaten schätzungsweise 20 bis 30 muslimische Soldaten in den Reihen der Alliierten gab, hält sich das Bild von der Kollaboration zwischen ›dem Islam‹ und dem Nationalsozialismus«, resümiert der Journalist Yossi Bartal. Er macht dafür die weiß gefärbte Geschichtsschreibung verantwortlich. Schließlich werden nichtweiße Soldaten im Kampf gegen die Nazis in Geschichtsbüchern selten erwähnt, in Filmaufzeichnungen kaum gezeigt.[179] Dabei ist auch das Teil einer globalen Geschichte und muss Eingang in die deutsche Erinnerung finden. Ein Anfang wäre, die Biografien dieser Menschen in Lehrpläne aufzunehmen, weitere zu erforschen und die enge nationale Geschichtserzählung zu brechen, die Perspektive zu erweitern und verdrängte Stimmen ins Zentrum zu rücken. Auch Araberinnen und Araber, Musliminnen und Muslime und andere Menschen mit Migrationsbiografien sind Teil deutscher und europäischer Vergangenheit, Gegenwart und Gesellschaft. Sie haben Namen, sie sind vielfältig und sie können, sie müssen für sich sprechen, in den Medien, der Politik, in allen gesellschaftlichen Teilsystemen. Dann werden, inschallah, die *Orientalika* nur noch kuriose Erinnerungsfragmente an überwundene Stereotype sein.

## 5. Geschlechterfeindbilder

> Der Orient, wie er in den Vorstellungen Europas existierte, gewährte Entlastung von den sexuellen Repressionen des viktorianischen Zeitalters. Er brachte die erotischen Sehnsüchte einer ganzen Epoche zum Ausdruck, die sonst unterdrückt geblieben wären.
>
> – Rana Kabbani

Etwas ungewöhnlich für Berliner Verhältnisse, bekamen meine Partnerin und ich ziemlich schnell einen Termin beim Standesamt. Das freute uns, nur der Beamte schien etwas überfordert zu sein mit unserer Beziehung: *sie* weiß, blond, deutsch und *ich*, ein Fremder. »Sind Sie sicher, dass Sie *diesen* Namen annehmen wollen?«, fragte er sie eindringlich und besorgt. »Sie müssen das nicht. Hier in Deutschland dürfen Sie frei wählen.« Das klang wie eine Warnung.[180] So als würde ich sie dazu zwingen, als wäre ihre Freiheit an meiner Seite gefährdet. Mich würdigte er während der ganzen Unterhaltung keines Blickes. Stattdessen sprach er in dritter Person über mich, als wäre ich gar nicht im Raum. »Hier darf der Unaussprechbare unterschreiben«, sagte er und schob mir die Unterlagen widerwillig von der Seite zu. Ich fühlte mich wie Lord Voldemort aus der *Harry-Potter*-Saga höchstpersönlich. Dieser Schurke, dessen Name nicht genannt werden darf.

Rückblickend denke ich, dass mich wohl tatsächlich eine böse Magie umgeben muss. Offenbar reichen mein Name und mein Anblick aus, dass die wildesten Fantasien in den Köpfen besorgter Mitmenschen umherschwirren. Das war schon damals in der Schulzeit so. Eltern warnten ihre Töchter davor, mit mir auszu- oder, schlimmer noch, eine Beziehung mit mir einzugehen. »Mein Vater sagt, ihr türkischen Jungs wollt nur das eine«, erklärte mir meine erste Freundin, als sie mit mir Schluss machte. »Ihr schwängert deutsche Mädchen, und dann haut ihr ab und heiratet eine türkische Frau mit Kopftuch.« Daraufhin verließ sie mich für einen Jungen, dessen reine Unschuld sich in schneeweißer Haut und goldenem Haar widerspiegelte. Dagegen kommt kein schwarzhaariger Pechvogel an. Türkisch, arabisch und muslimisch zu sein, das war schlimmer, als Pickel zu haben. Die verschwanden irgendwann, es gab Heilmittel griffbereit in jeder Drogerie, für härtere Fälle auch in der Apotheke. Aber ein fremder Mann im deutschen Lande zu sein, das war eine harte Nummer. Wen wundert es da, dass manch ein Leidensgenosse die Haare blondierte, Religion und Herkunft verschwieg oder sich einen neuen europäisch klingenden Rufnamen gab, um Ängste unter Deutschen abzubauen? Mit mäßigem Erfolg, denn der Ruf eilt unseren Gesichtern voraus.

Die Beziehung des muslimischen Mannes zur weißen deutschen Frau bereitet vielen in diesem Land unruhige Nächte. Auch Lehrerinnen und Lehrern, wie ich wieder einmal feststellen musste. Ende 2015 mischte eine Fachgewerkschaft der Gymnasiallehrerschaft aus Sachsen-Anhalt mit dem Leitartikel »Anpassung an unsere Grundwerte erforderlich« in der Flüchtlingsdebatte mit. Sie schrieben über »junge, kräftige, meist muslimische Männer«[181] und sorgten sich um die Sicherheit der Töchter des Landes: »Viele der Männer kommen ohne ihre Familie oder Frauen und sicher nicht immer mit den ehrlichsten Absichten. Legt man unsere ethischen und moralischen Vorstellungen an, werden die Frauen in muslimischen Ländern nicht gleichberechtigt angesehen und oft nicht gerade würdevoll behandelt. Es ist nur ganz natürlich, dass diese jungen, oft auch ungebildeten Männer auch ein Bedürfnis nach Sexualität haben.«[182] Und dann kam der Knaller: »Wie können wir unsere jungen Mädchen im Alter ab 12 Jahren so aufklären, dass sie sich nicht auf ein oberflächliches sexuelles Abenteuer mit sicher oft attraktiven muslimischen Männern einlassen?«[183]

War das etwa der makabre Versuch, den Verdacht sexueller Übergriffe auf Minderjährige mit einem Kompliment an hübsche Ausländer zu kombinieren? Mir zeigte das nur noch einmal mehr, dass Gewalt und Erotikfantasien eng aneinanderhaften, aber auch, wie hartnäckig sich die Vorstellung hält, dass Menschen aus dem Orient in wollüstiger Verfeinerung ihr Leben verdösen. Das ist nicht neu, das hat Kulturgeschichte. Ich denke an den britischen Märchensammler und Reisenden Francis Burton (1821–1890) und seine *Tausendundeine-Nacht*-Übersetzungen. Burton übertrug die »orientalischen«

Geschichten nicht einfach ins Englische. Er fügte Kommentare hinzu und philosophierte über Dekadenz und Sex im »Orient«: »Und das ist der Kayf[184] des Arabers: Geschmack an der animalischen Existenz; der passive Genuß der reinen Sinne; die angenehme Schwüle, die träumerische Ruhe, der luftige Schloßbau, die in Asien die Stelle des tatkräftigen, intensiven, leidenschaftlichen Lebens, das in Europa herrscht, einnehmen. All das ist das Resultat einer nachgiebigen, auffällig reizbaren Natur und einer außergewöhnlichen Sensibilität der Nerven; es zeigt eine Wollust, die den nördlichen Regionen fremd ist, wo das Glück in der Ausübung von geistigen und physischen Kräften besteht.«[185]

Das bedeutet übersetzt, weiße Menschen können denken und bringen Kultur hervor, während Araberinnen und Araber den ganzen Tag nur faulenzen und sich erotischen Ausschweifungen hingeben. Mit solchen Klischees konnte letztendlich die koloniale Herrschaft über weite Territorien außerhalb Europas als Zivilisationsmission gerechtfertigt werden.

Auch Fatima Mernissi zeigt sich überrascht über die europäische Rezeption der arabischen Märchen, sie erkennt ihre geliebte Heldinnenfigur Scheherazade aus *Tausendundeiner Nacht* gar nicht mehr wieder. »Erstaunlicherweise fehlt in all diesen Übersetzungen die intellektuelle Scheherazade, denn die westlichen Herausgeber und Leser interessierten nur zwei Dinge: Abenteuer und Sex«[186], kritisiert die Soziologin und wirft so Licht auf die Produktion des »Orients« als Ort sexueller Lust und kolonialer Begierde, in denen orientalisierte

Frauen in Haremsfantasien verdinglicht und entmündigt werden.

> Der Sehnsucht nach dem (weiblichen) Orient, die im Exotismus anklingt, steht die Angst vor dem (männlichen) Islam gegenüber.
>
> – Iman Attia

Dieser Vorstellung folgten auch instrumentelle Debatten um die Unterdrückung der Frauen durch arabische Männer und ihre Befreiung durch europäische. Nehmen wir Lord Cromer, britischer Generalkonsul in Ägypten von 1883 bis 1907. Er schrieb: »Die Stellung der Frau in Ägypten und in den mohammedanischen Ländern im Allgemeinen ist daher ein fatales Hindernis für die Erreichung dieser Denk- und Charaktererhöhung, die mit der Einführung der europäischen Zivilisation einhergehen sollte, wenn diese Zivilisation ihr volles Maß an positiver Wirkung entfalten soll.«[187]

Cromer bediente sich des Arguments, muslimische Frauen schützen zu wollen, um die koloniale Herrschaft in Ägypten zu rechtfertigen. Paradoxerweise engagierte er sich gleichzeitig in Großbritannien als Mitbegründer und Vorsitzender der *Mens League for Opposing Women's Suffrage* gegen das Frauenwahlrecht. In Ägypten sorgte er dafür, dass Schulgebühren erhöht und Frauen an der Schulbildung, aber auch an der Ausbildung zu Ärztinnen gehindert wurden.[188] Cromers Solidarität mit muslimischen Frauen war also offensichtlich nur vorgegaukelt und diente kolonialen Interessen. Nicht der Sexismus war ihm ein Dorn im Auge, sondern der Islam. Deshalb plädierte er auch dafür, Frauen dazu zu überreden oder zu zwingen, sich zu »zivilisieren«, indem sie das Kopftuch ablegen.

Solche Entschleierungsforderungen gab es auch in den französischen Kolonien, zum Beispiel in Algerien. Dort wurden algerische Frauen bis in die Mitte des 20. Jahrhunderts auf öffentliche Bühnen gedrängt, um sich vor dem Publikum und der internationalen Presse zu entschleiern. Eine dieser Frauen war Monique Améziane, damals 18 Jahre alt.[189] Eigentlich trug sie gar kein Kopftuch. Sie wurde von den Franzosen dazu gezwungen, eines aufzusetzen, um dann für die Propagandashow die Entschleierung zu vollziehen. Sonst würde ihr inhaftierter Bruder exekutiert werden.

Muslimische Frauen zu »befreien« war für die Kolonialmacht nicht nur eine »Zivilisationsmaßnahme«. Es war zugleich ein gesellschaftliches Spektakel und Teil einer Art Unterhaltungsindustrie. Das zeigen Fotografien und Kolonialpostkarten, die Anfang des 20. Jahrhunderts in Algerien produziert und in die Heimat mit süßen Grüßen aus der Kolonie verschickt wurden.[190] Algerische Frauen waren ein beliebtes Motiv und Gegenstand sexueller Fantasien. Französische Fotografen dekorierten ihre Modelle mit exotisch anmutenden Gewändern, überluden ihre Körper mit übertriebenem Schmuck, der Authentizität mehr konstruierte als darstellte – so wie man sich das typische algerische Leben eben vorstellte. Aber diese Überdekoration genügte nicht, um den erotischen Orient-Traum zu verkörpern. Die Algerierinnen wurden vor der Kamera nach und nach entkleidet, bis sie dem voyeuristischen Blick nackt ausgeliefert waren. Die muslimische Frau wurde so zur Requisite eines kolonialen Theaterstücks über Macht und Begehren.

> Die Verschleierung – für *westliche* Augen das sichtbarste Kennzeichen für die Andersartigkeit und Unterlegenheit islamischer Gesellschaften – wurde nun zum Symbol der Unterdrückung von Frauen (...) und gleichzeitig der Rückständigkeit des Islams. Und sie wurde zum offenen Ziel kolonialer Angriffe und zur Speerspitze des Überfalls auf muslimische Gesellschaften.
>
> – Leila Ahmed

Dagegen setzten sich algerische Frauen auch zur Wehr, indem sie unter dem Schleier antikoloniale Botschaften verbargen oder Waffen für den Widerstand transportierten. Der Schleier stand in diesem Zusammenhang symbolisch für die Unmöglichkeit, die Anderen bis ins hinterste Eck zu durchleuchten und zu kontrollieren. Und je mehr das die französische Kolonialmacht frustrierte, umso vehementer verteidigten einige Frauen das Kopftuch gegen die Besatzungsmacht als Zeichen ihres Widerstandes und als Demonstration gegen das koloniale Zivilisationsprojekt.[191]

Die antikolonialen Kämpfe und Widerstände muslimischer Frauen spielen in den heutigen westlichen »Kopftuchmonologen«, wie es Iman Attia formuliert[192], gar keine Rolle. Dagegen wütet die Entschleierungsfantasie weiter, und mit ihr die Vorstellung, dass die »fremde« Frau nicht für sich selbst sprechen könne, sondern von den Europäerinnen und Europäern zu ihrem Glück gezwungen werden müsse. Am Kopftuch wird Integration und Entwicklung bemessen und die Bereitschaft, sich von den Fesseln des Islams zu lösen. Der gilt nämlich als Ursprung des Übels.

Die Instrumentalisierung solcher Debatten um Frauenrechte, um muslimische und arabische Menschen zu kolonisieren – das beherrschte man auch schon im Deutschen Reich. Um die Jahrhundertwende, in einer Zeit, als Frauen hier noch nicht einmal wählen durften, entdeckten parallel zu den Briten und Franzosen auch deutsche Männer urplötzlich ein Interesse an Frauenrechten. Jedenfalls wenn es darum ging, den Islam in deutschen Kolonien zu bekämpfen und Kolonisierte zu unterwerfen. Während sie keinen Finger krümmten, um die Situation deutscher Frauen zu verbessern und Gleichberechtigung zu schaffen, instrumentalisierten weiße Missionare, Wissenschaftler, Kolonialbeamte und Politiker das Thema Geschlechtergerechtigkeit ausgerechnet in den Kolonien, nicht um Freiheit zu erweitern – schließlich ist das koloniale Projekt nicht gerade für seine Freiheits- und Gleichheitsliebe bekannt –, sondern um den Islam aus »Deutsch-Ostafrika« zu verdrängen. In der Islamdebatte im Berliner Reichstag 1905 kritisierte zum Beispiel der Provinzialobere der »Weissen Väter« Jos. Froberger die »niedrige Stellung des Weibes« im Islam und erklärte: »Dem Mohammedaner ist das Weib nicht Lebensgefährtin, sondern Werkzeug; jung, Werkzeug der Sinnlichkeit, alt, Werkzeug der Arbeit. Er hat keine Achtung vor demselben, und das arme Geschöpf ist ihm machtlos preisgegeben.«[193] Ausgerechnet ein christlicher Kolonialenthusiast und Missionar als Vertreter der Frauenrechte – das entbehrt bis heute nicht einer bitteren Komik.

Zugleich konnten die frommen Brüder dem Sexismus treu bleiben. In Frobergers Augen waren muslimische Frauen ungebildet und naiv, sie besäßen »keine Empfänglichkeit für höhere Gedanken«[194]. So ist die Sexismuskritik nicht nur das Feigenblatt des Kolonialismus, es verdeckt ebenso die Komplizenschaft europäischer Männer bei der Unterdrückung europäischer und kolonisierter Frauen. Die koloniale Geschlechterdebatte erfüllt eine Alibifunktion, um Rassismus zu schüren und das Problem aus dem eigenen Verantwortungsbereich auf andere Männer, auf die Männer der Anderen, zu verlagern.

Daran hat sich heute nicht viel verändert. Auf Twitter schrieb die AfD-Politikerin Alice Weidel im Sommer 2017: »91 % mehr Vergewaltigungen durch ›Flüchtlinge‹ in Bayern«[195]. Und unter dem Hashtag *#TrauDichDeutschland* forderte sie: »Grapsch-Migranten sofort ausweisen!«[196] Auch Weidel geht es nicht um den Kampf gegen Sexismus und Unterdrückung. Sie kann weiterhin muslimische Frauen Seite an Seite mit muslimischen Männern zur Zielscheibe von Beleidigungen und Angriffen machen. »Burkas, Kopftuchmädchen und alimentierte Messermänner und sonstige Taugenichtse werden unseren Wohlstand, das Wirtschaftswachstum und vor allem den Sozialstaat nicht sichern«, hetzte sie in einem ihrer bekanntesten Ausbrüche zum Auftakt der Generalaussprache im Bundestag im Mai 2018.[197] Die Sache ist glasklar, Weidels Kampf gegen Sexismus ist Kalkül und wird instrumentalisiert, um gegen Migration, Asyl und Islam zu wettern. Und das nicht nur innerhalb der AfD.

Auch die ehemalige CDU-Familienministerin Kristina Schröder sieht das Problem pauschal im Islam begründet. Kurz nach den sexuellen Übergriffen am Kölner Hauptbahnhof in der Silvesternacht 2016, als muslimische und arabische Männer im Zentrum der Debatte standen, twitterte sie: »Sie wurden lang tabuisiert, aber wir müssen uns mit gewaltlegitimierenden Männlichkeitsnormen in muslimischer Kultur auseinandersetzen #Koeln.«[198]

Auch die etablierten Medien sahen offenbar keinen Grund, sich zurückzuhalten. Der *Focus* titelte: »Frauen klagen an. Nach den Sex-Attacken von Migranten: Sind wir noch tolerant oder schon blind?« und druckte auf das Titelblatt eine nackte weiße Frau, die von schwarzen, schmutzigen Handabdrücken übersät war. Die *Süddeutsche Zeitung* machte mit einer Illustration auf, auf dem ein schwarzer Arm zwischen zwei weiße Beine greift. Beides machte Schwarze und muslimische Männer für sexualisierte Gewalt verantwortlich. Beides las sich wie eine Reaktualisierung der »Schwarzen Schmach am Rhein«[199].

Diese Bilder der Anderen sind nicht nur an sich problematisch, sie können auch politisch verwertet und in gesellschaftliche Forderungen nach Abschiebung, nach Ausschluss und Diskriminierung übersetzt werden. So wurde wenige Tage nach der Kölner Silvesternacht in Bornheim bei Bonn geflüchteten Männern pauschal ein Schwimmbad-Verbot erteilt. Mit der Begründung, Frauen vor sexueller Belästigung schützen zu wollen.[200] Das gleiche Argument griff auch die Polizei auf, um *Racial Profiling* zu legitimieren und die Mobilität »ausländischer« Männer einzuschränken. Angeblich um gegen sexualisierte Gewalt vorzugehen, wurden 2000 sogenannte »Nafris« am Kölner Hauptbahnhof registriert. Unter den internen polizeilichen Begriff für Nordafrikaner fielen so auch Männer aus dem Irak, aus Afghanistan und Syrien.[201] Auch ein Jahr später wurden, natürlich präventiv, mehr als 1000 Männer am Kölner Hauptbahnhof kontrolliert, die sich allein wegen ihres Aussehens verdächtig machten. Die »Nafris« mussten sich ausweisen, ihre Personalien wurden aufgenommen. Es kam sogar zu Platzverweisen und Festnahmen.

Debatten und Praktiken wie diese suggerieren, man könnte Sexismus bekämpfen, indem man gegen Geflüchtete skandiert, Migranten ausgrenzt oder »Islamkritik« betreibt. Da ist eine große Portion Doppelmoral im Spiel. Wenn ein weißer cis Mann[202] seine Partnerin tötet, liest man von »Familiendrama«[203] oder »Beziehungstat«[204]. Bei einem Muslim oder als solchem wahrgenommenen Menschen heißt es oft »Ehrenmord«[205]. Ulrike Lembke, Professorin für Öffentliches Recht und Geschlechterstudien an der Humboldt-Universität zu Berlin, kritisiert: »Laut Rechtsprechung werden ›Ehrenmorde‹ von ›ausländischen Tätern‹ auf Grundlage der ›archaisch-patriarchalischen Wertvorstellungen‹ ihres ›Heimatlandes‹ (bspw. ›Anatolien‹) begangen. Diesen ›kulturellen Werten‹ sind die Täter ›verhaftet‹, sie sind von ihnen ›durchdrungen‹ oder doch wenigstens ›geprägt‹. Stets benannt wird die ›muslimische‹ oder ›jezidische‹ Religion der Täter, obwohl diese für die rechtliche Bewertung am Ende gar nicht relevant war, sondern ihre ›sozialkulturelle Prägung‹ durch ›traditionell-patriarchalische‹ Strukturen oder Werte eines ›fremden Kulturkreises‹ oder einer ›Volksgruppe‹. Die ›Familien- und Mannesehre‹ stehe für sie über allem anderen, sie orientierten sich am ›Familienverbund‹ oder der ›Sippe und seien in Deutschland ›nicht integriert‹.«[206] Lembke erklärt, dass in diversen Rechtsprechungen die Verwerflichkeit der Tat durch die (vermeintlich) fremde Herkunft der Täter bejaht wurde. Im Vergleich verharmlosten Bundesgerichtshof und Landgerichte aber Mordfälle an Frauen, die von verlassenen weißen deutschen Männern begangen wurden, indem »Verlustangst« oder »Verzweiflung« als quasi nachvollziehbare, strafmildernde Beweggründe bewertet wurden. Genau so geht verloren, was Gewalttaten jenseits der »Kulturkreis«-Logik vereint.

> Das einende Merkmal bei Männern, die Frauen ermorden, ist, dass sie Männer sind. Das scheint für manche Kommentatoren so ein unvorstellbarer Umstand zu sein, dass sie sich die Gewalt mit Konstruktionen von Nationalität und Kultur zu erklären versuchen.
>
> – @SIGI_MAURER

Statt Probleme zu islamisieren und geschlechtsspezifische Gewalt zu ver-fremden, statt zwischen »Ehrenmorden« bei »ausländischen« Tätern und »Trennungstötungen« bei »deutschen« Männern zu unterscheiden und so unterschiedliche Maßstäbe anzulegen, statt sich der Verantwortung zu entziehen und Privilegien für »uns« zu sichern, müsste viel deutlicher von Femiziden gesprochen werden. Dadurch würde die Gemeinsamkeit der Fälle erkannt werden, die in patriarchalen Strukturen und Normen liegen, darin, wie toxische Männlichkeit Alltag, Institutionen und Gesellschaften prägt und bestimmt.[207]

Diese »giftige« Männlichkeit bedeutet, dass vorherrschende Vorstellungen darüber, wie Männer zu sein haben, das Verhalten von männlich sozialisierten Menschen nachhaltig prägen. Dazu gehört (immer noch) die Vorstellung, dass Männer nicht schwach sein dürfen oder dass es unmännlich wäre, Gefühle zu zeigen. Das Patriarchat erzieht Jungs und Männer dazu, Emotionen zu unterdrücken und dem Idealbild eines »echten Mannes« zu entsprechen und andere herabzuwürdigen. Früh lernen Jungs, wie sie Verletzungen mit vorgespielter Stärke kaschieren. Männer suchen weit seltener professionelle Unterstützung, wenn sie an Depressionen leiden. Im Jahr 2019 gingen 76% der Selbstmorde auf Männer zurück.[208]

Toxische Männlichkeit ist zerstörerisch, auch für cis Männer selbst. Die Macht, die mit ihr einhergeht, verlangt zugleich ein hohes Maß an Selbstverleugnung, die Bereitschaft, eine Maske zu tragen und sich selbst zu betrügen, wie die US-amerikanische Autorin bell hooks erklärt.[209]

Die Bandbreite an toxisch männlichen Ritualen, mit denen das Revier alltäglich markiert und dominiert wird, ist lang, und nach wie vor beherrscht über alle kulturellen, religiösen und nationalen Grenzen hinweg das Patriarchat den Alltag. Indem hierzulande aber Sexismus vorwiegend mit fremden Kulturen in Verbindung gebracht wird, können weiße cis Männer sich der Verantwortung entziehen und sich ungestört ihrer Privilegien erfreuen. Das deutsche Selbstbild einer sexismusfreien Gesellschaft ist aber mehr Illusion als Realität. Eine gesamtgesellschaftliche Debatte über strukturellen Sexismus und sexualisierte Gewalt bleibt noch immer aus. Das Thema scheint für viele erst dann auf der Agenda zu stehen, wenn es mit Migration, Asyl und Islam in Verbindung gebracht wird.

Gerade Diskussionen um muslimische Frauen, die von ihrer eigenen Kultur und Religion unterdrückt werden, kommen nicht ohne einen großen Funken paternalistischer Ignoranz aus. Sie gehen Hand in Hand mit Debatten um das in der deutschen Öffentlichkeit so oft unerwünschte Kopftuch und der Vorstellung, dass Islam und Feminismus nicht zueinander passen würden. Das kritisiert auch die Autorin Kübra Gümüşay, die erklärt, dass islamische Feministinnen in Deutschland als »Mensch gewordenes Oxymoron« gelten. »Diese Menschen müssen sich erklären, erstens beweisen, *dass* sie existieren. Zweitens, *weshalb* sie existieren.«[210]

Dabei ist es kein Widerspruch, muslimisch und feministisch zu sein, auch mit Kopftuch, nur stößt diese Erkenntnis hierzulande auf wenig Verständnis. Wenn zum Beispiel die amerikanische Popsängerin Billie Eilish *Bodyshaming* verurteilt, mit gängigen Schönheitsidealen aufräumt und weite Klamotten trägt, um sich den kapitalistischen, sexistisch-objektifizierenden Blicken und Bewertungen der Gesellschaft zu entziehen, wird sie als Ikone gefeiert. Wenn muslimische Frauen Burkini tragen, dann ist das in Frankreich ein Fall für die Polizei: Am Strand von Nizza veranlasste sie 2016 eine Frau, sich teilweise zu entkleiden, und verhängte Bußgelder. In Belgien bestätigte der Verfassungsgerichtshof im Sommer 2020 ein Kopftuchverbot an Hochschulen als rechtmäßig. Auch in Deutschland hindern Neutralitätsgesetze Frauen mit Hijab daran, als Lehrerinnen zu arbeiten. Das Kopftuch ist zu einem Symbol für die grundsätzliche Unvereinbarkeit des Islams mit Freiheit, Demokratie und Moderne in Europa geworden. Der Kampf um gesellschaftliche Zugehörigkeit und politische Autorität wird weiterhin auf dem Rücken muslimischer Frauen ausgetragen.

Entgegen all diesen Klischees und Feindbilder richtet Lana Sirri ihren Blick auf »islamische Feminismen«, also auf eine Reihe von Theorien und Ansätzen, die zeigen, dass Islam und Feminismus sehr wohl zusammenpassen. Die Wissenschaftlerin diskutiert geschlechter- und sexualitätssensible Interpretationen der islamischen Quellen und öffnet queer-feministische Perspektiven. Sie spricht von einem feministischen *Tafsir*, das heißt einer Koranauslegung, die das Ziel hat, »das volle

Menschsein und die moralische Handlungsfähigkeit aller Muslim:innen im Handlungsrahmen des Koran zu verteidigen«[211]. Dafür bezieht sie sich unter anderem auf Gelehrte wie Asma Barlas, Riffat Hassan und Amina Wadud. Sie greifen auf den *Tafsir*, aber auch auf eine *Ijtihad*, also eine unabhängige Meinungsbildung, zurück, um die männlich dominierte Wissensproduktion zu hinterfragen und antipatriarchale Koranlektüren zu erarbeiten.

In ihrem Buch *Qur'an and Woman* schlüsselt etwa Amina Wadud auf, wie bestimmte Texte und Begriffe dazu missbraucht wurden, um das Leben von Frauen einzuschränken und die Überlegenheit von Männern zu behaupten. Sie plädiert dafür, den Koran in seiner offenen Struktur zu begreifen, dessen Bedeutung nie vollständig ausgeschöpft werden kann. Wadud kontextualisiert Verse historisch und bietet genderinklusive Interpretationen an, die zeigen, dass der Koran nicht gegen, sondern für Geschlechtergerechtigkeit ist. Dazu nutzt sie den breiten Referenzrahmen der arabischen Grammatik und taucht in linguistische Analysen ein. Aus islamischen Begriffen wie *nafs* (Seele, Wesen) und *zawj* (Partner:in) – wie zum Beispiel in Sure 4:1 – und der Art und Weise, wie sie grammatikalisch und konzeptionell genutzt werden, schließt Wadud, dass die koranische Schöpfungsgeschichte genderneutral angelegt ist.[212] Aus dem Koran geht demnach nicht hervor, dass Gott den Mann erschuf und aus ihm die Frau, sondern dass am Anfang ein *nafs*, also ein Ur-Wesen steht, und daraus dessen *zawj* entstand.[213] Auf diese Weise rückt

Wadud die Ambiguität der arabischen Sprache als Besonderheit ins Licht und zeigt, wie die göttliche Botschaft dazu einladen kann, männerzentrierte Deutungen zu konterkarieren und feministische Perspektiven zu stärken.

Auch Mohja Kahf, syrisch-amerikanische Professorin und Dichterin, sieht in Islam und Feminismus gar keinen Widerspruch. In einem Facebook-Post vom 13. Februar 2017 dreht sie den Spieß um und erklärt weißen Feministinnen, was sie von arabischen, muslimischen Frauen lernen können.[214] Arabische Frauen hätten historisch gesehen nie den Nachnamen des Mannes nach der Heirat angenommen, erklärt Kahf. Im Islam gäbe es das Problem der Männer- und Vaterfigur in Gott nicht, schließlich werde Allah nicht anthropomorph gedacht, und das Scheidungsrecht für Frauen existiert in der islamischen Tradition sehr lange, während Frauen in Europa dieser Zugang bis in die Moderne verwehrt wurde. Kahf geht es nicht darum, Sexismus unter Muslimen zu leugnen; sie benennt die Ungerechtigkeiten klipp und klar. Ihr geht es vielmehr darum, dass der Islam keine an sich sexistische Religion ist, sondern durchaus mit feministischen Idealen kompatibel ist, Frauen ehrt und schützt, und dass das Problem in männlicher Dominanz und dem strukturellen Patriarchat liegt, das Frauen ihrer Rechte und Möglichkeiten beraubt. Auch sind die Erfahrungen, die arabische und muslimische Frauen machen, nicht identisch mit jenen, die weiße Frauen gemacht haben und machen. Nur werden muslimische Frauen in vielen westlichen Genderdiskursen nicht als eigenständig handelnde Subjekte wahrgenommen, geschweige denn das Potenzial islamisch begründeter Kämpfe um Geschlechtergerechtigkeit anerkannt.

Die Soziologin Fatima Mernissi hat mit *The Forgotten Queens of Islam* eine beeindruckende Liste von Biografien zusammengestellt. Auf ihrer Spurensuche durch historische Archive und Reiseberichte stieß Mernissi auf insgesamt fünfzehn muslimische Frauen, die zwischen dem 13. und 17. Jahrhundert die Throne muslimischer Reiche erklommen haben, und dies trotz der Gegenwehr zahlreicher Kalifen und politischer Gegner. Dazu gehören z. B. Sultana Radiyya 1263 in Delhi oder Shajarat al-Durr vierzehn Jahre später in Ägypten.[215] In der Kutlugh-Khanid-Dynastie regierte Kutlugh Khatun (1213–1283) Kirma im heutigen Persien für 26 Jahre; danach folgte ihre Tochter Padishah Khatun (1256–1295), auch bekannt als Safwat al-Din Khatun. Wie es üblicherweise Männer taten, ließ auch sie Münzen mit ihrem Namen als Zeichen ihrer politischen Macht prägen. In einem Berliner Museum, wahrscheinlich dem Museum für Islamische Kunst, soll sich eine solche Münze befinden, auf der Padishah Khatun als *Khadawand Alam*, »Souveränin der Welt«, bezeichnet wird.[216] Auch in Indonesien gab es vier Sultanas und drei auf den Malediven, nämlich Sultana Khadijah, die von 1347 bis 1379, also 33 Jahre lang regierte. Danach folgte ihre Schwester Sultana Myriam und wiederum deren Tochter Sultana Fatima 1388. Und viel mehr Persönlichkeiten wären noch zu besprechen.

Dass diese Frauen und ihre Biografien so wenigen bekannt sind und zu wenig Aufmerksamkeit erhalten, beweist wieder, dass Geschichtsschreibung niemals neutral ist. Sie ist selektiv und männlich dominiert. Dagegen ergreift Mohja Kahf das poetische Wort. Eines ihrer Gedichte trägt den langen Titel: *Was al-Ghazalis Mutter über die Ansicht ihres Sohnes, den angesehenen Theologen, kommentierte, dass die Natur der Frauen nicht zu spirituellen Höhen tendiere, sondern zu den grundlegenderen Elementen des Weltlebens wie Kinder zu gebären und zu stillen, und der Mist des Kochens, Reinigens und Sexs für ihre Ehemänner und / oder Meister.*[217] Hier endet das Gedicht.

Kahf lässt eine bedrückende Leere auf der Buchseite stehen. Nicht, weil al-Ghazalis Mutter dem sexistischen Urteil ihres Sohnes zugestimmt hätte. Sondern um ganz bewusst auf die Lücke in der Geschichtsschreibung und im kollektiven Gedächtnis aufmerksam zu machen, darauf, wie Vergangenheit archiviert wird und welche Rolle Frauen (nicht) zugestanden wird.

Kahf klagt sexistische Zustände an und schreibt muslimische Frauenfiguren der Vergangenheit in die Gegenwart fort. In ihren *Hagar*-Gedichten verleiht sie Abrahams in die Wüste verstoßener Frau, der Mutter Ismails, das Wort. Hagar als Geflüchtete, allein an der Grenze, auf der Suche nach Wasser für ihr Kind. Hagar als erste Frau auf dem Mond, wo Gottes Stimme deutlicher zu hören ist als im Lärm der Welt. Hagar als Immigrantin in den USA, ohne Englischkenntnisse, allein gelassen von ihrem Ehemann, der sie für seine Lehrassistentin verlässt. Hagar, die auf Empfehlung ihres Therapeuten einen Brief an Sarah, die zweite Frau Abrahams, schreibt, um den Zwist zu beenden und sich gegen den Mann zu verbünden, als Komplizinnen und Business Women in der Betriebsgastronomie. In anderen Gedichten präsentiert sich Hagar weniger versöhnlich. Sie ist auf Rache aus, beschimpft Sarah, beschuldigt sie des Verrats an der *sisterhood*, um wenige Seiten später in eine aberwitzige Postkarten-Korrespondenz mit ihr und Abraham zu treten: Material für großes Kino.

Mohja Kahf irritiert die gewöhnliche patriarchale Lesart, sie erschafft sprachgewaltige Charaktere und ruft jene in Erinnerung, die in Vergessenheit geraten sind. Zum Beispiel die Dichterin al-Khansa, eigentlich Tumāḍir bint ʿAmr ibn al-Ḥārith ibn al-Sharīd al-Sulamīyah, die im 7. Jahrhundert auf der Arabischen Halbinsel lebte: Auf das zweifelhafte Kompliment des großen arabischen Dichters al-Nabigha, sie sei die beste Dichterin »unter denen, die Brüste haben«, erwiderte sie: »auch unter denen mit Hoden«.[218] Kahf ist eine große Inspiration und zeigt, dass es möglich ist, rassistische und paternalistische Debatten über »den« Islam in Europa und den USA zu konterkarieren und gleichzeitig sexistischer Diskriminierung, egal von welcher Seite sie kommt, den Kampf anzusagen.

Sexismus ist nicht das Problem von Frauen, genauso wenig wie Rassismus das Problem »der Anderen« ist. Sexismus und Rassismus gehen Hand in Hand, der Widerstand dagegen muss es auch – mit dem Ziel einer humanen, fairen Gesellschaft. Dazu gehört, weiße *und* männliche Privilegien zu hinterfragen, Zugänge zu teilen und Strukturen, die die Dominanz über und den Ausschluss von Frauen und nichtweißen Menschen begründen, auf den Kopf zu stellen. So wie Weißsein als gesellschaftliche Norm und Machtposition reflektiert werden muss, so müssen auch dominante Männlichkeitsvorstellungen infrage gestellt werden.

Gender und Rassismus zusammenzudenken bedeutet auch, sich der Situationen nichtweißer Frauen und Männer bewusst zu werden, Verständnis dafür zu entwickeln, welche spezifischen Diskriminierungserfahrungen Schwarze und jüdische Frauen und Männer, Rom:nja und Sinti:zze, Muslim:innen und andere Menschen of Color machen, wie sie dämonisiert und hypersexualisiert, wie sie Projektionsflächen von Fantasie, Begierde und Gewalt werden. Wie die Klischees und Feindbilder über sie zwei Seiten derselben Medaille sind.

# 6. Queer Dschihad

Hassan, ein alter Freund aus Studientagen, und ich hatten es uns bei einer Tasse Minztee auf der Couch gemütlich gemacht. Gemeinsam scrollten wir abwechselnd auf Grindr und auf Instagram, dann wieder auf Grindr und dann mal auf Twitter hin und her, als uns unerwartet die Nachricht über einen brutalen Anschlag aus der eingespielten Prokrastination aufschreckte. Am 14. Juli 2016, dem französischen Nationalfeiertag, fuhr ein Terrorist auf der Promenade des Anglais in Nizza mit einem Lkw durch die Menschenmenge und ermordete 86 Personen. Über 400 Menschen wurden verletzt. Wie bei anderen Terroranschlägen klebten wir auch bei diesem an den Smartphones, wühlten uns durch den Newsfeed und suchten nach so vielen Informationen wie möglich. Uns war klar, wenn die Tat auf einen Muslim zurückging, dann würde die rassistische Hetze danach nicht lange auf sich warten lassen. Nizza würde auch in Berlin etwas auslösen, Misstrauen wecken und dem gesellschaftlichen Klima großen Schaden zufügen. Und wir hatten recht. Der Anschlag war auch hierzulande rechtspopulistischen Akteuren geradezu ein gefundenes Fressen, um pauschal »den« Islam verantwortlich zu machen und »die« Musliminnen und Muslime unter Generalverdacht zu stellen. Unter anderem forderte danach die *Junge Al-*

*ternative*, dass Musliminnen und Muslime an der Einwanderung nach Europa gehindert werden sollten, weil sie ein Sicherheitsrisiko darstellen würden.

Muslim:innen und ihre vermeintlich gewaltaffine, mörderische Religion sind eben suspekt. Der Nervenkitzel ist vorprogrammiert, dabei diente dieser Fall manchen sogar als Vorlage ganz anderer Natur, wie Hassan und ich feststellten. Wir stießen im Netz auf Artikel mit kuriosen Titeln und Berichten, in denen das Sexleben des Attentäters von Nizza behandelt wurde. Hassan entdeckte einen Artikel auf dem Portal *Gaystarnews* mit dem Titel »Bastille Day killer: ›Soldier of Islam‹ used dating sites to date both men and women«.[219] »Ähm, schau mal, *nudes*«, kommentierte Hassan. Und tatsächlich, passend zum Titel wurde der Täter auf einem Foto am Strand oben ohne abgebildet. Das war sicherlich kein Zufall, denn im Artikel wurde das Attentat plötzlich zu einer Erotikgeschichte umgemünzt. Zweihundert Sicherheitsbeamte hatten angeblich die Handy-Daten des Täters inspiziert und waren dabei auf selbst gedrehte Sexvideos mit verschiedenen Partner:innen gestoßen.

*Gaystarnews* sind nicht die Einzigen, die das Geschäftsmodell *sex sells* auf den Terroranschlag von Nizza anwandten. *The Daily Beast* hatte ebenfalls Feuer gefangen für die mysteriöse sexuelle Identität des islamistischen Terroristen. Am selben Tag titelte das Online-Magazin: »Nice Attack: Has a Bisexual Muslim Hustler Put France on the Path to Civil War?«[220] Aus dem Terroristen wurde in dieser Titelgeschichte plötzlich ein bisexueller *Hustler*, also ein Stricher. Der Artikel bezog sich auf einen Bericht in *Le Parisien*, aus dem hervorging, dass der älteste Liebhaber des 31-jährigen Terroristen 73 Jahre alt gewesen sein sollte. Was genau diese Information mit der Tat zu tun haben könnte, darüber wurden wir im Dunkeln gelassen. Die Neugier der Öffentlichkeit war jedenfalls geweckt. In den Kommentarspalten tobte eine lebhafte Diskussion über das Begehren des islamistischen Terroristen, genauso wie in den sozialen Medien. Auf Twitter forderte jemand polemisch queere Menschen auf, sich vom Terrorakt zu distanzieren, schließlich sei der Attentäter bisexuell gewesen. Ein anderer malte sich direkt eine homosexuelle Orgie im himmlischen Paradies aus und wünschte dem Terroristen als Belohnung »70 horny dominating gay virgins«. Angst und Lust, Gewaltfantasie und Sexualität ineinander verschränkt. Der bisexuelle Terrorist wurde zum Spektakel.

»Erinnerst du dich noch an Cem Yildiz?«, fragte mich Hassan. Er griff im Regal nach dessen Autobiografie *Fucking Germany. Das letzte Tabu oder Mein Leben als Escort* und las vor: »Ich gebe zum Beispiel den ›authentischen‹ knallharten Türkenmacker von der Straße, der hat jetzt schon lange Konjunktur und wird immer noch hervorragend nachgefragt.«[221] Cem Yildiz war Sex-Arbeiter aus Berlin. Er berichtete aus einem Berufsfeld, das in der breiten Öffentlichkeit weiterhin stark stigmatisiert ist und in das zugleich Machthierarchien und politische Dynamiken Eingang finden. Yildiz bezeichnete sich selbst als »eine Phantasie, die so drängend ist, dass sie unbedingt wahr werden muss«, als »exotisches Tier (…), jemand, der einen mal auf eine andere Art und Weise unterhält und fasziniert«.[222] Unter weißen deutschen Männern war seine »Ghetto-Nummer« besonders gefragt, mit inszenierten Überfällen und Vergewaltigungen, inklusive türkischem Akzent: »Je krasser die Filme und Klischees, die sie im Kopf haben, desto höher die Nachfrage nach dem wilden, gewalttätigen Ali.«[223] Yildiz wusste, wie Klischees und mediale Bedrohungsszenarien das Geschäft mit dem Sex beeinflussen, und fragte polemisch: »Vielleicht sollte ich mir mal einen Vollbart stehenlassen und auf islamistischen Bombenleger machen?«[224]

Das könnte durchaus funktionieren. Weit hergeholt ist der Vorschlag zumindest nicht, schließlich sind sexuelle Vorlieben und Wünsche eng mit politischen Verhältnissen verwoben. Ins Schlafzimmer, ins Dating-Verhalten, in die Liebe und Intimität dringt ein, was Gesellschaften bewegt, was sie verhandeln, was sie tabuisieren und verdrängen. In einem Umfeld, in dem weiße und schlanke Körper als Schönheitsnorm gelten, in dem Schwarze und dicke Körper abgewertet werden, werden solche Hierarchien unversehens Teil des eigenen Beziehungsverhaltens. Das ist Teil der Sozialisierung, im Fernsehen, in der Werbung, analog wie digital. Wen begehre ich, wen nicht, wer ist »mein Typ« und wer nicht, nach welchen Merkmalen halte ich Ausschau, welche schließe ich aus, das sind wichtige Fragen. Bodyshaming, Sexismus, Transfeindlichkeit, Ableismus und Rassismus stehen auch in Liebe und Sexualität auf der Tagesordnung. Bars, Clubs oder Dating-Apps sind keine diskriminierungsfreien Orte, Begehren ist politisch. Auch in der queeren Szene. Menschen werden ausgeschlossen, stigmatisiert, angefeindet. »Keine Schwarzen«, »keine Kanaken«, »keine Asiaten« sind Sätze, denen nichtweiße Menschen in Dating-Apps oft begegnen. Erst letztes Jahr entfernte Grindr nach lauter Kritik den »Ethnie«-Filter aus der App, der es erlaubte, Nutzer:innen z.B. nach »Asiatisch«, »Schwarz«, »Latino«, »Weiß«, »Aus dem Nahen Osten«, »Gemischt« oder »Südasiatisch« auszusortieren.[225] Oder auch gezielt nach ihnen zu suchen. Denn sexuelle Vorlieben können rassistisch aufgeladen sein. Schwarze Männer und »Südländer« werden zum Beispiel häufig hypermaskulinisiert, fast schon wie Tiere begutachtet und zur Projektionsfläche alter Klischees genommen. So prägen auch Bilder »orientalischer« Exotik, »arabischer« Maskulinität und der Kitzel »muslimischer« Bedrohlichkeit unsere Intimität und unser Begehren. Das zeigt sich auch in der Pornoindustrie.

Hassan und ich begannen, schwule Pornoproduktionen aus den USA auf Stereotype zu durchforsten. Und wir wurden schnell fündig: In Filmen wie *Turkish Diary*, dem Zweiteiler *Arabian Exposure* oder dem sogar dreiteiligen *Arab Heat: Tales of the Arabian Nights* erleben Männer homosexuelle Abenteuer. Fez und bunte Gewänder unter Palmen, Perserteppiche und der Dampf im Hamam geben der exotischen Kulisse die letzte Würze. Wir fragten uns, ob es das auch mit einem Extrahauch Islam gibt. Also tippten wir in die Suchzeile auf Pornoplattformen zur Abwechslung einmal »Muslim« ein. Und siehe da: Auf Pornhub wirbt ein Kanal namens *XArabCam* mit dem Versprechen von Authentizität: »Thousands videos of real arab and muslim showing and doing everything! From Syria, Iraq and 12 other middle-eastern countries, arab gay gods are waiting on xarabcam.com.« Die Protagonisten spielen die Rolle, die von ihnen erwartet wird. Sie tragen Kufiyas, lange schwarze Bärte, schauen finster in die Kamera. Die Clips werden mit aussagekräftigen Titeln und Schlagwörtern beworben: »Arab gay hairy sultan«, »Arab gay indecent desert warrior. Iraqi soldier at day, gay fucker at night« oder »›Aladdin and the Magic Dick‹: Arab gay bad boy«. Unter den Clips wurde leidenschaftlich kommentiert: »mmmm i wanna get banged by hot muslims«, hat jemand darunter geschrieben. Ich bezweifle, dass er damit tatsächlich die Religionszugehörigkeit meint, wohl eher die Körper, die ihm unter diesem Etikett angepriesen werden.

Wenige Klicks später wurden wir plötzlich wieder mit einem islamistischen Terroristen konfrontiert. Unter den Suchergebnissen fanden wir einen Clip mit dem Titel »Abou Salam – Gay Arab Sex – Terrorist Playing«. Er erinnerte auf den ersten Blick an selbst gedrehte Aufnahmen von Islamisten in dunklen, geheimen Unterschlüpfen, wie wir sie aus den Nachrichten kennen. Doch statt »Ungläubigen« mit Anschlägen zu drohen oder eine Geisel zu enthaupten, onanierte der Darsteller, der sich als Terrorist ausgibt, mit finsterem Blick vor der Kamera. Wo es eine Nachfrage gibt, muss man nicht lange auf das Angebot warten.

Vor einiger Zeit machte der Journalist Mohamed Amjahid in einer Reportage auf das Phänomen des »Refugee Porn« aufmerksam: Pornos, in denen arabische und muslimische Frauen von weißen Männern dominiert werden, sind offenbar gerade dann besonders beliebt, wenn die Themen Flucht, Asyl und Abschiebung die politischen Debatten bestimmen.[226] Mit großer Wahrscheinlichkeit lassen sich auch in homosexuellen Pornoproduktionen Themen wie islamistische Gewalt, Migration und »Unterwanderung« sexuell verarbeiten.

Das, was die Figur des schwulen Muslims interessant macht, ist, dass sie nicht nur exotische Orientbilder, sondern auch gewaltvolle Islammotive aufgreifen kann und zudem in einem Spannungsverhältnis zum homophoben Muslim steht.

> Jene white gays, die beim Presseclub anrufen und allein mich fragen, was ich denn von Homosexualität so halte, schreiben Black & Brown Queers auf Grindr an mit Takes wie: »Komm & **** auf einem Kamel weil ich stehe auf Südländer.«
>
> – @MAMJAHID

Homoerotische Fantasien über »orientalische« Männer und ihre ungezügelte Sexualität existieren parallel zur Erzählung, dass »die« muslimische und arabische Kultur und Religion homophob seien und insgesamt eine Gefahr für Europa und den Westen darstellten. Das religiöse Bedrohungsszenario geht mit einem sexuellen einher. Deshalb fragte die Ausländerbehörde in Baden-Württemberg in einem Leitfaden von 2006, auch bekannt als »Muslim Test«,[227] Menschen aus islamischen Staaten, die sich um die Einbürgerung bewerben, nicht nur, ob die Attentäter des 11. September Terroristen oder

Freiheitskämpfer gewesen seien, sondern auch, was sie von Gewalt gegen Frauen, Zwangsheirat, aber auch von Homosexualität halten. Die Frage 9 des Tests lautete: »Stellen Sie sich vor, Ihr volljähriger Sohn kommt zu Ihnen und erklärt, er sei homosexuell und möchte gern mit einem anderen Mann zusammenleben. Wie reagieren Sie?« – Ich las Hassan die Frage vor, er überlegte, nippte kurz an seinem Minztee und antwortete: »Ganz klar, ich würde ihm raten, mir die sexy Männer-Dates nicht auszuspannen.« Das klang vernünftig. Mittlerweile und nach vehementer Gegenwehr sind diese Fragen nicht mehr im Test enthalten. Er war diskriminierend und absurd. Denn durch solche Maßnahmen und Debatten verfällt die Gesellschaft doch nur dem Irrglauben, man könnte Sexismus, Gewalt und Homofeindlichkeit an den Grenzen abweisen, als würden diese Dinge von außen eindringen, als könnten diese Probleme abgeschoben werden. Als wäre eine restriktive Migrations- und Asylpolitik ein Kampf zugunsten der Sicherheit und Freiheit von Frauen und queeren Menschen.

Das heißt nicht, dass es keine Homofeindlichkeit unter Musliminnen und Muslimen gäbe. Es heißt aber, dass man Homofeindlichkeit als Problem wahrnehmen kann, ohne rassistisch zu sein. Wer das Problem auf Muslim:innen, Migrant:innen und Geflüchtete verlagert und nichtweiße Menschen dadurch stigmatisiert, dem geht es nicht um den Schutz queerer Menschen, sondern darum, sich selbst aus der Verantwortung zu stehlen.

»Ihr redet die ganze Zeit davon, wovor Ihr Euch beim Umzug des Schwuz nach Neukölln fürchtet, aber habt Ihr Euch schon mal Gedanken gemacht, wovor sich die Schwarzen und PoC in Neukölln fürchten? Mieten gehen hoch, Polizeipräsenz wird noch weiter erhöht, betrunkene Partygäste pinkeln in Hauseingänge. Und die Neonazis sind nicht mehr weit, ob mit oder ohne Glatze.« Klare Worte fand eine Gruppe queerer Schwarzer und People-of-Color-Aktivist:innen in ihrem Manifest *Khalass!!! We're vex!.*[228] Sie kritisierten nicht nur die fortschreitende Gentrifizierung und zunehmende rechte Gewalt im Berliner Bezirk Neukölln, sondern setzten sich auch gegen rassistische Parolen zur Wehr, mit denen der 2013 bevorstehende Umzug der beliebten schwulen Bar *SchwuZ* von Kreuzberg nach Neukölln beklagt wurde. Im Netz überboten sich zu dieser Zeit Stammgäste der Bar mit rassistischen Äußerungen. »Schwuz goes Burka« kommentierte jemand auf Facebook den Kiezwechsel. Andere kündigten an, das Lokal nicht mehr zu besuchen, denn in Neukölln gäbe es »zu viele Ausländer«.[229]

Seit Jahren schon wird Berlin-Neukölln als *No Go Area* für die LGBTQI-Community bezeichnet und stigmatisiert, vor allem rund um die Sonnenallee, dort wo muslimisches und arabisches Leben besonders sichtbar ist. Das wissen auch rechtspopulistische Akteure für sich zu nutzen. »Muslimische Gangs machen in letzter Zeit förmlich Jagd auf Homosexuelle und das mitten in Deutschland. Und das ist ein Skandal«, echauffierte sich Alice Weidel bei einer Veranstaltung im September

2017.[230] Die AfD-Politikerin lebt offen lesbisch, das ist kein Widerspruch zu rassistisch. Weidel kann beides: ihre Homosexualität dann zum Thema machen, wenn es darum geht, gegen Migrant:innen, Geflüchtete und Muslim:innen zu hetzen – dafür bekommt sie Beifall –, sonst darüber schweigen. Denn als homosexuelle Frau wird sie der Gewalt jener Menschen, die ihr zujubeln, trotzdem ausgesetzt sein. Es ist eine vorgegaukelte Solidarität, eine Duldung auf Zeit. Weidel und andere queere Menschen werden unter rechten Kolleg:innen nur so lange akzeptiert, wie sie sich für »Islamkritik« instrumentalisieren lassen.

Und sie ist nicht die Einzige, die sich auf dieses Spiel einlässt, um auf Kosten einer anderen Minderheit den eigenen Status zu verbessern. In Berlin ließen sich zwei weiße schwule Männer für den Wahlkampf des AfD-Landesverbandes auf Plakaten ablichten: »Mein Partner und ich legen keinen Wert auf die Bekanntschaft mit muslimischen Einwanderern, für die unsere Liebe eine Todsünde ist«, hieß es darauf. Dabei kann man durchaus bezweifeln, dass die Mehrzahl der AfD-Mitglieder und ihrer Wählerschaft Homosexualität feiert. Auch wenn Weidel behauptet, die AfD sei »die einzige echte Schutzmacht für Schwule und Lesben in Deutschland«[231]. Wer in das aktuelle Programm der Partei zur Bundestagswahl 2021 schaut, müsste die Strategie sofort erkennen. Darin wird nicht nur vor der »Islamisierung« gewarnt, sondern auch vor der »Gender-Ideologie«.[232] Die AfD wettert gegen Quoten, Gleichstellungsbeauftragte und eine »Frühsexualisierung im Sinne ›diverser‹ Geschlechterrollen«, denn die »›Sexualpädagogik der Vielfalt‹ versucht, Kinder in Bezug auf ihre sexuelle Identität zu verunsichern und Geschlechterrollen aufzulösen«[233].

Diese Propaganda ist kein Phänomen unter Rechten. Sie knüpft an eine Befindlichkeit der Mehrheitsgesellschaft an. Das beweisen schon die regelmäßigen Empörungen über den *Genderwahnsinn* in den Feuilletons, in politischen und privaten Begegnungen. Wir leben immer noch in einer patriarchalen Gesellschaft und in einem Land, das auf der Genderbinarität Mann/Frau basiert und heteronormativ strukturiert ist.[234] Das hat auch Auswirkungen darauf, wie sicher queere Menschen in der Öffentlichkeit sind. Diskriminierung und Gewalt können queere Menschen jederzeit und überall treffen. Allein in der Hauptstadt sind homo- und transfeindliche Angriffe 2019 um 32 Prozent im Vergleich zum Vorjahr gestiegen.[235] Es gab 395 Angriffe auf schwule und bisexuelle Männer, 83 gegen trans Menschen und 47 gegen lesbische und bisexuelle Frauen. Auch bundesweit stiegen 2019 Straftaten gegen queere Menschen um bis zu 60 Prozent.[236] Homo-, Bi- und Transfeindlichkeit gehört für viele zum Alltag. Fast die Hälfte der Menschen in der LGBTQI-Community in Deutschland lebt ihre sexuelle Orientierung nicht offen aus.[237] Gleichgeschlechtliche Paare werden im öffentlichen Raum immer noch oft schief angesehen, beleidigt und angegriffen, wenn sie Händchen halten oder anders als Liebespaar erkennbar sind. Wie weit verbreitet homofeindliche Einstellungen sind, zeigen die Umfragewerte einer Studie von 2016: Über 40 Prozent der Befragten fanden es »ekelhaft, wenn

Homosexuelle sich in der Öffentlichkeit küssen«, 25 Prozent beurteilten Homosexualität als »unmoralisch« und 36,2 Prozent meinten, dass die gleichgeschlechtliche Ehe weiterhin verboten sein sollte.[238]

Aber wie schafft es unsere Gesellschaft, sich trotzdem als hypermodern, aufgeklärt und egalitär zu präsentieren? Mit einem einfachen Trick. Weil nämlich Geflüchtete, Migrantinnen und Migranten, die »Anderen«, für das Unerwünschte stehen, kann die Ablehnung von LGBTQI-Lebenskonzepten an sie delegiert werden: Sie repräsentieren Einstellungen, die in der Mehrheitsgesellschaft vorhanden, aber politisch nur noch bedingt gewollt sind. So lässt sich der Kampf gegen Homofeindlichkeit für eine restriktive Einwanderungs- und Asylpolitik und die »Islamkritik« instrumentalisieren. Musliminnen und Muslime werden für Homo- und Transfeindlichkeit verantwortlich gemacht; das Problem wird auf sie verlagert und eine instrumentelle »Leitkultur«-Debatte nach der anderen geführt, als wären in dieser Gesellschaft alle anderen polyamore Linke, als hätte dieses Land nicht Homosexuelle im Nationalsozialismus verfolgt, als würde es die gleichgeschlechtliche Ehe schon immer geben, als würden nicht vor allem die Unionsparteien und ihre Wählerinnen und Wähler seit eh und je mit dem Christentum gegen die rechtliche Gleichstellung argumentieren.

Das Ganze ist auch deshalb so irrsinnig, weil sich die Wahrnehmung des Islams und von Musliminnen und Muslimen in Europa und Deutschland im Laufe der

Zeit ziemlich verändert hat. Heute gilt der Islam als der Inbegriff einer homophoben Religion, doch über die Jahrhunderte hinweg lautete der Vorwurf von Seiten europäischer Gelehrter und christlicher Würdenträger noch genau andersherum: Der Islam sei schuld an der Homosexualität und müsse deshalb bekämpft werden. Kurz bevor der erste Kreuzzug 1096 begann, tauchte im »Abendland« ein gefälschter Brief des byzantinischen Kaisers Alexios I. Komnenos (1056–1118) an Robert II. Graf von Flandern auf, um ihn zur Hilfe gegen den Ansturm der »Heiden« ins Heilige Land zu rufen. Darin werden perverse Verbrechen der Türken gegen Christen beklagt, sie würden christliche Jungen beschneiden, Frauen schänden und Sodomie betreiben: »Aber was kommt noch? Wir gehen zum Schlimmeren über. Sie haben sich erniedrigt, indem sie Männer jeden Alters und Ranges sodomisiert haben – Jungen, Jugendliche, junge Männer, alte Männer, Diener und, was noch schlimmer und niederträchtiger ist, Geistliche und Mönche, und sogar – welche Schande! etwas, von dem seit Anbeginn der Zeit noch nie gesprochen oder gehört wurde – Bischöfe! Sie haben bereits einen Bischof mit dieser schändlichen Sünde getötet.«[239]

Homosexualität wurde in kürzester Zeit für typisch islamisch erklärt. Christliche Missionare, Gelehrte und europäische Reisende klagten jahrhundertelang über gleichgeschlechtliche Liebe im »Orient«; einige führten das Problem direkt auf den Propheten Mohamed zurück. Der mittelalterliche Kardinal und Historiker Jakob von Vitry (1160–1240) bezeichnete Mohamed als »Feind der Natur«, schließlich »popularisierte er das Laster der Sodomie unter seinen Leuten, die nicht nur beide Geschlechter, sondern auch Tiere sexuell missbrauchen und größtenteils wie stumpfsinnige Pferde oder Maultiere geworden sind«[240]. Dieser Denktradition folgte später auch der katalanische Dominikaner Wilhelm Ada, auch bekannt als Guillelmus Adae (gest. 1341). In seiner Schrift *De Modo serracenso extirpandi* (übersetzt bedeutet das »Wie man die Sarrazenen ausrottet«) beschuldigte er Muslime, Männer zu effeminieren und mit ihnen zu verkehren wie mit Frauen.[241] Mit einem solchen sexuellen Schreckgespenst aus dem »Morgenland« konnte umso vehementer die Verfolgung in den eigenen Reihen forciert werden. Rund 500 Jahre und diverse Reformationen der nun doch nicht mehr allein selig machenden katholischen Kirche später galt dieses Feindbild immer noch und nützte dem europäischen Kolonialismus und der sich immer weiter ausdifferenzierenden »Rassenlehre«. Mit imperialen Schauplätzen und der Abgrenzung zu »niederen Rassen« konnte im Namen der »Reinheit« die weiß-bürgerliche Identität konstruiert und Sexualität auch in Europa reguliert und kontrolliert werden.[242] Das ging so weit, dass nicht wenige europäische Intellektuelle, Künstler und Schriftsteller im 19. und 20. Jahrhundert aus Europa in den Nahen Osten reisten, um ihr homosexuelles Begehren dort zu erfüllen.

Dem ebenso literarisch begeisterten wie anthropologisch neugierigen Publikum in Europa wollte man – trotz hörbarem Schauder – nicht verschweigen, dass im »Orient« Männer mit Männern verkehrten. Vor einer solchen »widernatürlichen Obszönität« konnte der Schriftsteller Richard F. Burton im Nachwort seiner Übersetzung der *Geschichten aus Tausendundeiner Nacht* die Leserinnen und Leser nur warnen.[243]

Umgekehrt wunderten sich arabische Intellektuelle, als sie europäische Städte wie Paris im 19. Jahrhundert bereisten, über die repressive sexuelle Moral im viktorianischen Zeitalter. Sie waren überrascht, dass französische Männer nur mit Frauen flirteten, nicht aber mit anderen Männern. Dem gleichen Geschlecht würden sie weder ihre Zuneigung bekunden, noch um schöne Jünglinge werben. Und wenn sie arabische Liebesgedichte von Männern an Männer ins Französische übersetzten, tauschten die Franzosen die männlichen Geliebten einfach gegen Frauen aus, weil sich das in ihrer Kultur nicht gehörte.[244]

Tatsächlich erhielten Intimität und Liebe zwischen Männern in der arabischen und persischen Literatur und Kunst traditionell einen großen Raum. In islamischen Gesellschaften waren gleichgeschlechtliche Liebe und Intimität kulturell allgegenwärtig. Vor ein paar Jahren fiel mir im Londoner British Museum eine Illustration auf, die auf den Künstler Mu'in Mussavir (1630–1700) zurückgeht.[245] Das Bild zeigt die Szene »Das Schicksal des launischen alten Mannes« aus dem persischen Literaturklassiker *Haft Wrang* (Sieben Throne), geschrieben vom sunnitischen Gelehrten und Poeten Jami (1414–1492): Ein alter Mann beobachtet auf dem Dach eines Hauses, wie sein Geliebter mit anderen Männern flirtet. Er gesteht dem jungen Mann seine wahre Liebe. Doch der zeigt sich unbeeindruckt und empfiehlt ihm, nach dem schöneren Mann hinter ihm Ausschau zu halten. Als sich der alte Mann neugierig umdreht, wird er vom Jüngling das Dach hinuntergestoßen. Natürlich nur, um ihm eine Lektion zu erteilen, die lautet: Man kann nicht mehr als *eine* wahre Liebe haben.

In islamischen Gesellschaften waren homoerotische Dichtkunst und der Lobpreis männlicher Schönheit nichts Verwerfliches, gleichgeschlechtliche Liebe und Intimität gehörten zum Alltag, zur Kunst und Kultur. Einen Jüngling zu betrachten, an seinen Lippen und schönen Gesichtszügen zu hängen oder, mehr noch, sich nach ihm zu sehnen, war für zahlreiche Mystiker und Sufis der Schlüssel, um sich Gott wie einem Geliebten anzunähern. Nehmen wir zum Beispiel den Dichter Saadi Shirazi (1210–1292), dessen *Rosengarten*, auch bekannt als *Gulistan*, eines der größten Meisterwerke der persischen Literatur des 13. Jahrhunderts darstellt. Im Kapitel *Von der Liebe und der Jugend* reiht sich ein Gedicht an das andere, in dem die Liebe zu jungen Männern gepriesen wird.

> Ist lieblich sein Gesicht und zuckersüß der Mund,
> Halt ihn am Ärmel fest und lösche aus das Licht.
>
> – Saadi Shirazi

Mal wird der Körper des Geliebten mit dem aufgehenden Vollmond verglichen, mal erinnert er an biblische Figuren: Die Stimme gleicht der Davids, die Schönheit der Josefs. In Shirazis Versen verfällt das lyrische Ich der

Anmut eines jungen Mannes und wechselt die Gebetsrichtung von Mekka auf die Augen des Geliebten, sich nach einem nicht endenden Kuss sehnend.

> So lang' von der Moschee der Morgenruf nicht tönte, / Die Trommel nicht erklang von Atabegs Palast, / Ein Tor, wer bei dem Schrei des Hahns die rosige Lippe / Verließe, die er heiß im Kuss hat erfaßt.
>
> – Saadi Shirazi

Auch der weltbekannte Poet Hafis (1315–1390) ließ in seinen Gedichten Fürstenlob, religiöse Motive und homoerotischen Liebesgesang miteinander verschmelzen. In Hafis' Gedichten sieht das lyrische Ich Narzissen in den Augen des Geliebten, des Freundes, des Fürsten. Es schwärmt von Körpern wie schlanke Zypressen, von Wangen wie Tulpen. Es verlangt nach Lippen wie nach kostbaren Rubinen oder erkennt im Gesicht des Geliebten den Mond, die Sonne oder gar koranische Wunderzeichen. Jene Nacht, in der dem Propheten Mohamed der Koran geoffenbart wurde, *lailat al-qadr* (arab. القدر ليلة), interpretiert Hafis in eine Liebesnacht zur Vereinigung mit dem Geliebten um. Wieder steht die Liebe zur geliebten Person auf der Erde für die übergeordnete Liebe zu Gott, für den Wunsch, eins mit dem Schöpfer zu sein und seine Nähe in den Armen des Freundes und Geliebten zu finden. Es war gang und gäbe, Paradiesschilderungen auf geliebte Menschen zu projizieren.

Zu den großen Poeten dieser Liebeslyrik, auch *ghazal* (arab. غزال) genannt, zählt al-Ḥasan ibn Hani al-Ḥakami, kurz Abu Nuwas (756–814). Der schöne Dichter mit den langen gelockten Haaren, wie er in einer Überlieferung beschrieben wird,[246] lebte in der frühen Abbasidenzeit und machte mit Weindichtung und polemischer Lyrik über Ländergrenzen hinweg auf sich aufmerksam. Doch nimmt die Liebe zu jungen Männern einen besonders großen Stellenwert in Abu Nuwas' Versen ein.

> Für die Jungen ließ ich die Mädchen zurück,
> Und für den alten Wein auch das Wasser klar
> Weit entfernt vom geraden Weg nahm ich,
> Frei von jeder Überheblichkeit,
> Den der Sünde, denn ich ziehe ihn vor.
> Ich koppelte die Zügel und nahm ohne Reue
> Das Zaumzeug mit dem Gebiss ab.
>
> – Abu Nuwas

Auch in anderen Gedichten tauchen Wein- und Liebeslyrik gemeinsam auf und greifen auf religiöse und kulturelle Metaphern zurück.

> Bei meinem Leben, nicht der Becher erweckt meine / Sehnsucht, sondern das Gesicht des Schenkers verführt. / Ich beneide den Becher und die Kanne aus Eifersucht, / weil die Hand des Wohlduftenden sie berührt.
>
> – Abu Nuwas

Das erinnert mich an die koranische Bildsprache über das Leben im Paradies. In Sure 52:22-24 steht geschrieben: »Und Wir werden sie reichlich mit Früchten und Fleisch versorgen, was sie nur wünschen. Darin sollen sie einander einen Becher reichen, der weder zu Geschwätz noch zu Sünde verleitet. Und bedient werden sie reihum von Jünglingen (schön und rein) wie verborgene Perlen.«[247] Ähnliche Motive über Trank und den, der ihn ausschenkt, tauchen auch in Sure 56:17-18 auf: »Der Reihe nach bedient von immerjungen Knaben. Mit Bechern und Krügen und Gläsern, gefüllt aus einer fließenden Quelle.«[248] Und ebenso in Sure 76:19: »Und bedienen werden sie ewig jung bleibende Knaben. Könntest du sie sehen, würdest du sie für verstreute Perlen halten.«[249]

Die Dichtung griff also auf Koranlektüre und kulturelle Zusammenhänge zurück. Mit ihren Sprachkünsten werfen die Lyriker ein anderes Licht auf islamische Geschichte. Genauso wie sie Fragen stellen, was sexuelles Begehren und gleichgeschlechtliche Intimität in islamisch geprägten Gesellschaften betrifft.

Nicht nur die Stereotype über »den« Islam, die heute weltweit kursieren, eignen sich wenig dazu, eine Antwort zu finden, auch der Terminus Homosexualität hat seine Grenzen. Er ist eng mit der modernen europäischen Ideengeschichte verknüpft. Dieses Konzept als universell anzunehmen würde übersehen, dass sich Zugänge zu Intimität und sexuellem Begehren je nach Ort und Zeit unterscheiden können. Das bedeutet nicht, dass es gleichgeschlechtlichen Sex nicht schon immer gegeben hätte, nur hat die europäische Moderne im 18. und 19. Jahrhundert ein wissenschaftliches Erkenntnisinteresse am menschlichen Körper und seinen Funktionsweisen hervorgebracht und so auch die Sexualität im

Allgemeinen und die Homosexualität im Speziellen als ganz bestimmtes Forschungsproblem ins Visier genommen. Homosexualität wurde zu einer medizinischen, psychiatrischen und juristischen Diagnose, ein Krankheitsbild, das untersucht, klassifiziert und schließlich »geheilt« werden sollte. »Der Sodomit war ein Gestrauchelter, der Homosexuelle ist eine Spezies«[250], schrieb der französische Philosoph Michel Foucault in *Sexualität und Wahrheit*. Denn während unter Sodomie sämtliche Handlungen subsumiert wurden, die nicht der Fortpflanzung dienten, differenzierte sich erst ab dem 19. Jahrhundert eine dezidierte Trennung zwischen Hetero- und Homosexualität aus, sodass »der Homosexuelle« zu einer eigenständigen Kategorie konstruiert und durch gesellschaftliche Dominanzverhältnisse reguliert wurde. Die Wissensproduktion über »den Homosexuellen« ist unmittelbar mit der Macht über ihn verbunden.

In der zweiten Hälfte des 20. Jahrhunderts hat sich um das angebliche Krankheitsbild Homosexualität herum eine selbstbewusste politische Bewegung entwickelt, die eigene sexuelle Identitäten (um)formulierte und für ihre Freiheiten und Rechte kämpfte. Der heutige Sprachgebrauch zur Homosexualität ist so gesehen Produkt einer ganz bestimmten Epoche. Er bildet Transformationsprozesse im christlich-säkularen Europa ab und erzählt von Diskriminierung, Verfolgung, aber auch von Widerständen, die in Reaktion entstanden und auf Zuschreibungen unter anderen Vorzeichen zurückgriffen.

In der islamischen Jurisprudenz drehten sich die Debatten dagegen um ein ganz anderes Wort. Rechtsgelehrte stritten über *liwāt* (arab. لِوَاط), was so viel bedeutet wie Analverkehr.[251] Sie sprachen auch von *'amal ahl Lut*, also die Taten des Volkes Lot.[252] Die Diskussion kann nicht annähernd mit dem oben beschriebenen Begriff der Homosexualität gleichgesetzt werden. Es ging in den Rechtsdebatten weder um eine sexuelle Identität noch um ein Krankheitsbild, es ging weder um Liebe zwischen Männern noch um das Homosexuell-Sein. Im Fokus stand der Akt, einen Penis in den Anus einer anderen Person einzuführen. Unter muslimischen Rechtsgelehrten gab es keinen Konsens, wie *liwāt* juristisch behandelt werden sollte. So bildeten sich fünf Positionen heraus, mit jeweils unterschiedlichen Bewertungen. Neben den strengsten Positionen unter Malakiten und Imamiten, die die Todesstrafe vorsahen, setzten die Hanafiten *liwāt* in der Liste der Sünden noch unter Weintrinken an.[253]

Der Fall ist in der Interpretation umstritten. Heute bieten zahlreiche islamische Feminist:innen eine sexualitätssensible Exegese an, die der Erzählung widerspricht, dass *liwāt* im Islam eine Sünde wäre; sie sehen in der Lot-Erzählung vielmehr ein Verbot von Vergewaltigung und eine Kritik an Missbrauch und Gewalt.[254] Zwar definierten die großen Rechtsschulen *liwāt* als eine Straftat, doch interessanterweise nicht ohne die Verurteilung einer Person mit prozessrechtlichen Vorschriften quasi unmöglich zu machen. Notwendig war entweder ein Geständnis oder die Überführung durch vier männliche, muslimische Augenzeugen, die die Handlung direkt beobachtet haben. Das ist eine ungewöhnlich hohe Anforderung und sehr schwer zu erfüllen, außer die Zeugen wären selbst irgendwie beteiligt … Einige Juristen fanden diese Hürden in der Verurteilung überhaupt nicht bedauerlich, sie rieten Menschen ab, andere anzuklagen, und plädierten dafür, »Fehltritte« zu übersehen.[255] Eine mit der christlichen Beichte vergleichbare Aufforderung, Sünden zu bekennen, ist der klassischen islamischen Lehre fremd.

Diese Einschränkungen, durch die eine Bestrafung im besten Fall unmöglich gemacht wird, sind kein Zufall. Der Islamwissenschaftler Thomas Bauer führt das auf eine in frühislamischen Gesellschaften vorherrschende hohe Ambiguitätstoleranz zurück. Unterschiedliche Rechtsmeinungen existierten nebeneinander und wurden akzeptiert. Statt einer absoluten Wahrheit wurde Pluralität gelebt.[256] Auch der Islamwissenschaftler Ali Ghandour geht davon aus, dass früher islamische Gelehrte keine »Gleichschaltung der Gesellschaft«[257] angestrebt hätten und dass auch in Sachen Liebe, Intimität und Sexualität eine pragmatische Haltung und Offenheit vorgeherrscht hätten. In seinem Buch *Liebe, Sex und Allah* (2019) rückt er Texte muslimischer Gelehrter über Lust, Ejakulation, Sex und gleichgeschlechtliches Begehren in den Mittelpunkt und stellt fest, »dass das Leben der Muslime nicht immer den vermeintlichen normativen Idealen entsprach«[258]. Ghandour zufolge bildeten die erwähnten Rechtsdebatten nur einen Randdiskurs ab, der wenig mit der gelebten Wirklichkeit zu tun hatte. Bis ins frühe 20. Jahrhundert waren in mehrheitlich muslimisch geprägten Ländern gleichgeschlechtliche

Liebe und Beziehungen unter Männern nicht nur Gegenstand der Lyrik, sie gehörten auch zum Stadtbild. Und sie standen ganz im Zeichen einer alltäglich gelebten Ambiguität.

Das hat sich verändert. In der Moderne haben islamische Gesellschaften enorm an Toleranz eingebüßt.[259] Europa war an dieser Entwicklung nicht unbeteiligt, schließlich hat die koloniale Begegnung wesentlich dazu beigetragen. Mit dem Kolonialismus wurde die Obsession nach Wahrheit und Eindeutigkeit, wurden westliche Eheideale, monogame Prüderie und die zunehmende Ablehnung gleichgeschlechtlicher Liebe und Intimität regelrecht in muslimische Länder exportiert.[260] Das schlug sich politisch, intellektuell und kulturell nieder. Ab dem 19. Jahrhundert bildeten sich Eliten, die sich gegenüber den Kolonialmächten als ebenbürtig behaupteten. Sie waren stark von der viktorianischen Sexualmoral beeinflusst und schämten sich der abendländischen Erzählung über einen primitiven »Orient«, in dem der animalische Trieb, die Homosexualität und andere moralische Unsittlichkeiten zum Alltag gehören würden. Sie griffen auf koloniales Wissen zurück, strukturierten Gesellschaften neu und deuteten die eigene Geschichte um.

Was also tun mit literarischen Größen wie Abu Nuwas, dessen Liebeslyrik an junge Männer den europäischen Orientalisten wie etwa Sir Hamilton Alexander Rosskeen Gibb (1895–1971) missfiel, weil sie »unseren Geschmack verletzen« würde und »minderwertiger« wäre?[261] An ihm lässt sich beispielhaft die Demontage eines großen Dichters aus politischen Interessen verfolgen. Zahlreiche arabische Intellektuelle nahmen die Beurteilung aus Europa ernst, sodass Abu Nuwas und mit ihm die gleichgeschlechtliche Liebesdichtung in den Fokus einer irrsinnigen Debatte gerieten.[262] Manche Historiker und Literaturkritiker, wie etwa Butrus Bustani (1819–1883), verschwiegen das Thema in Enzyklopädien und literaturhistorischen Diskussionen; andere wiederum verurteilten homoerotische Dichtungen aus der Abbassidenzeit als verkommen und lasterhaft, darunter der libanesische Publizist Jurji Zaydan (1861–1914).[263] Der einflussreiche ägyptische Schriftsteller Taha Husayn (1889–1973) ging noch einen Schritt weiter. Er machte aus Abu Nuwas einen »gefährlichen Dichter« und forderte, ihn im Schulunterricht oder in Zeitungen zu zensieren, damit die Öffentlichkeit nicht auf falsche Gedanken käme und ihn imitierte.[264] Der Ägypter Ahmad Amin (1886–1954) erklärte, Homosexualität habe nichts mit der eigenen arabischen Kultur zu tun, sondern sei vielmehr ein Import aus der persischen Kultur[265] – eine Meinung, die europäische Orientalisten wie Adam Mez (1869–1917) oder Reynold Nicholson (1868–1945) teilten. Amin wollte die glorreiche Geschichte der Abbassiden durch die Beseitigung unerwünschter Aspekte retten.

Diese skurrile Strategie ging so weit, dass einige Kritiker plötzlich Abu Nuwas' arabische Zugehörigkeit in Frage stellten: Es wurde bezweifelt, dass sein Vater wirklich Araber war, und seine Mutter wurde als persische Prostituierte verunglimpft.[266] Die lebhafte Diskussion unter arabischen Intellektuellen und Literaturhistorikern der Moderne machte keinen Halt davor, selbst psychoanalytische Porträts zu erstellen, um so Abu Nuwas einen Vaterkomplex zu unterstellen und seine Zuneigung zum gleichen Geschlecht auf ein psychisches Krankheitsbild zurückzuführen. Dafür stützte sich der arabische Literaturprofessor Muhammad al-Nuwayhi (1917–1980) in seinem Werk *Nafsiyyat Abu Nuwas* (»Die Psychologie von Abu Nuwas«) von 1953 auf homofeindliche Studien aus Europa, die in der Homosexualität eine Krankheit sahen, die sie auf biologische, soziale und psychologische Aspekte zurückführten – so wurde gar die »Ursache« für Abu Nuwas' sexuelles Begehren im frühen Tod seines Vaters gesucht.[267] Abu Nuwas galt plötzlich als Inbegriff der Sünde und des kulturellen Zerfalls. Das ging so weit, dass diese vermeintliche Sünde nach ihm benannt wurde: Fortan war das gleichgeschlechtliche Begehren auch als »nuwasitische Krankheit« bekannt; Männer, die Männer begehrten, wurden als Nuwasiten, also als Anhänger von Abu Nuwas, bezeichnet. In einer Art *damnatio memoriae* wurde Abu Nuwas erfolgreich aus dem kulturellen Gedächtnis verdrängt, und mit ihm auch die Kunst der homoerotischen Liebeslyrik.

Einige Künstler:innen beleben dieses Erbe heute neu. Zum Beispiel der in Australien lebende Dichter Omar Sakr. Er tritt gewissermaßen in die Fußstapfen dieser vergessenen und verdrängten Größen der arabischen Literaturgeschichte. Sein Lyrikband *The Lost Arabs* (2019) steht den Versen Abu Nuwas' in nichts nach. Im Gedicht *Fridays in the Park* kniet das lyrische Ich vor dem Geliebten im Schlamm, »i take him in the long grass of the park, I taste him in the weeds« – es ist ein solcher Freitag, auf den nach der Überlieferung das Ende der Welt prophezeit sein soll, »the beginning, o the beginning of another«.[268] In seinen Versen navigiert Sakr durch den Alltag eines bisexuellen Jungen, der den Verlust des Vaters beklagt, sich nach Sprache und Heimat sehnt und eine Welt erschafft, »where a boy can love a boy & still be called son«.[269]

Dass auch Frauen andere Frauen lieben können, ohne dass man ihnen den Status als Tochter oder Muslimin absprechen darf, daran kann nach der Lektüre der Gedichte von Seema Yasmin kein Zweifel mehr bestehen. In *Polymath* löst die US-amerikanische Dichterin ein mathematisches Problem und kommt zu einem überzeugenden Ergebnis: Wenn ein Mann vier Frauen haben kann und die Zeugenaussage zweier Frauen der eines Mannes entspricht, dann stünden dem lyrischen Ich nach dieser Algebra doch zwei Geliebte zu: »One woman and one man / Or Two women and no man«.[270]

Wer nach deutschsprachiger Lyrik sucht, in denen queer-muslimische Themen aufgegriffen werden, wird im Gedichtband *Araf*, herausgegeben von Tamer Düzyol, fündig.[271] Die Erfahrungen queerer Muslim:innen finden nämlich auch hierzulande in Kunst, Kultur und Aktivismus immer mehr Gehör und Unterstützung. Die Zahl solidarischer Initiativen und widerständiger Projekte steigt. 2018 startete der muslimische Verein inssan e.V. das Projekt »Ummah intersektional«, um queeren Muslim:innen einen Raum für Selbstermächtigung zu bieten. Man lud zu monatlichen Treffen ein, auf dem Programm standen Community Building und Empowerment. Auch das *Noon Festival*, das im Mai 2019 in Berlin stattfand, rückte muslimisch-queere Erfahrungen ins Zentrum. Es gab Screenings und Talks, eine Drag-Show, sogar ein queeres Fastenbrechen zum Ramadan.

Esra Karakaya, die Produzentin und Moderatorin der Talkshow-Reihe *Karakaya Talk* im Netz, widmete sich in einer Folge ebenfalls dem Thema Homosexualität im Islam.[272] Doch anders als in den meisten Formaten geht es hier nicht darum, mit skandalisierenden Headlines Klickzahlen zu generieren. Auf dieser Bühne werden nicht die lautesten Schreihälse mit den populistischsten Slogans belohnt. Karakaya antwortet dem üblichen Medienbetrieb à la *Anne Will* & Co. mit einem anderen Rezept: Sie schafft einen Raum des Vertrauens, in dem man verletzlich sein darf und sich dabei nicht wie ein Stück Fleisch fühlt, das der hungrigen Meute ausgeliefert wird. Hier kann man Menschen zuhören, die übergangen werden, obwohl sie Expertisen und Erfahrungen haben, die es wert sind, erzählt und geteilt zu werden, weil sie unsere Gesellschaft bereichern, weil es nicht darum geht zu spalten, noch nicht einmal darum, alle gleichzumachen, sondern uns in unseren Wirklichkeiten zu begegnen, zu sehen und Mut zu machen.

So wie es zum Beispiel Mona El Omari in der Talkshow tut. Bei einem Glas Çay erzählt sie der Moderatorin, was es für sie bedeutet, queer und muslimisch zu sein. »Ich glaube ganz fest daran, dass Allah mich liebt«, sagte El Omari. »Ich glaube, Er eint diese Qualitäten, Er füllt die in seinen 99 Namen. Zwei dieser Qualitäten sind Barmherzigkeit und Gnade, und das hat für mich ganz viel mit Liebe zu tun.«[273] Das mag wie ein einfacher Satz klingen, und doch bedeutet er so viel. Er macht queere Muslim:innen jenseits des Stigmas sichtbar, und zugleich macht er Mut und zeigt, dass man nicht alleine ist und dass auch queere Menschen ein Zuhause im Islam finden können, selbst wenn andere es ihnen absprechen.

In der Podcast-Szene leisten Zuher Jazmati und Dominik Djialeu mit *BBQ – Der Black Brown Queere Podcast* einen wichtigen Beitrag zu diesem Thema. Sie sprechen mit ihren Gäst:innen über die Repräsentation von queeren Menschen in der Medienlandschaft und der Politik, diskutieren über Rassismus in der Dating-Szene und tauschen sich über Islam und Queerness aus. In der zweiten Folge sprachen sie z. B. mit Leila El-Amaire, der Mitbegründerin des Poetry Kollektivs *i,Slam* e.V., über muslimische Solidarität mit der queeren Community und was *Allyship* konkret bedeuten kann. Und für die achte Folge luden sie den Regisseur Faraz Shariat, die Producerin Raquel Molt und die beiden Schauspieler:innen Banafshe Hourmazdi und Benjamin Radjaipour ein, um mehr über ihren gemeinsamen Film *No Hard Feelings. Futur Drei* zu erfahren, der am 23. Februar 2020 Premiere feierte und von Kritik und Publikum zu Recht groß bejubelt wurde. »Das ist der Versuch, eine Sprache zu finden für eine Zukunft, die so noch nicht gedacht ist«, erklärte Faraz Shariat im BBQ-Podcast das Konzept hinter seinem autobiografisch inspirierten Debütfilm.

Den Protagonisten Parvis beschrieb er als verwöhnten Jugendlichen der zweiten Generation der iranischen Diaspora. Er ist queer, wohnt bei seinen Eltern, wird zu Sozialstunden in einer Geflüchtetenunterkunft verdonnert und trifft dort auf das Geschwisterpaar Banafshe und Amon. Der Sommer in Niedersachsen, den die drei Jugendlichen miteinander verbringen, repräsentiert eine filmische Vision für queere und postmigrantische Perspektiven, die in dieser Form im deutschen Film nicht existieren.

Auch ich war beeindruckt, wie der Film den üblichen Blick auf Migration, Liebe und Queerness konterkariert und die komplexen Lebensrealitäten der Protagonist:innen zwischen Rassismus und Homophobie auf die Leinwand bringt. *Futur Drei* denkt Wirklichkeiten abseits des üblichen Coming-Out-Genres und bietet eine bisher ungesehene Perspektive an. Es geht im Film nicht um die sexuelle Befreiung unterdrückter Musliminnen und Muslime, nicht um eine Sinnkrise oder darum, sich zwischen »Herkunftskultur« oder Homosexualität entscheiden zu müssen. Der Plot kommt ganz ohne den Druck aus, sich zu outen, um sich selbst zu akzeptieren und von anderen akzeptiert zu sein. Er macht neugierig auf Lebensentwürfe, wie sie z. B. im Begriff *Inviting to Come In* anklingen.

Dieses Modell rekonstruierte die australisch-libanesische Psychologin Sekneh Hammoud-Beckett aus einer therapeutischen Unterhaltung zwischen ihrem Patienten Jamil, einem jungen schwulen Muslim, und seinem Bruder.[274] Jamil hatte Schwierigkeiten mit dem Konzept

»Coming Out«. Er erzählte seiner Therapeutin, dass er sich von schwulen Organisationen und der LGBTQI-Community unter Druck gesetzt fühlte, seine Sexualität öffentlich zu machen, um wirklich glücklich und stolz auf sich sein zu können. Diese Vorstellung teilte er nicht, er war bereits stolz darauf, wer er ist. Statt sich zu outen und seine Homosexualität öffentlich zu machen, bevorzugte er das »Coming In«, indem er Menschen, die ihm etwas bedeuten, dazu einlädt, an seinem Leben teilzuhaben, und das ohne den Anspruch, dass alles verstanden wird oder werden kann.

Ich selbst verstehe das »Coming In« nicht als Kampfansage gegen ein »Coming Out«, sondern als eine weitere Möglichkeit zur Selbstentfaltung, eine Einladung, andere Formen für queere Selbstentwürfe kennenzulernen und ihnen Gehör zu geben. Ich kann weiterhin das Outing würdigen und sehen, welche Freiheiten und selbstbewusste Widerstände damit verbunden sind und wie ermächtigend das für queere Menschen sein kann, die sich bisher nicht trauten, für ihre Sexualität einzustehen. Ich kann aber auch verstehen, dass das Outing seine Grenzen hat und nicht für jeden Menschen funktioniert. Nicht alle queeren Menschen fühlen sich vom queeren Diskurs, wie er das öffentliche Bewusstsein prägt, repräsentiert. Warum sollte es gerade hier keine Vielfalt geben?

Die Bandbreite der Möglichkeiten erweitert ebenso das Berliner Kollektiv »Queer Arab Barty«. Mit ihrem künstlerischen und aktivistischen Programm richten sich die Organisator:innen gezielt an queere Muslim:innen und rassismusbetroffene Menschen. Sie wollen einen geschützten Raum bieten und gemeinsam mit Drag Artists, Akademiker:innen, Kurator:innen, Illustrator:innen und Aktivist:innen über Queerness, Antirassismus und Solidarität diskutieren und miteinander feiern. Wer die Einladung annehmen will, hat sich an einige Regeln zu halten:

> Check your magic carpet at the door.
> Arab chasers are canceled.
> Si Sayyed Machos are also canceled.
> Camel valet unavailable due to city restrictions.
> Shaving body hair is discouraged.
> Leave your flags above your beds.
>
> – Queer Arab Barty

Heute bilden queere Muslim:innen weltweit Netzwerke, sie organisieren Demonstrationen, Veranstaltungen und Lesungen, sie fordern Klischees heraus, schaffen sich Schutzräume und kämpfen um mehr Akzeptanz. Ich nenne das *Queer Dschihad.*

Eine Provokation? – Dschihad heißt übersetzt nicht Terror, Mord und Gewalt, auch wenn militante Gruppen das Wort für ihren angeblich »Heiligen Krieg« beanspruchen oder Rechtspopulist:innen und »besorgte« Bürger:innen ihn ausschließlich so verstehen wollen. Dschihad (arab. جهاد) heißt erst einmal zielgerichtete Anstrengung oder Bemühung auf dem Weg Gottes, eine spirituelle Entfaltung, eine persönliche Weiterentwicklung und Erfüllung, aber auch moralischen Einsatz. Queer Dschihad verbindet das mit den Kämpfen der

LGBTQI-Community. Ich verstehe ihn als eine emanzipatorische Botschaft, die lautet: Islam und Queerness stellen keine Gegensätze dar. Queer Dschihad ist ein Akt der Sabotage gegen das Selbstverständnis der cis Heteronorm. Queer Dschihad interveniert in »das Normale«, er bringt das binäre Liebesmodell zwischen Mann und Frau als einzig wahres zum Kollaps. Queer Dschihad bedeutet, sich für eine Welt zu engagieren, in der alle ohne Angst leben und lieben können, wie sie wollen; eine Welt, in der Selbstliebe mit kollektivem Zusammenhalt einhergeht. Queer Dschihad bedeutet, queere Menschen nicht alleine zu lassen mit der Erfahrung, dass ihre Liebe tabuisiert und ihr Begehren kriminalisiert wird. Es bedeutet, gemeinsam den Zweifel zu überwinden, ob Gott uns verzeiht, für das, was wir sind und wie wir leben.

Queer Dschihad bedeutet, die Autorität des Tabus zu brechen und der psychischen Kriegsführung, die Menschen in Selbsthass erzieht und dafür Gottes Namen missbraucht, den Kampf anzusagen. Queer Dschihad heißt, um Anerkennung zu kämpfen und sich Gehör zu verschaffen. Queer Dschihad ist keine Bühne für andere Herrschaftsideologien, die Menschen im Namen der Freiheit spalten und Zwietracht säen, Misstrauen schüren und Unterdrückte gegeneinander ausspielen.

Queer Dschihad heißt intersektionale Solidarität. Es heißt, Diskriminierungen zusammenzudenken und hegemoniale Ordnungen infrage zu stellen, sie durcheinander zu bringen. Es bedeutet, sich nicht von Rechten vereinnahmen oder gegen andere Minderheiten instrumentalisieren zu lassen. Queer Dschihad heißt, dass queere Muslim:innen existieren – und das nicht trotz Islam.

Das ist kein einfaches Unterfangen. Es kostet Energie und Vertrauen. Und es braucht Unterstützung. Ohne Sensibilität für die Erfahrungen von Menschen, die an den Schnittstellen verschiedener Diskriminierungserfahrungen existieren, wird das nicht klappen. Es braucht mehr Bewusstsein für die Lebensrealitäten queerer Schwarzer Menschen, queerer People of Color, queerer Rom:nja und Sinti:zze, queerer Jüd:innen und auch queerer Muslim:innen. Denn es gibt uns wirklich. Unsere Identitäten und Leben brauchen multidimensionale Räume. Diese Gesellschaft ist überfordert mit uns, und gleichzeitig braucht sie uns. Wir zeigen ihr, dass ein anderes Leben möglich ist, dass Grenzen erfunden wurden, um Menschen besser zu kontrollieren und einzuengen. Wir stellen die Regel Islam = Homofeindlichkeit auf den Kopf, genauso wie wir die Sehnsucht nach Homogenität in weißen, heteronormativen Gesellschaften untergraben. Wir wehren uns alltäglich gegen die brutale Ignoranz auf allen Seiten: Einfach, weil wir leben und lieben.

## 7. »Nichts als deutsch redende Orientalen«? – Sprache, Kunst und das Märchen der Leitkultur

> Wenn ich nur wüßte, wann ich meine Mutterzunge verloren habe. Ich und meine Mutter sprachen mal in unserer Mutterzunge. Meine Mutter sagte mir: »Weißt du, du sprichst so, du denkst, daß du alles erzählst, aber plötzlich springst du über nichtgesagte Wörter, dann erzählst du wieder ruhig, ich springe mit dir mit, dann atme ich ruhig.« Sie sagte dann: »Du hast die Hälfte deiner Haare in Alamania gelassen.
>
> – Emine Sevgi Özdamar, *Mutterzunge*

»Jedes fünfte Kita-Kind spricht zu Hause kaum Deutsch«, titelte *Die Welt* inmitten der Covid-19-Pandemie. Auf *Zeit Online* schillerte die gleiche Nachricht auf dem Newsfeed mit der Überschrift »Integration«.[275] Anlass zur Sorge bot offenbar die Antwort des Bundesfamilienministeriums auf eine Anfrage der FDP-Bundestagsfraktion. In der hieß es, dass unter den 3,2 Millionen Kindern in Kindertagesstätten im März 2019 rund 675 000 Kinder waren, in deren Familien vorrangig eine andere Sprache als Deutsch gesprochen wurde.

Material also für die Neuauflage eines Horrorfilm-Klassikers. Vorausgesetzt, es werden die passenden

Fremdsprachen gecastet, um das deutsche Kinopublikum in Angst und Schrecken zu versetzen. Denn Alarm wird nicht bei Englisch oder Französisch geschlagen, sondern bei Sprachen wie Arabisch, Türkisch, Kurdisch oder Polnisch. Die Warnung vor »ausländischen« Sprachen und Kulturen gilt eben nicht uneingeschränkt für alle »ausländischen« Fälle. Und sie ist nicht neu. Ich erinnere mich noch, wie die CSU im Jahr 2014 in einem Leitantragsentwurf zum Parteitag forderte, dass Migrantinnen und Migranten auch zu Hause Deutsch sprechen. »Wer dauerhaft hier leben will, soll dazu angehalten werden, im öffentlichen Raum und in der Familie Deutsch zu sprechen«[276], heißt es darin.

Allein der Vorschlag grenzt schon an Hausfriedensbruch. Es würde mich nicht wundern, wenn irgendwann das Träumen auf Türkisch oder Arabisch kriminalisiert wird und ein Beamter neben mir am Bett sitzt, um meinem Schlafmurmeln zu lauschen, ob ich auch in meinen Träumen integriert bin.

Schließlich ist das eine Frage, die mir seit Jahren gestellt wird: »In welcher Sprache träumst du, Deutsch oder Türkisch?« Da läuft mir immer der Schweiß über die Stirn: Jetzt nichts Falsches sagen, ja nicht den Eindruck erwecken, sich in erträumten »Parallelgesellschaften« abzuschotten. Hochdeutsch, ich träume auf Hochdeutsch, an manchen Abenden auch in bayrischem Dialekt, schwebe im Traum über das Münchner Oktoberfest, trinke Weißbier und schmatze mit einer ordentlichen Portion Currywurst hinterher, will ich antworten, nur um sicherzugehen und ja keine Gefühle zu verletzen. Das Deutsche muss auch in der Traumwelt die Oberhand behalten.

Dabei reicht keine einzige Sprache allein fürs Träumen, nicht das Deutsche, nicht das Türkische. Manchmal träume ich in Sprachfragmenten, oft mit einer schönen Portion Arabisch, höre meine syrischen Großeltern miteinander sprechen, wie sie ihre Erstsprache mit türkischen Wörtern untermalen. Wenn ich durch Berlin laufe und Arabisch im öffentlichen Raum höre, dann gibt mir das ein Gefühl der Sicherheit, dann erinnere ich mich sehnsuchtsvoll an meine Kindheit, an die Sommerferien in der Türkei und an unsere Nachbarschaft in Adana, in der Arabisch gesprochen und Erinnerungen geteilt wurden, die im kollektiven Bewusstsein der Nation keinen Raum fanden. Sie werden auch hier in Deutschland nicht verstanden, sondern in der Sammelbox »türkisches Gastarbeiterkind« und »türkischer Migrationshintergrund« verpackt.

Die Sehnsucht nach Homogenität und die fein sortierten Schubladen für Sprachen, Identitäten und Kulturen, die sind ein Problem, weltweit. Besonders für Menschen, deren Leben nicht mit geradliniger Kontur umrissen werden kann. Solche Gesellschaften sind überfordert mit uns, diffus ahnen sie, dass unsere Geschichten und Vokabeln, dass unsere schiere Existenz der Beweis dafür ist, wie künstlich der Mythos der homogenen Nation ist.

»Deutschland ist vielfältig und das ist manchen zu kompliziert«, schrieb die damalige Integrationsbeauftragte der Bundesregierung Aydan Özoğuz im Mai 2017 im *Tagesspiegel*. Sie nahm Stellung zu der wieder aufflammenden »Leitkultur«-Debatte, die zum »Klischee des Deutschsein« verkomme. »Kein Wunder«, erklärte Özoğuz, »denn eine spezifisch deutsche Kultur ist, jenseits der Sprache, schlicht nicht identifizierbar.«[277] Im Grunde steckte hinter ihrer Intervention nicht mehr als der Verweis auf die soziale Konstruktion von Identität, darauf, dass Migration und Vielfalt Deutschland wie andere Gesellschaften schon immer prägten, dass Pluralisierung Teil der Globalisierung ist. Doch das allein reichte schon aus, um AfD-Politiker Alexander Gauland bei einer Wahlkampfveranstaltung im thüringischen Eichsfeld die »Entsorgung« der Integrationsbeauftragten in »Anatolien« herbeiträumen zu lassen.[278] Wer also die »Leitkultur«-Debatte stört oder gar nationale Klischeebilder hinterfragt, dem wird mit Nazi-Vokabular gedroht.

Wie fiktiv und brüchig das Konstrukt »Leitkultur« ist, das wurde in Zeiten der Covid-19-Pandemie ziemlich deutlich. Noch vor vier Jahren zählte laut Thomas de Maizière das Händeschütteln und Gesichtzeigen zur Tugend deutscher »Leitkultur«. Ohne ging Deutschsein überhaupt nicht. Schon gar nicht, wenn es sich um muslimische Frauen handelte, die dem Blick des Betrachters nicht zugänglich sind. Wenn sich jemand dem Voyeurismus des eigenen Auges entzieht, wenn man sich plötzlich selbst als Objekt eines anderen Blickes wiederfindet, ja die Kontrolle verliert über die Anderen – das provoziert.

Diese Frau, die sieht, ohne selbst gesehen zu werden, frustriert den Kolonisator.

– Frantz Fanon

In de Maizières zehn Thesen zur »Leitkultur«, die in der *Bild am Sonntag* abgedruckt wurden, heißt es im Wortlaut: »Wir legen Wert auf einige soziale Gewohnheiten, nicht weil sie Inhalt, sondern weil sie Ausdruck einer bestimmten Haltung sind: Wir sagen unseren Namen. Wir geben uns zur Begrüßung die Hand. Bei Demonstrationen haben wir ein Vermummungsverbot. ›Gesicht zeigen‹ – das ist Ausdruck unseres demokratischen Miteinanders. Im Alltag ist es für uns von Bedeutung, ob wir bei unseren Gesprächspartnern in ein freundliches oder ein trauriges Gesicht blicken. Wir sind eine offene Gesellschaft. Wir zeigen unser Gesicht. Wir sind nicht Burka.«[279]

Heute müssten wir die Mehrzahl der Bevölkerung abschieben, weil sie sich coronabedingt desintegriert. In einigen Verschwörungstheorien wird hinter den Anti-Corona-Maßnahmen bereits eine schleichende »Islamisierung« vermutet. Kein Händeschütteln, das halbe Gesicht unter einer FFP2-Maske bedeckt halten – sind das Vorboten eines islamischen Kalifats?

Natürlich erfordern die Gefahren der Pandemie konsequente Mittel, sodass diese Tugenden, die die deutsche Kultur von anderen unterscheiden, für den Infektionsschutz auch einmal pausieren dürfen. Für die Anderen gilt aber weiterhin Beweispflicht, und die Liste an Integrationsaufgaben ist lang: »Jeder sollte unsere Kultur, unsere großen Dichter, unsere Architektur kennen«[280], erklärte der Innenminister damals und warb gar für ein Gesetz, das Geflüchtete zur Integration verpflichten und bei Verstoß unter anderem mit Leistungskürzungen sanktionieren sollte. Auch Respekt, Höflichkeit und Hilfsbereitschaft seien große Tugenden der deutschen »Leitkultur«, reklamierte der Minister. Doch wenn das unser Maßstab ist, dann müssen wir uns um die Integration weiter Teile der deutschen Gesellschaft sorgen, gerade dort, wo Menschen auf der Flucht nicht willkommen geheißen werden, wo ihre Unterkünfte brennen, wo sie um Leib und Leben fürchten müssen.

Ein Jahr nach de Maizières leitkultureller Predigt griff wiederum die AfD gekonnt auf das Paradigma zurück, um es für ihre Forderungen nutzbar zu machen. »Deutsche Leitkultur statt ›Multikulturalismus‹« lautet eine Überschrift auch in ihrem Programm zur Bundestagswahl 2021: »Unsere Identität ist geprägt durch unsere deutsche Sprache, unsere Werte, unsere Geschichte und unsere Kultur. Letztere sind eng verbunden mit dem Christentum, der Aufklärung, unseren künstlerischen und wissenschaftlichen Werken.« Dieser angebliche »Wertekonsens« unterscheide »unser Volk« von anderen. Deshalb warnt die AfD auch vor »Kulturrelativismus und Multikulturalismus«, die würden nämlich zu »Parallelgesellschaften« führen. Im Wahlprogramm präsentiert sich die Partei als schützende Kraft, die nicht zulassen werde, »dass Deutschland aus falsch verstandener Toleranz vor dem Islam seine tradierte Kultur verliert«.[281]

Unter dem Schlagwort »Leitkultur« wird also einerseits der Versuch unternommen, einen deutschen, stolzen Patriotismus zu definieren. Andererseits soll das Revier markiert werden: Wer darf Ansprüche stellen und wer nicht, wer leitet und wer hat zu folgen. Damit verstärkt der »Leitkultur«-Diskurs, ob von Seiten der AfD oder von Politikerinnen und Politikern anderer Parteien, die Grenzen zwischen »uns Deutschen« und »den Ausländern«. Er erzählt von heroischen Figuren der Zeit, die das Fundament einer überlegenen Wertegesellschaft und Kultur legten. Was die einen identifikatorisch nach innen verbindet, soll andere nach außen trennen.

Das Problem jeder nationalstaatlich organisierten Gesellschaft der Moderne liegt darin, dass sie dem Paradigma sprachlicher, kultureller und ethnischer Norm unterliegt. Sie belohnt, begünstigt oder erzwingt Assimilation, sie entwertet, verdrängt oder bestraft das Andere. Und sie produziert Hierarchien und Legenden.

Auch die Vorstellung einer Reinheit der Sprache ist nicht nur erfunden, sondern sogar gefährlich. Es existieren weder natürliche Grenzen zwischen Sprachen noch zwischen Kulturen, auch wenn einige noch immer mit Huntingtons Kulturkampf-Modell liebäugeln, von hermetisch abgekapselten und geschlossenen »Kulturkreisen« sprechen und vor Kontakt oder Vermischung warnen. Dabei existieren keine voneinander unabhängigen, »reinen Kulturen«. Sie prägen sich gegenseitig und beziehen sich aufeinander. Das trifft auch auf die deutsche zu. Und das nicht nur im Verhältnis zu den direkten Nachbarstaaten in Europa.

Medizinische und naturwissenschaftliche Werke arabischer Gelehrter wie Ibn Sina (980–1037, latinisiert Avicenna) – Namensgeber des vor einigen Jahren neu gegründeten muslimischen Studienwerks in Deutschland – oder philosophische Schriften wie jene des bekannten Imam Ghazzali (1058–1111) haben vor allem im Mittelalter das Denken des »Abendlandes«, seine wissenschaftlichen Disziplinen und Entwicklungen entscheidend geprägt. Arabische Ziffern setzten sich ab dem 10. Jahrhundert gegen die römischen Ziffern durch. Sie verbreiteten sich weltweit, in Deutschland fanden sie spätestens seit dem 15. Jahrhundert Eingang in den Alltag. Ähnlich wie die Begriffe Algebra aus dem Arabischen الجبر (al-ǧabr) für »die Einrenkung (gebrochener Teile)« oder Alkohol (الكحول: al-kuhl). Das Wort Zenit kam über das italienische *zenit* aus dem Arabischen سمت الرأس (samt ar-ra's) für »Richtung des Kopfes«; das arabische »m« wurde damals versehentlich in ein »n« übertragen. Auch »Matratze« fand über das frühitalienische *materazzo* aus dem arabischen Wort مطرح (matrah) für Bodenkissen den Weg ins Deutsche. Als unveränderte arabische Aussprüche kennt der Duden z. B. »inschallah«: »auf ein zukünftiges Ereignis bezogener Ausdruck in der muslimischen Welt; wenn Allah will« oder »maschallah«: »bewundernder oder zustimmender Ausruf der Muslime«.[282]

Ein künstlerisches Beispiel für die schöpferische Inspiration aus islamischen Kulturen ist Goethes *West-östlicher Divan oder Versammlung deutscher Gedichte in stetem Bezug auf den Orient*, nach mehrjährigen Vorarbeiten

1819 veröffentlicht. Das poetische Meisterwerk ist eine regelrechte Liebeserklärung an den persischen Poeten Hafis (1315–1390), denn es war dessen *Diwan*, der Goethe als Folie diente.

> Und mag die ganze Welt versinken,
> Hafis mit dir, mit dir allein
> Will ich wetteifern! Lust und Pein
> Sey uns den Zwillingen gemein!
> Wie du zu lieben und zu trinken
> Das soll mein Stolz, mein Leben seyn.
>
> – GOETHE, *West-östlicher Divan*

Hafis ist gewissermaßen Ursprung dieses deutschen Werkes; Goethe stand regelrecht in seinem Bann. Und das nicht ohne Grund, zählt doch Hafis, auch bekannt unter dem Namen Šams ad-Dīn Moḥammad Ḥāfeẓ-e Šīrāzī zu den größten persischen Dichtern überhaupt. Der Beiname »Hafis« bzw. ḥāfiẓ (حافظ), aus dem Arabischen حفظ (ḥafiẓa) für behüten, bewahren oder memorieren, ist ein Ehrentitel für jene, die den Koran auswendig können.

Und so finden sich auch in Goethes *Divan* direkte Bezüge zum Islam. Koran, Allah und andere islamische Referenzen werden benannt und eingebaut, nicht als Schreckensszenario, jedoch oft ziemlich romantisiert und exotisch, sodass auch hier beim Lesen das Klischee des Fremden – begehrt und fantasievoll verziert – einen bitteren Nachgeschmack hinterlässt. Gleichzeitig ist der *West-östliche Divan* ein sehr gutes Beispiel dafür, wie der »Orient« (oder besser gesagt: Bilder und Vorstellungen jedweder Art über ihn) literarisch rezipiert und in europäische Kulturgüter eingewoben wurde, aber auch welchen Einfluss die Werke aus dem Nahen Osten hier unter anderem nahmen. Goethe griff auch rhetorisch auf die Hafis'sche Sprachkunst zurück, in seinem *Divan* tauchen vielfach persische Stilmittel[283] auf, die so ein zweites Zuhause in deutschen Nachdichtungen fanden.

Heinrich Heine zollte Goethes *Divan* Hochachtung und schrieb 1836: »Unbeschreiblich ist der Zauber dieses Buches: es ist ein Selam, den der Okzident dem Orient geschickt hat.«[284] Fast 50 Jahre nach dem Tod des orientbegeisterten Dichters warnte der deutsche Historiker und Publizist Heinrich von Treitschke vor einem Zeitalter »deutsch-jüdischer Mischcultur«[285]. Treitschke, der mit seinem Aufsatz *Unsere Aussichten* (1879) den sogenannten Berliner Antisemitismusstreit auslöste, war Gegner der jüdischen Emanzipation und bezeichnete Jüdinnen und Juden als »deutsch redende Orientalen«[286]. Tatsächlich gehörte die Assoziation des Judentums mit dem »Orient« seit Jahrhunderten zum abendländischen Sprachrepertoire, um die jüdische Minderheit aus der Gesellschaft herauszudeklinieren und gegen ihre Teilhabe und Präsenz zu argumentieren.[287]

Zahlreiche jüdische Kunst- und Kulturschaffende ließen sich davon nicht beirren und arbeiteten umso stärker einen positiven Bezug zum »Orient«, ja sogar zum Islam als Schwesterreligion heraus. Einerseits um die christliche Deutungshoheit zu irritieren, andererseits um der eigenen Identität und auch ambivalenten Position in Europa und Deutschland zwischen einer Sehnsucht nach dem biblischen Erbe im Nahen Osten und den allgegenwärtigen Anfeindungen als ewig Fremde in Europa Ausdruck zu verleihen.[288]

Darunter war die Lyrikerin Else Lasker-Schüler (1869–1945). Gekonnt warf sie das Orientbild nach Lust und Laune über ihr Leben und Schaffen. Lasker-Schüler nahm die eigene Biografie zum Schauplatz einer großartigen Selbst-Orientalisierung, bei der die Grenzen zwischen Realität und Fiktion stark verschwammen. Sich selbst erfinden, Vergangenheit und Gegenwart nach eigenen Vorstellungen (um)formulieren, darin war Lasker-Schüler eine Meisterin. In *Menschheitsdämmerung*, einer Anthologie expressionistischer Lyrik von Kurt Pinthus, stellt sie sich 1920 folgendermaßen vor: »Ich bin in Theben (Ägypten) geboren, wenn ich auch in Elberfeld zur Welt kam im Rheinland. Ich ging bis 11 Jahre zur Schule, wurde Robinson, lebte fünf Jahre im Morgenlande, und seitdem vegetiere ich.«[289]

Das »Morgenland« hat sie sich nicht nur literarisch übergestreift, sondern auch mit weiten »orientalischen« Hosen und dem passenden Schmuck am Leib getragen. Am Ende ließ sie die literarische Figur Jusuf, den Prinzen ihres poetischen Märchenreiches Theben, in der eigenen Gestalt über den Kurfürstendamm schlendern. Auch Lew Nussimbaum (1905–1942), ein in Baku geborener jüdischer Schriftsteller, bekannt als Essad Bey, trat bei Lesungen in Berliner Cafés am Kurfürstendamm in Turban und Pluderhosen auf.

Zur gleichen Zeit lebte Mohamed Soliman (1878–1929) in Berlin.[290] Um 1900 war der Künstler und Geschäftsmann aus Kairo angereist. Soliman trat als Feuerschlucker auf, führte ein orientalisches Café am Halensee und leitete das Passage Panoptikum mit Wachsfigurenkabinett, das Passage Theater und das Linden-Cabaret in der Kaisergalerie an der Friedrichstraße. Sogar eines der ersten Stummfilmkinos in der Hauptstadt wurde von ihm gegründet und geführt. Gleichzeitig engagierte sich Soliman für den antikolonialen Kampf, er unterstützte die Aktivitäten ägyptischer Politiker im deutschen Exil. Soliman starb im September 1929, er wurde auf dem Islamischen Friedhof am Columbiadamm beerdigt. Seine älteste Tochter Hamida Soliman trat in die Fußstapfen des Vaters. Sie führte das Kino mit ihren Schwestern Adila und Myriam und der Mutter Martha Soliman, geborene Westphal, fort und trat selbst als Sängerin in Opernhäusern auf. Anlässlich ihres 100. Geburtstages lud das Berliner Museum für Islamische Kunst zur Sonderausstellung *Hamidas Lied. Die 100 Jahre einer Muslimin an der Spree* im Oktober 2004 ein.[291] Zwei Jahre später verstarb sie. Ihre Familiengeschichte ist Zeugnis einer langen Präsenz arabischer und muslimischer Menschen in Berlin, vor allem zur Zeit der Weimarer Republik.

»NahostBerlin« nennt der Journalist und Autor Ronen Steinke deshalb die Hauptstadt am Anfang des 20. Jahrhunderts.[292] Er erinnert daran, dass Menschen mit Migrationsbiografie aus dem Nahen Osten schon lange vor den Anwerbeabkommen der 1960er und 70er Jahre hier lebten und den kulturellen Alltag prägten. Sie kamen als Studierende, waren Gelehrte oder Intellektuelle und lebten als Kunstschaffende. »NahostBerlin« stand für Steinke ganz im Zeichen einer jüdisch-muslimischen Begegnung, des Zusammenlebens und Austausches zwischen Juden und Muslimen in Deutschland. Der Begriff inspiriert heute Initiativen wie das künstlerische Berliner Kollektiv »ANU אנו نحن. Jews and Arabs Writing in Berlin«, das vor einigen Jahren von den arabisch-jüdischen Autor:innen Hila Amit und Mati Shemoelof aus Israel gegründet wurde.

> ish shraibe hebre'ish
> *ein Mann schreibt Ivrit.*
> du fragst warum shraibe ish hebre'ish in Berlin
> *wallah, keine Ahnung.*
> ish kann nish schraiben gut Inglis oder
> naturlish kain gut Deutshn
> *und ich bin Fremder in Dir.*
>
> – Mati Shemoelof, *ich bin juden dichtar*

Im November 2019 luden sie mich mit anderen Schriftsteller:innen, Lyriker:innen und Wissenschaftler:innen zum gleichnamigen Symposium *NahostBerlin* ins Literarische Colloquium Berlin ein. Anwesend waren auch Esther Dischereit und Zehava Khalfa, Mariam Rasheed, Tal Hever-Chybowski, Abdulkadir Musa und viele andere. Gemeinsam diskutierten wir darüber, was sich hinter dem Begriff der deutschen Kultur verbirgt, wen sie meint und wen nicht, und welche Position Kunstschaffende einnehmen, die nicht als deutsch wahrgenommen werden. Wir sprachen über jüdische und arabische Lyrik in der Diaspora, über das Schreiben auf Deutsch, Hebräisch, Jiddisch, Türkisch, Arabisch und

Kurdisch, und über Themen, die marginalisierte Erinnerungen und Erfahrungen zum Ausgangspunkt nehmen. Wir sprachen auch darüber, wie schwierig es ist, in Deutschland Zugang zum Kulturbetrieb zu finden, und wie wichtig solidarische Zusammenkünfte auch in der Kunst sind.

»Parallelgesellschaften« und »Multikulti« auf der Bühne? Wohl eher Orte gesellschaftskritischer Visionen und künstlerischer Lebensentwürfe, die den Kanon irritieren und Anerkennung und Teilhabe fordern.[293] Projekte wie *NahostBerlin* gibt es auch in anderen Städten. In München organisiert das *Münchner Forum für Islam* das Kulturfestival »ausARTen«. Und in Heidelberg laden die *Jüdisch-Muslimischen Kulturtage* (JMKT) ein. Dort trifft man z. B. auf die Arbeiten der bildenden Künstlerinnen Anna Schapiro und Tasnim Baghdadi. Die Ausstellung wurde im Rahmen der JMKT 2019 unter dem Zeichen einer Allianzbildung von jüdischen und muslimischen Kulturschaffenden im deutschsprachigen Raum eröffnet.[294] Schapiro ist Mitherausgeberin von *Jalta*, einem Magazin, das neue Perspektiven zur jüdischen Gegenwart versammelt, über Diversität und Selbstermächtigung reflektiert und alternative Modelle in Kunst und Gesellschaft erkundet. Themen, die auch Baghdadi im *theofunk*-Podcast der Professorin Armina Omerika beschäftigen.[295] In der Reihe *theofunk-Art* macht Baghdadi auf Leerstellen aufmerksam: Was erzählt Kunst und was nicht, was wird in Museen dargestellt, welche Erinnerungen dagegen verdrängt? Wer wird gesehen und wer nicht? Welche Künstlerinnen und Künstler gab und gibt es, die den eurozentrischen Blick auf die Welt durchbrechen? Wie wird Wissen über Kunst hergestellt, wie wird sie vermittelt und unter welchen Schablonen betrachtet?

Diese Fragen stellen sich gerade dort, wo migrantisierte Kunstschaffende vorwiegend auf einer Herkunftsfolie wahrgenommen und eingeordnet werden. »Man ist immer noch oft in der Situation, genau auf diesen Marker, auf den Identitätsmarker reduziert zu werden«, kritisiert Baghdadi im Podcast-Gespräch und stellt zugleich infrage, dass ihnen nur bestimmte Rollen zugeschrieben werden.

Das gleiche Problem lässt sich im literarischen Betrieb beobachten. Auch unter migrantisierten Autorinnen und Autoren wird der Aspekt der Herkunft ins Zentrum gerückt und mit den Themen Integration, Migration, Flucht und Asyl in Verbindung gebracht. Fremdheit wird so zur Folie, auf der das literarische Schaffen bewertet und befragt wird. Das führt zu irrsinnigen Klassifikationen wie der einer »Migrantenliteratur«. So etwas kann es nicht geben, erklärt der Schriftsteller Deniz Utlu vollkommen zu Recht: »Keine literarische Strömung lässt sich allein über die Herkunft oder scheinbare Herkunft oder zugeschriebene Herkunft der Autoren definieren. Migrationsliteratur ist eine Perspektive auf Literatur, die nicht am Text ansetzt, sondern an einer Vorstellung von Gesellschaft.«[296]

Es ist ein Problem, wenn die Kunst- und Kulturproduktion auf Herkunft und Migration (oder Gender) reduziert wird und andere Aspekte des kulturellen Schaffens ausgeblendet werden. Aber was bedeutet das für ein Projekt wie *NahostBerlin*, das das Kollektiv »ANU نحن אנו.« entwirft? Ein solcher Sammelbegriff kann durchaus kritisch hinterfragt werden. Er subsumiert Menschen allein unter der Annahme einer geteilten Herkunft aus dem Nahen Osten. Und das, obwohl es sich um Autorinnen und Autoren handelt, die sich in Biografien, Sprachen, Erinnerungen und Lebensrealitäten, aber eben auch in ihrem literarischen Schaffen durchaus unterscheiden. Ich frage mich: Was macht einen Text *nahostberlinisch*? Etwa der Inhalt? Wenn ja, unter welchen thematischen und stilistischen Gesichtspunkten? Oder ist es die angebliche Herkunft der Autor:innen, egal ob geflüchtet oder als »Gastarbeiter:in« immigriert, egal ob erste, zweite oder dritte Generation, ob aus München oder aus Amman nach Berlin gezogen?

Der Sammelbegriff ist künstlich und verengt den Blick. Und zugleich kann ich dem Projekt viel abgewinnen. Schließlich gibt es unterschiedliche Möglichkeiten, mit der gesellschaftlichen Anrede »Ausländerin« oder »Ausländer« umzugehen. Man kann sie ablehnen und vermeiden. Man kann sie aber auch strategisch nutzen, um Solidarität unter Anderen zu ermöglichen, Banden zu bilden und Komplizenschaft aufzubauen. Ich verstehe das Konzept »NahostBerlin« durchaus als Versuch, unter ganz anderen Vorzeichen auf die Fiktion der Geografie zurückzugreifen: in Form einer Vision, um Kraft aus der Vergangenheit zu schöpfen und neue Möglichkeitsräume für die Zukunft zu formulieren. Sozusagen ein Zwischenschritt, eine Brücke und Hilfestellung, um politische Verhältnisse umzugestalten, die Andere diskriminieren.

Es geht also darum, sich mit marginalisierten Communities und Kunstschaffenden zu vernetzen, um die künstlerische Zusammenarbeit untereinander zu stärken, Forderungen nach Zugang und Ressourcen Gehör zu verschaffen, den eingestaubten Kunst- und Kulturkanon herauszufordern und so einen Wandlungsprozess anzuregen, der das Schaffen der Anderen fördert und würdigt. Es ist ein Kampf um Anerkennung, darum, sich in der deutschsprachigen Kulturlandschaft zu verwirklichen und fremdgemachte Künstler:innen zu ermächtigen: »›NahostBerlin‹ kann unter emanzipatorischen Gesichtspunkten einen Ort literarischer Gegenkultur darstellen, wenn dem öffentlichen Begehren nach Norm und Homogenität eine Absage erteilt, bestehende Regelsysteme irritiert und den Fremdbildern über den ›Nahen Osten‹ und die ihm zugeteilten Menschen alternative Selbstentwürfe entgegengehalten werden«, habe ich es in der Eröffnungsrede zum Panel *Nahost-Berlin! Der literarische Nahe Osten in und aus Berlin* formuliert. »Um durch dieses Territorium navigieren zu können, muss man die Beschaffenheit des Raumes stets neu auf seine Möglichkeiten und Herausforderungen hin befragen. Das Prinzip könnte lauten: Grenzen abtasten, verschieben und strecken, Namen neu verlegen, sprachlich nachjustieren, Widersprüche wecken und im richtigen Moment die Ausfahrt nehmen, um sich in ›NahostBerlin‹ nicht zu verlieren.«[297]

Auf diesem Weg liegt die Herausforderung darin, den größeren Zusammenhang, in dem sich der Streit um Repräsentation, ob in Politik, Kultur, Literatur oder anderen gesellschaftlichen Teilsystemen, abspielt, nicht aus dem Auge zu verlieren und nicht in die Falle einer Fiktion über »authentische Herkunft« zu tappen. Identitäten sind nicht festgeschrieben, keine starren und absoluten Folien. Sie sind prozesshaft und unterliegen stets Transformationen. Identitäten sind Schauplätze von Aushandlungen, hybrid und dynamisch. An die Rückkehr zur *wahren* Identität glaube ich jedenfalls nicht, sie ist allenfalls eine romantische Illusion. Woran ich durchaus glaube, ist ein Archiv an Erinnerungen und Erfahrungen, aus denen wir schöpfen können, um unser Selbst nach eigenen Vorstellungen zu gestalten und durch Raum und Zeit zu navigieren. Das erfordert Flexibilität, das braucht Akzeptanz für Widersprüchliches und Uneindeutiges. Identität lässt sich nicht einfach auf ein paar wenige Aspekte herunterbrechen oder wie eine Gleichung lösen. Schwierig wird es auch da, wo wir glauben, von außen eindeutige Identitäten direkt an Menschen ablesen zu können, als wären die Biografien unserer Mitmenschen für jeden transparent, erkennbar und schlüssig. Wenn ich als türkischer, sunnitischer, heterosexueller Mann gelesen werde, dann ist das eine Fremdzuschreibung, die sich an ganz bestimmten, angeblich sichtbaren Kategorien orientiert. Dabei beginnt meine Biografie weder in der Türkei, noch ist sie auf diesen Ort beschränkt. Sie ist mit der Migrationsgeschichte meiner Familie aus dem Libanon und aus Syrien in die

Türkei verbunden, mit der Erfahrung, Teil einer schiitisch geprägten, arabischen Minderheit zu sein, deren Namen ersetzt, deren Traditionen und Geschichten verdrängt wurden, weil sie nicht dem Mehrheits-Leitbild entsprechen.

Eine Diskurskultur, die Selbstbezeichnungen marginalisierter Menschen ignoriert oder ihre Biografien übergeht, indem sie sie von außen markiert und fremdbestimmt, ist grenzüberschreitend. Und sie ist gewalttätig, weil sie relevante Erfahrungen und Lebensrealitäten leugnen kann. Und weil sie jeden und jede immer wieder zur öffentlichen Sichtbarkeit drängt, dazu, durchsichtig für die Blicke derer zu sein, die doch nichts über sie wissen. Das kann im schlimmsten Fall in eine Art Wettkampf der »authentischen Identitäten« münden und einem Zwangs-Outing gleichkommen.

Die Identität eines Menschen kann man nicht einfach automatisch ablesen, weder am Namen noch am Gesicht. Für mich ist Gesellschaft ein Feld, in dem wir uns tagtäglich neu zusammensetzen. Ich weiß nicht, wer ich morgen sein werde, welche Aspekte meines Lebens ich vernachlässigen und welche ins Zentrum rücken werde. Stets blicke ich zurück auf meine Vergangenheit, bewerte das Geschehene, kontextualisiere die Ereignisse und füge sie so zusammen, dass sie für heute Sinn ergeben. Das ist Identität: ein künstliches Gebilde, das aus einem gegenwärtigen Bedürfnis oder auch im Angesicht einer Gefahr zusammengeschnürt und formuliert wird, um heute auf etwas antworten zu können. Wir alle re-konstruieren unsere Geschichten. Wir setzen unser Selbst zusammen, selektieren und kombinieren – gestern anders als heute, vielleicht auch anders als morgen.

Das heißt aber nicht, dass Identität ein freier Selbstbedienungsladen wäre und wir uns alle auf gleicher Augenhöhe begegnen. Im Gegenteil, sie ist Schauplatz von Asymmetrien und strukturellen Machtverhältnissen. Die Ressourcen sind nicht gleich verteilt. Nicht jeder Mensch hat die Möglichkeit, die eigene Identität frei zu artikulieren und ohne Angst der Mensch zu sein, der man ist oder sein will. Das beweisen die rassistischen Zuschreibungen, denen nichtweiße Menschen ausgeliefert sind. Nicht alle haben das Privileg, ein Individuum zu sein. Viele werden dazu verdammt, Aushängeschild eines imaginierten Kollektivs zu sein. Auch *Cultural Appropriation*[298] ist ein sensibles Thema, weil marginalisierte Gruppen beobachten, wie ihre Kulturgüter von dominanzkulturellen Einrichtungen, Gruppen und Personen vereinnahmt und kommerzialisiert werden und wie Aspekte ihrer Identitäten, unter denen sie selbst Diskriminierung und Ausschluss erfahren, zum Vorteil und Genuss für privilegierte Menschen umfunktioniert werden. Manche *wollen* unbedingt anders sein, und manche *müssen* es.

Wer aber denkt, linke Identitätspolitik würde Sprech- und Schreibverbote erteilen, greift viel zu kurz. So hat zum Beispiel der langwierige Streit um die Übersetzung des Gedichts *The Hill We Climb* der Schwarzen US-amerikanischen Lyrikerin Amanda Gorman hierzulande die Strukturkritik verdeckt. Geht es wirklich nur darum, wer über was schreiben darf, oder geht es eigentlich um Verteilungsfragen? Schließlich lässt sich nicht bestreiten, dass nichtweiße Autor:innen, Künstler:innen, Übersetzer:innen und Kulturpraktiker:innen eben nicht die gleichen Privilegien genießen und insgesamt, egal bei welchem Thema, unterrepräsentiert sind. Diese kritische Perspektive muss gestärkt werden: Auf zur ungemütlichen Frage, wie die Kuchenstücke geschnitten und aufgeteilt werden. Alles andere würde nur dazu führen, dass Menschen je nach Zugehörigkeit bestimmte Arbeitsthemen zugewiesen werden – das kann niemandem gerecht werden, schon gar nicht Marginalisierten. Schwarze Menschen und People of Color können nicht nur James Baldwin, Nâzim Hikmet oder Yōko Ogawa, sondern auch Shakespeare, Marieke Lucas Rijneveld oder Édouard Louis übersetzen. Sie können und sollten nicht nur über Migration, Herkunft und Rassismus sprechen, schreiben und arbeiten, sondern über all das, was sie interessiert. Linke Identitätspolitik verliert, wenn marginalisierte Menschen nur unter dem Merkmal ihrer Marginalisierung Repräsentation erstreiten und genießen dürfen. Wenn »die Anderen« ausschließlich unter Gesichtspunkten der Diversität eingebunden werden, um die Öffentlichkeit mit vorgespielter Vielfalt zufriedenzustellen, dann ist das nichts als Augenwischerei. Damit ist nicht viel gewonnen, außer dass wieder einige wenige Auserwählte die Erlaubnis bekommen mitzuspielen, während der Rest nur zugucken kann.

Linke Identitätspolitik gewinnt, wenn sie auf Strukturveränderung setzt, die Verteilung des Kuchens in Frage stellt und den Blick, unter denen Ausschlüsse in spätkapitalistischen Gesellschaften vollzogen werden, erweitert. *Empowerment* ist kein Tool zur neoliberal inspirierten Selbstrettung. Was wir brauchen, sind Wege zur kollektiven Befreiung. Das heißt, Machtstrukturen zu überwinden. Das heißt, nicht einfach Teil des Ganzen zu sein, sondern die Begrenztheit von nationalen Identitäten vorzuführen, den Kultur-Kanon zu irritieren und neue Selbstentwürfe zu entwickeln. Das heißt, gegen die Legende der »Parallelgesellschaft« anzureden, das Leben in seiner Komplexität zu erfassen, Grenzen zu irritieren und zu verwischen und dem Begehren nach Reinheit und Homogenität der Sprachen, Kulturen und Identitäten endgültig eine Absage zu erteilen.

# 8. Poetischer Islam

بِسْمِ ٱللَّهِ ٱلرَّحْمَٰنِ ٱلرَّحِيمِ
ٱقْرَأْ بِٱسْمِ رَبِّكَ ٱلَّذِى خَلَقَ
خَلَقَ ٱلْإِنسَٰنَ مِنْ عَلَقٍ
ٱقْرَأْ وَرَبُّكَ ٱلْأَكْرَمُ
ٱلَّذِى عَلَّمَ بِٱلْقَلَمِ
عَلَّمَ ٱلْإِنسَٰنَ مَا لَمْ يَعْلَمْ

– Koran, Sure 96:1-5[299]

Ich muss ungefähr sechs Jahre alt gewesen sein, als ich mein erstes Gebet auf Arabisch lernte. Während ich in der Schule versuchte, die Notwendigkeit zwischen Groß- und Kleinschreibung im Deutschen zu durchblicken, schlängelte ich mich zu Hause Stück für Stück durch die Kurven der arabischen Sprache. Den alphabetischen Führerschein konnte ich erst Jahre später in die Sakkotasche stecken, aber am Anfang reichte einfach ein gutes Ohr. Schließlich begegnet mir *al-Fatiha*, die Eröffnungssure aus dem Koran, ziemlich oft im Alltag. Sei es, wenn meine Eltern und Verwandten im Ramadan das Fasten brachen, wir vor dem Grab eines Verstorbenen standen oder Bekannte bei Tee und Kräckern in unserem Wohnzimmer mit ihren eifrigen Kindern angeben mussten. Ali konnte nämlich schon sechs Gebete, Leila sogar acht.

Das war natürlich alles Taktik, um Kindern schon in diesem Alter das Konkurrenzdenken einzutrichtern. Das war nicht anders als die Notenvergabe im Schulunterricht, nur dass es hier zur Abwechslung einmal richtige Anreize gab: Wer eine neue Sure gelernt hatte, bekam in der Regel ein Fünfmarkstück. Die Münzen in meinem Sparschwein, die ich später für Gummibärchen im Tante-Emma-Laden unseres Dorfes ausgab, standen für auswendig gelernte Verse aus dem Koran.

Nach *al-Fatiha* kam *an-Nas* (Sure 114, Die Menschen), danach *al-Falaq* (Sure 113, Das Morgengrauen) und natürlich *al-Ikhlas* (Sure 112, Aufrichtigkeit).

In unserem hessischen Schul-Curriculum gab es damals keinen Platz für Islamunterricht, geschweige denn für islamische Geschichte und Kultur. Das meiste ging nicht über die Türkenbelagerung Wiens oder die angebliche Rückständigkeit des Islams in der Weltgeschichte hinaus. Der Gott der Musliminnen und Muslime und ihr Prophet, das wurde mir in mehreren Fächern vermittelt, gelten als rachsüchtig und böse. Dabei beginnt jede Sure im Koran mit dem Ausspruch »Im Namen Gottes, des Erbarmers, des Barmherzigen«. Von den 99 Namen Allahs sind es jene zwei, die die Botschaft mit der Barmherzigkeit eröffnen. *Bismillahi-arrahmani-arrahim*, wie es auf Arabisch heißt, bedeutet, dass Gott verzeiht, dass Er gnädig ist und vergibt. In Sure 6:12 steht geschrieben: »Sprich: ›Wessen ist, was in den Himmeln und auf Erden ist?‹ Sprich: ›Allahs.‹ Vorgeschrieben hat Er Sich Selbst die Barmherzigkeit.« Und in Sure 7:156 spricht Gott: »Und Meine Barmherzigkeit umfaßt alle Dinge.«

Gottes Eigenschaft zu verzeihen und zu vergeben begleitet uns vom Anfang bis zum Ende des Korans, genauso wie die Liebe zu Seiner Schöpfung. Er lässt den Menschen nicht im Stich. Gott ist ihm nah, »näher als (seine) Halsschlagader«, wie es in Sure 50:16 heißt.

»Gewiß, Allah verändert die Lage eines Volkes nicht, solange sie sich nicht selbst innerlich verändern«, spricht Gott in Sure 13:11 und appelliert damit an die Menschen, ihren Verstand zu gebrauchen. Es gibt eine schöpferische Kraft im Menschen, die er zum Wohle der Menschheit nutzen soll.

»Und wer ein Leben erhält, soll sein, als hätte er die ganze Menschheit am Leben erhalten«, steht in Sure 5:32. Sich für seine Mitmenschen einzusetzen, Tiere und Natur zu achten, ein liebevolles und friedliches Miteinander im Streben nach Erlösung und Glück, Gerechtigkeit, Gleichheit, Freiheit und tiefe Spiritualität – all das waren Dinge, die ich mit dem Islam verband.

Wie oft musste ich Menschen erklären, dass Allah nichts anderes als die arabische Übersetzung für das Wort Gott ist, dass dieser Gott, an den ich glaubte, der Gott der Jüdinnen und Juden, der Christinnen und Christen war. Und dass auch wir Nächstenliebe kannten, obwohl in vielen Köpfen das Christentum ein Monopol auf dieses Konzept hatte. Dieser Gott, der sich im Koran über den Erzengel Gabriel an den Propheten richtet, war kein Dämon. Der Koran bestätigte, was voranging, er war die Botschaft eines Gottes, der Seine Schöpfung liebt, der Fehler verzeiht, der dem Menschen das himmlische Paradies als »Gärten durcheilt von Bächen« verspricht.

Dass auch Musliminnen und Muslime spirituelle Menschen sind, und wie kreativ sie religiöse Themen kulturell verarbeiten, zeigt das Beispiel Maulana Dscheladdin Rumi. Er ist als Sufi und Gründer des Ordens der tanzenden Derwische aus dem 13. Jahrhundert bekannt. In seinen Gedichten und Lebensweisheiten spielt die islamische Symbolik eine wichtige Rolle. Nicht ohne Grund wird Rumis episches Meisterwerk *Masnavi* auch als »persischer Koran« bezeichnet. Rumi griff auf die Sprache islamischer Philosophie zurück, er bestückte seine lyrischen Verse mit islamischen Begriffen wie *Qibla* (Gebetsrichtung) oder *Kaaba* (das Heiligtum in Mekka), bezog sich direkt auf Propheten wie Jesus, Moses und Mohamed und wob Botschaften aus dem Koran und den Hadithen, den Überlieferungen des Propheten, in seine Gedichte ein.[300] Mit diesen Quellen und Erzählungen spielte Rumi. Die Liebe zu Gott und die Sehnsucht nach Einheit mit dem Schöpfer brachte er so zum Ausdruck, genauso wie er moralische Prinzipien, Gerechtigkeit und Ehrfurcht vor dem Leben diskutierte.

Rumis Schaffen kann nicht ohne den islamischen Kontext verstanden werden, und trotzdem werden Rumi und Islam in der »westlichen« Rezeption penibel voneinander getrennt. Von den islamischen Referenzen ist in der Art und Weise, wie er für exotische Grußkarten und Küchenweisheiten herhalten muss und auf Instagram für Likes und Shares in Szene gesetzt wird, oft nichts mehr zu spüren. Das ist weniger Zufall als Ausdruck eines »spirituellen Kolonialismus«, sagt Omid Safi, Professor für Islamwissenschaft und Nahoststudien an der Duke University. Damit meint er das »Umgehen, Löschen und Besetzen einer spirituellen Landschaft, die von Muslimen von Bosnien und Istanbul über Konya und Iran bis nach Zentral- und Südasien gelebt, geatmet und verinnerlicht wurde.«[301]

Plötzlich grinst der Muslimaniac frech aus einer anderen Ecke: Antimuslimischer Rassismus kennt verschiedene Gesichter, er verläuft mehrspurig. »Der« Islam ist immer allgegenwärtig – als Problem und Gefahr, als Sündenbock und Objekt von Beobachtung und Zivilisierung; er ist aber abwesend, wenn es um Selbstrepräsentation und Begegnung auf Augenhöhe geht, oder um geschichtliche, philosophische und wissenschaftliche Errungenschaften und die Kraft einer schöpferischen Spiritualität für Mensch, Natur und Gesellschaft. Mal werden Muslim:innen ins Zentrum gerückt und dämonisiert, ja der Islam zur Projektionsfläche für Fantasie, Begehren und Kontrolle genommen. Mal wird alles Islamische völlig ausgeblendet, für irrelevant erklärt und Muslim:innen an den Rand der Aufmerksamkeit verschoben, je nach Interesse und Belieben. Im Wechselspiel zwischen Sichtbar- und Unsichtbarmachen wird Musliminnen und Muslimen die Autorität über sich selbst entzogen. In beiden Fällen geht es um Herrschaft, darum, über die Namen, Körper und Geschichten der Anderen zu bestimmen. Koloniale Macht bedeutet auch, zu entscheiden, ob und wie (re-)präsentiert wird. In Bildung, Wissenschaft und Politik genauso wie in Film, Literatur und der Alltagskultur. Die entscheidende Frage ist also: Was wird erzählt und was zum Schweigen gebracht?

Aus Rumis Versen wurde jedenfalls alles, was an den Islam erinnert, in international bekannten und gefeierten Übersetzungen, wie denen von Coleman Bark, gnadenlos herausgestrichen. Rumi schrieb zum Beispiel: »Wenn dich jemand nach den Houris fragt, zeig (dein) Gesicht und (sag) ›Genau so‹.« Bark machte daraus: »Wenn dich jemand fragt, wie die vollkommene Befriedigung all unserer sexuellen Wünsche aussehen wird, hebe dein Gesicht und sage: So.«[302] Von den *Houris*, also dem arabischen Begriff für die den Gläubigen im Koran angekündigten reinen Wesen als Partnerinnen und Partner im Paradies, keine Spur. Dadurch geht die originelle Intervention verloren, mit der Rumi das islamische Sprachbild und seine üblichen Interpretationen aufrüttelt.

Einen anderen Rumi-Vers, der auf Bildern aufgehender Sonnen, Berglandschaften und üppiger Wiesen auf Pinterest, Twitter, Facebook und Instagram kursiert, übersetzt Bark folgendermaßen: »Über die Vorstellungen von Recht und Unrecht hinaus gibt es ein Feld. / Ich werde dich dort treffen.« Dabei nutzte Rumi nicht das Wort »Recht«, sondern »iman« (Religion), er sagte nicht »Unrecht«, sondern »kufr« (Unglauben).[303]

Wer das Islamische aus dieser Poesie streicht, löscht das Poetische im Islam. Der Koran wurde in einer Gesellschaft offenbart, in der die Sprachkunst zum Alltag gehörte, einen großen kulturellen Stellenwert genoss und soziale Funktionen erfüllte. Gedichte wurden sogar in Korankommentare und Geschichtswerke eingewoben.

Der Koran selbst stellt bereits ein sprachlich-stilistisches Meisterwerk dar, von dem sich wiederum religiöse Gelehrte und Dichter inspirieren ließen, über die Grenzen und Möglichkeiten der Sprache nachdachten und politische und religiöse Themen verarbeiteten.

Unzählige Dichter bauten koranische Überlieferungen und direkte Zitate aus islamischen Quellen in ihre Poesie ein und spielten mit den Bedeutungen. So spricht z. B. in einem Gedicht des indischen Dichters Amir Khusrau (1253–1325) das lyrische Ich so oft wie »Kinder, die in der Schule *Nūn wa'l-qalam* rezitieren«,[304] über die Augenbrauen und Wimpern der Geliebten. نٓ وَٱلْقَلَمِ – *Nūn wa'l-qalam* ist ein Zitat aus Sure 68:1. Es heißt übersetzt »*Nūn*, und bei der Feder«, wobei es sich bei *Nūn* (ن) um einen Buchstaben aus dem arabischen Alphabet handelt, den Amir Khusrau in diesem Gedicht wegen seiner Form mit Augenbrauen assoziiert. In anderen arabischen Gedichten steht die *Qibla* weniger für die Gebetsrichtung nach Mekka als für das Antlitz einer geliebten Person.[305]

Auch Hafis, der Meister persischer Dichtkunst und Lehrer für koranische Exegese, macht aus der Augenbraue seines geliebten Freundes eine *Mihrab*, wie die Gebetsnische in einer Moschee genannt wird. Das lyrische Ich betet vor ihr und pilgert zum Haus des Geliebten so wie zur Kaaba, der heiligsten Pilgerstätte im Islam.

> Wunschumschwärmte Kaaba, wen
> birgst du, dass mich Pilger
> Jeder Dorn nur Rose deucht,
> mag er gleich verletzen?
>
> – Hafis

Und dann wäre da noch der Wein, ohne den kam Hafis, wie andere meisterhafte Dichter vor und nach ihm, nicht aus. Das lyrische Ich huldigt dem verbotenen Trank in unzähligen Versen, aber nicht ohne stets auf Gottes Barmherzigkeit zu vertrauen:

> Lasst uns bei der Harfe Klingen
> trinken Wein, von Leid befreit!
> Steht doch im Koran, o Mahner:
> »Gott ist der, der gern verzeiht!«
>
> – Hafis

Das Spiel mit der Sprache nahm damals eine wichtige gesellschaftliche Rolle ein. Hier wurde Religion ausgehandelt, hier wurden oft frivol und frech Grenzen übertreten, Bedeutungen von Begriffen umgekehrt, blasphemisch kommentiert, aber auch tiefernst ein spiritueller Ausdruck für die Liebe zu Gott im Antlitz geliebter Menschen gefunden. Gelehrte warfen sich begeistert auf die poetischen Künste und dachten so über die Möglichkeiten der Sprache, des Glaubens und des Seins nach.

Die Kunstdichtung steht damit sinnbildlich für eine Praxis kultureller Ambiguität, die für frühislamische Gesellschaften und ihren Umgang mit Vielfalt so kennzeichnend war. Ambiguität wurde also literarisch produziert, trainiert und kulturell ausgelebt, genauso wie sie politische und religiöse Aushandlungsprozesse durchzog. Der renommierte Arabist und Islamwissenschaftler Thomas Bauer hat diese Zusammenhänge ausführlich analysiert.[306] Er berichtet über ein Zeitalter von etwa 900 bis 1500 n. Chr., in dem Widersprüche innerhalb der islamischen Gesellschaften, ob nun religiöser, sexueller oder juristischer Art, nicht aufgelöst oder beseitigt wurden. Im Gegenteil: Ein Nebeneinander verschiedener Realitäten und Wahrheiten wurde akzeptiert. Das trifft zum Beispiel auf die arabisch-islamische Kultur im heutigen Ägypten und Syrien während der Ayyubiden- und Mamlukenzeit zu und zeigt sich in der damaligen Rechtsprechung, im Umgang mit prophetischen Überlieferungen und der Exegese koranischer Textpassagen. Damals wurde die Existenz verschiedener Koranlesarten anerkannt, sogar zelebriert als bereichernd, nicht als bedrohlich für das gesellschaftliche Zusammenleben, wie Bauer erläutert: »Weit entfernt von dogmatischer Verengung entwickelten die islamischen Gelehrten eine Methode der Koranauslegung, die sich bemühte, das gesamte Interpretationsspektrum einer Textstelle zu erfassen, anstatt sich auf eine einzige Interpretation als allein gültige festzulegen, und sie entwickelten eine Art von ›Wahrscheinlichkeitstheorie‹, die es erlaubte, Hadithe in ein ausgefeiltes und offenes Schema mehr oder weniger zutreffender Echtheit einzuordnen, anstatt sie der binären Kategorisierung ›richtig‹ oder ›falsch‹ zu unterwerfen (…).«[307]

Eigentlich überrascht das nicht, schließlich ist der Koran selbst schon ein ambiger Text, reich an Metaphern und Bedeutungen, an Interpretationsmöglichkeiten und textlicher Varianz. Über die Vielzahl an Lesarten, in denen der Koran dem Propheten Mohamed offenbart wurde, schrieb der Gelehrte Ibn al-Djazari schon im 14. Jahrhundert: »Die heute bekannten sieben, zehn beziehungsweise dreizehn Koranlesarten sind nur Bruchteil einer Fülle, nur Tropfen eines Meeres im Vergleich zu den Lesarten, die in den ersten Generationen des Islams bekannt waren.«[308] Angeblich hat Ibn Qutaiba 32 Lesarten gezählt und Abu l-Qasim al-Hudhali auf seinen Reisen sogar 50.[309] Wie Bauer zusammenfasst: »Der Mensch kennt also zwar, horizontal gedacht, den ganzen Koran, aber keineswegs, vertikal gedacht, alle Lesarten, die Teil der koranischen Offenbarung sind.«[310]

Es war, wie Bauer erklärt, mehr Zufall, dass sich im 20. Jahrhundert eine ganz bestimmte Lesart gegen andere größtenteils durchgesetzt hat, nämlich jene unter dem Namen *Hafs 'an 'Asim*, gedruckt 1925 in Kairo.

Die künstliche Vereinheitlichung des Korans verdeckt, dass es sich eigentlich um einen pluralen und multilinearen Text handelt, der verschiedene Zugänge möglich macht. Wen wundert es da, dass es früher weit mehr Rechtsschulen mit unterschiedlichen Rechtsmeinungen gab, als es heute der Fall ist. Das hat die frühislamischen Gesellschaften nicht an der göttlichen Botschaft zweifeln lassen. Denn so merkwürdig das aus heutigem Blickwinkel für manche auch erscheinen mag: Es ist möglich, ein Vergnügen an Unklarheit zu finden und darin sogar ein Geschenk Gottes zu erkennen, eine Art *Challenge*, sich ihm zu nähern und den Text immer von neuem zu durchdenken.

Die Lyrik früherer Jahrhunderte ist Zeugnis für eine Praxis kultureller Ambiguität, in der nicht *eine* Wahrheit allein regierte, sondern mehrere zur gleichen Zeit existierten. Religiöse Lobgedichte auf den Propheten standen Seite an Seite mit Weindichtung und erotischen Liebeserklärungen an Frauen und Männer.

So wie früher religiöse Gelehrte Gedichte schrieben, mit vielfältigen Stilmitteln experimentierten und dadurch das Sprechen und Denken mit und über den Islam prägten, so steht auch die Dichtkunst einer neuen Generation heute ganz im Zeichen dieses vergessenen, verdrängten und verschütteten Erbes. Weltweit drücken diese Dichterinnen und Dichter das Vergnügen an der Mehrdeutigkeit unserer Welt literarisch aus und grätschen so mit poetischen Interventionen in fundamentalistische, rassistische und sexistische Deutungen.

Die amerikanisch-syrische Dichterin Mohja Kahf greift in ihren Gedichten auf koranische Themen zurück, bettet sie in neue Alltagssituationen ein und verleiht so der Spiritualität kreativen Ausdruck und politische Kraft für die Gegenwart. In *From a Former Grad Student of Imam Ibn al-Qayyim* tauscht das lyrische Ich den Gebetsteppich gegen einen fließenden Strom, die Gebetskette gegen High Heels ein und tanzt »till white threads the black dawn«[311] – eine Anspielung auf die Koransure 2:187, in welcher der morgendliche Fastenbeginn im Monat Ramadan für die Gläubigen markiert wird: »Und eßt und trinkt, bis ihr in der Morgendämmerung einen weißen Faden von einem schwarzen Faden unterscheidet.«

Unmissverständlich und wortgewandt ist auch die somalisch-britische Dichterin Momtaza Mehri. In *Glory Be to the Gang Gang Gang* erschafft sie eine Minarett aus ihrem Mittelfinger.[312] Oder Aisha Sharif: In *Why I can*

*Dance Down A Soul-Train Line in Public and Still be Muslim* tritt das lyrische Ich als selbstbewusste Schwarze Muslimin auf, weigert sich, in einem getrennten Raum für Frauen zu beten, und setzt sich gegen den Rassismus gegen Schwarze zur Wehr.[313]

Der in Australien lebende Dichter Omar Sakr schreibt ganz in der Tradition von Abu Nuwas sein Begehren für Männer in poetische Linien. In seinem Debütband *The Lost Arabs* verschluckt sich das lyrische Ich an Minaretten, steckt wie eine Fischgräte im Rachen eines Jungen oder erwacht an seinem Geburtstag »as Kafka waking up as a man up as a son up as a bug up as a country«[314], um das unerbittlich, ja blutig gestritten und gekämpft wird. Omar Sakr sucht nach einem Vokabular, um die Situation des Außenseiters, dessen Liebe und Begehren verdammt wird, der sich nach Zuneigung und Halt, nach Schutz und Zuversicht sehnt, in Worte zu kleiden und so Gehör für ein Ich zu finden, das sich stets behaupten muss.

Diese Sehnsucht nach einer Sprache, die die eigene Existenz erfassen kann, lese ich auch aus den Zeilen der britischen Dichterin Suhaiymah Manzoor-Khan. In *Postcolonial Banter* setzt sich die Autorin gegen das Misstrauen gegen den Islam, die Angriffe, Beleidigungen und den Generalverdacht zur Wehr und verteilt poetische Ohrfeigen. Ihr lyrisches Ich fordert eine eigene Geschichte ein, die nicht länger zwischen den Zeilen des britischen Kanons verschwindet. »My history is the screams shouting out through the silent slots in syllabi«, schreibt die Dichterin in *Where is my history?*, und packt ihre persönlichen Archive aus, »the chicken shops / the taxi stops / the backseats of rentals / and inside hem of headscarves«.[315] In anderen Gedichten setzt sich das lyrische Ich gegen Bezeichnungen zur Wehr, die herabwürdigen, Besitz ergreifen und daran erinnern »that our skins are not white«[316]. Um dieser Sprache zu entkommen, schneidet sich das lyrische Ich die Zunge in der Küche aus dem Mund, öffnet sie in der Mitte und näht die Hälften in neuer Form zusammen. Den Versuch, sich außerhalb der Angst zu schreiben, unternimmt das lyrische Ich in einem Gedicht, in dem es das Mondlicht gegen die Sonne dahinter austauscht: »Too often we are made into the moon / a mere mimicry of another's light / but we are the sun, the blaze, the fiery depth«[317], proklamiert Manzoor-Khan.

All diese Dichter:innen intervenieren frech, mutig und selbstbewusst in religiöse, kulturelle und politische Debatten. Sie wählen das künstlerische Spiel mit der Sprache zum Instrument spiritueller Erfüllung, politischer Gegenrede und gesellschaftlicher Visionen. Für mich sind sie eine große Inspiration, weil sie die Grenzen der Klischees überschreiten und sich einen Platz in der Öffentlichkeit erobern. Indem sie Altes erinnern und Neues gestalten, entfaltet sich in ihren Versen die Kraft des poetischen Vokabulars, um Gesellschaft anders denken zu können. Ob in den vergangenen oder zeitgenössischen Gedichten, diese Dichterinnen und Dichter bilden nicht »den« Islam ab. Das ist gar nicht der Anspruch. Stattdessen unterlaufen sie den Drang nach Absolutheit mit Pluralität.

Hier tritt eine Lyrik des Widerstandes in Erscheinung: Sie grätscht in den alltäglichen Sprachraum hinein, übertritt Grenzen und verwischt Bedeutungen. Als Praxis des Verwirrens und sich Verwehrens bietet sie ideale Möglichkeitsräume, um dem festgefahrenen Vokabular der Islam- und Orientdebatte zu entfliehen. Im Klischee-Korsett der deutschen Islamdebatte können sich Muslim:innen nicht entfalten. Dieses enge Kleid, bestickt mit Verdacht und Misstrauen, das ihnen übergestülpt wird und ihr Sprechen, Denken und Sein zu ersticken droht, muss in all seinen Fäden und Nähten zerrissen werden. Wie also Selbstvertrauen finden, um den Fremdbildern nicht zum Opfer zu fallen? Wie ein Bewusstsein formen und ein Leben gründen, das nicht danach ausgerichtet ist, der Gesellschaft um jeden Preis zu gefallen?

Poesie bietet einen Raum, um das möglich zu machen – um Widerspruch zuzulassen, Vielfalt zu zelebrieren und Erinnerungen an die Oberfläche zu tragen, die sonst vergraben blieben. Lyrik zu schreiben verstehe ich als einen Akt der Selbstbefragung: Wie werde ich, der ich sein will? Wie könnte ich sein und wie könnte ich sprechen, über mich und die Welt, in der ich mich bewege, ohne Furcht zu empfinden? Lyrik zu lesen bedeutet für mich eine Fortführung dieser Suchbewegung, eine Kommunikation mit dem Werk anderer, vielleicht sogar als ihre Erfüllung. Ich frage mich, was wäre ein Gedicht ohne die, die es lesen? Und was wäre der Koran, ohne die, die ihn hören?

In der islamischen Tradition gilt das Wort *Iqra*, »Lies«

oder »Trage vor« als Beginn der Offenbarung Gottes an den Propheten Mohamed, auch wenn die Anrufung im Koran – der nicht chronologisch, sondern nach Länge der Suren aufgebaut ist – selbst erst in Sure 96 auftaucht. Der Erzengel Gabriel spricht zu Mohamed: »Iqra«, also »Lies! Im Namen deines Herrn, Der erschuf – Erschuf den Menschen aus einem sich Anklammernden. Lies! Denn dein Herr ist gütig, Der durch die (Schreib-)Feder gelehrt hat – Den Menschen gelehrt hat, was er nicht wusste.« (Sure 96:1-5)

Gott spricht zum Menschen und fordert ihn auf zu rezitieren. »Koran« heißt nichts anderes als »die Rezitation«, sie wird seit Jahrhunderten als Kunst gepflegt und weitergegeben. Den Koran zu rezitieren, ich würde sagen: dieses Gedicht vorzutragen, wirft zurück auf die Lippen des Schöpfers, aus Dessen Sprache alles entstand. »Sein Befehl, wenn Er ein Ding will, ist nur, daß Er zu ihm spricht: ›Sei!‹, und es ist.« (Sure 36:82)

Das Erste, was ich nach meiner Geburt hörte, das Erste, was mir ins Ohr geflüstert wurde, als ich die Welt betrat, war der *Adhan*, der muslimische Gebetsruf, gefolgt von meinem Namen. Ich möchte sagen, das Erste, was ich hörte, war ein Gedicht, ein Gedicht über einen Schöpfer, Der zu Seiner Schöpfung in Gedichten spricht, Der die Welt, den Menschen und alles, was ihn umgibt, erschuf, indem Er zu ihnen sprach.

»(O)n Ramadan nights I feel like a poem«, schreibt Suhaiymah Manzoor-Khan in einem Gedicht. Es geht mir nicht mehr aus dem Sinn.

> Allah wrote poems
> girl is one of Allah's poems
> mosque is one of Allah's poem
> girl is a poem inside mosque poem inside
> world poem
>
> – Suhaiymah Manzoor-Khan, *A Poem That Winds Through Lewisham Streets*

Der Gedanke, ein Gedicht zu sein, berührt mich. Ein Gedicht, das Gedichte rezitiert und Gedichte schafft, die Welt erschafft, so wie es selbst in Gedichten erschaffen wurde, berührt mich. Es ist dieser poetische Islam, der mich zur Lyrik brachte. Das Gebet ist für mich eine lyrische Rezitation, so wie ich mir die Dichtung als Gottesdienst vorstelle. Schreiben, lesen, rezitieren und Gott und der Welt, und dadurch mir selbst und allem um mich herum näherkommen, mich den Dingen lyrisch nähern.

So habe ich meinen Glauben gefunden, so habe ich ihn kennengelernt, als eine Lyrikwerkstatt, in der gelesen und rezitiert, in der das Leben als Kunstwerk betrachtet wird. Lyrik entfaltet ihre Kraft, indem sie geteilt wird, damit sie in das Leben interveniert und sich selbst erfüllt.

Es braucht poetische Vorstellungskräfte, um sich aus Situationen der Ohnmacht herauszudenken, in übliche Sprach- und Benennungspraktiken zu intervenieren, um politische Diskursfelder kritisch zu erkunden und neue Visionen für sich und die Gesellschaft zu formulieren. Das schafft Lyrik, indem sie uns in eine andere Sprache versetzt und unserer Existenz neue Kleider anlegt, indem sie uns hilft, einengender Rhetorik zu entfliehen, in die wir durchweg sozialisiert werden. Ich frage mich, wie wir anders über uns sprechen und denken können, wie wir aus der Sprache entkommen und wieder zu ihr zurückfinden können, um zu werden, wer wir sind und sein wollen? Und ich bin neugierig darauf, wie das Potenzial der Lyrik in andere Diskursräume übertragen werden kann, wie sie uns im politischen Alltag berührt, befragt und provoziert, uns lehrt, zuzuhören und den Blick nach innen und wieder zurück ins Außen zu richten.

> Ich will in das Grenzenlose
> Zu mir zurück,
> Schon blüht die Herbstzeitlose
> Meiner Seele,
> Vielleicht – ist's schon zu spät zurück!
> O, ich sterbe unter Euch!
> Da Ihr mich erstickt mit Euch.
> Fäden möchte ich um mich ziehn –
> Wirrwarr endend!
> Beirrend,
> Euch verwirrend,
> Um zu entfliehen
> Meinwärts!
>
> – Else Lasker-Schüler, *Weltflucht*

Außenseiter:in zu sein bedeutet, an den Erwartungen anderer zu verzweifeln, weil man ihnen nie wirklich gerecht werden kann. Es heißt, dass eigene Wünsche auf Kosten jener der Mehrheit unerfüllt bleiben. Es heißt, verdrängt und zugleich dafür verantwortlich gemacht zu werden, nicht Teil zu sein. Das ist eine Erfahrung, die einsam macht und belastet. Es ist aber auch eine Erfahrung, die zeigt, was es bedeutet, die Gesellschaft von außen zu betrachten und Geschichte aus einer doppelten Perspektive zu verstehen: aus jener, die erzählt wird, und jener, die zum Schweigen gebracht wird.

»Der *exilierte* Intellektuelle folgt nicht der Logik des Konventionellen, sondern dem Mut zur frechen Tat, er verkörpert Veränderung, Bewegung, nicht Stillstand«, wie Edward W. Said schreibt.[318] Für den amerikanisch-palästinensischen Literaturkritiker kann die Situation des Grenzgängers ein Modell sein, um Gesellschaft aus einer emanzipatorischen Perspektive zu denken. Es befähigt Menschen dazu, die eigene Wirklichkeit mit der Wirklichkeit anderer in Verbindung zu bringen, den Versuchungen des genügsamen Jasagens und Kopfnickens zu widerstehen und der Macht gegenüber Stellung zu beziehen.

Die Islamdebatte, die Migrationsdebatte, die Integrationsdebatte, die Fluchtdebatte, dieses klischeebehaftete Sprechen über die Anderen, die medial zirkulierenden Bilder, die Bedrohungsszenarien – all das führt dazu, dass wir uns entfremden, von uns selbst und voneinander, und verlernen, solidarisch miteinander zu sein und das zu tun, was wir tun würden und könnten, wenn wir nicht damit beschäftigt wären, zu reagieren, immerzu zu reagieren.

Auch dieses Buch ist mitschuldig. Es ist eine Reaktion. Wieder einmal. Ein Dilemma. Vielleicht ein Wunsch abzuschließen. Mit Sicherheit ein Versuch, Dinge zu verstehen, sich um einen Ausweg zu bemühen, der das Gewissen zufriedenstellt.

Ich sage es ganz ehrlich: Ich möchte nicht über jedes Stöckchen springen, das mir hingehalten wird. Ich will mich nicht mehr ablenken lassen, denn das ist es doch am Ende, ein Ablenkungsmanöver – von Fragen, die wichtig wären für uns als Gesellschaft im Kampf für soziale Gerechtigkeit und politische Teilhabe, aber auch für uns als Individuen, als Familienmitglieder, als Bekannte, Freund:innen und Liebende, als Nachbar:innen und Passant:innen. Wie würden wir uns sonst begegnen können, wie uns gegenseitig sehen und verstehen?

Wenn ein »guter Muslim« in Deutschland zu sein bedeutet, den Mund zu halten, keine politischen Forderungen zu stellen, sich mit Krümeln zufrieden zu geben, Rassismus, Abschiebungen und rechte Gewalt nicht anzuklagen, wenn es heißt, der »Leitkultur« bedingungslos zu folgen oder zu gehen, wenn ein »guter Muslim« jemand ist, der schweigt und nickt, der Unrecht in Kauf nimmt, sich gegen andere vereinnahmen lässt, um dadurch Profit zu schlagen, um die eigene Situation zu verbessern auf Kosten des Rests, wenn das ein »guter Muslim« ist – dann will ich lieber ein »böser Muslim« sein.

Jemand, der widerspricht und mutig ist, der für soziale Gerechtigkeit einsteht, sich die Definitionshoheit über das Wort Dschihad zurückholt und sich für die Freiheit aller radikalisiert, so wie es das Wort doch eigentlich meint: Dinge an der Wurzel zu packen. Jemand, der sich mit anderen Kompliz:innen im Kampf für eine Gesellschaft ohne Sexismus, ohne Homofeindlichkeit, ohne Rassismus, Antisemitismus und Diskriminierung verbündet.

Jemand, der das enge Korsett sprengt, das sich in der politischen und medialen Öffentlichkeit so hartnäckig um Leib, Zunge und Geist schließt. Jemand, der sich nicht dafür schämt, an Visionen zu glauben, so utopisch sie auch in den Ohren anderer klingen mögen.

Jemand, der sich traut zu träumen, von einer Sprache jenseits des Stigmas, von einem Ich, das den Sehnsüchten nach Homogenität und Eindeutigkeit einen Strich durch die Rechnung macht und interveniert.

Jemand, der Kraft aus der Vergangenheit schöpft, sich erinnert und eine Zukunft gestaltet, in der alle frei sind. Jemand, der das eigene Leid mit dem Leid anderer in Zusammenhang bringt. Jemand, der nicht nur um das eigene Wohl bemüht ist, sondern um das aller.

Jemand, der den Versuchungen der Integration widersteht, der die deutsche »Leitkultur« stört. Jemand, der ohne Scham und ohne Angst muslimisch ist.

## Danksagung

الحمد لله – Alhamdulillah, Dank gebührt Allah, dem Herrn der Welten, dem Allerbarmer, dem Barmherzigen.

Und meinen Eltern & Großeltern für die Liebe, den Glauben und die Erinnerungen zwischen Libanon, Syrien, der Türkei und Deutschland.

Und meinen Geschwistern für die Ohren, die Zugfahrten und den Hummus zwischen Baden-Württemberg, Hessen und Berlin.

Und Leoni & Qalbi für das Kuscheln, das Lachen und Weinen auf 60 qm.

Und Leila El-Amaire, Alice Hasters, Zuher Jazmati, Kübra Gümüşay, Esra Karakaya, Soufeina Hamed, Iman Attia, Nour Khelifi, Naika Foroutan, Yasemin Shooman, Karim El-Helaifi, Ouassima Laabich-Mansour, Armin Langer, Nadire Y. Biskin, Yasemin Altınay und Cihan Sinanoğlu für die Mails, Telefonate und Spaziergänge, den Thymian, die Insta-Storys und süßen Nachrichten, das Pistazieneis, die Ratschläge, den Support und das Engagement.

Und Elisabeth Botros für den Zuspruch, das Vertrauen und den Kaffee im Prenzlauer Berg.

Und Kerstin Schulz für die kritischen Gedanken, das einfühlsame Lektorat und die Zwinker-Smileys in den Kommentaren.

Und Nes Kapucu für den kreativen Geist, die träumerischen Tulpen und eine Shisha auf pinkem Hintergrund.

Und Meltem Kaya für die Kameralinse, den Frühlingswind und ein wunderbares Shooting in Friedrichshain.

Und meinen Grindr-Habibis für die Pfirsiche und Auberginen.

Ich küsse Eure Augen, tamam öptüm hadi çüss.

# Anmerkungen

1 Oliver Decker/Elmar Brähler (2020): Autoritäre Dynamiken. Alte Ressentiments – Neue Radikalität. Gießen. S. 64.
2 Iman Attia (2009): Die »westliche Kultur« und ihr Anderes. Zur Dekonstruktion von Orientalismus und antimuslimischem Rassismus. Bielefeld. S. 78.
3 Bereits vor fünf Jahren kritisierte auch die Islamwissenschaftlerin Gudrun Krämer die Art und Weise, in der die CSU den Begriff in einem Leitantrag zum Kampf gegen den »politischen Islam« nutzte: »Die Partei subsumiert unter diesem Begriff, wie es scheint, alles, was ihr am Islam und bestimmten Muslimen irgendwie anstößig erscheint – von der Forderung nach getrennten Badezeiten für Frauen in öffentlichen Schwimmbädern über die Höhe von Minaretten auf deutschem Boden bis zur terroristischen Gewalt von Boko Haram in Nigeria und den nationalistischen Umtrieben des türkischen Präsidenten Recep Tayyip Erdoğan. In dieser Vagheit wird der Begriff völlig unbrauchbar. Hier wird ein Monster kreiert, das überall und nirgends ist. Das halte ich für einen schweren politischen Fehler.« In: »Hier wird ein Monster kreiert.« Ein Interview von Katharina Schuler mit Gudrun Krämer. Zeit Online, 04.11.2016 (= https://www.zeit.de/amp/politik/deutschland/2016-11/politischer-islam-csu-parteitag-leitantrag?; aufgerufen am 02.05.2021).
4 https://twitter.com/sebastiankurz/status/1326519060922834945?s=20 (aufgerufen am 02.05.2021).
5 Über einen solchen Fall klärt der Islamwissenschaftler Thomas Bauer kritisch auf und warnt vor Pauschalurteilen, die sehr schnell in Verschwörungstheorien münden können, siehe https://www.islamiq.de/2020/09/20/anders-

als-politisch-kann-dieses-buch-gar-nicht-diskutiert-werden/ (aufgerufen am 02.05.2021).

6 Nour El-Houda Khelifi: Neues aus der Parallelgesellschaft. Kolumne vom 04.09.2020 = https://www.sosmitmensch.at/neues-aus-der-parallelgesellschaft-mo60 (aufgerufen am 02.05.2021).

7 Das englische Akronym LGBTQI+ steht für Lesbian, Gay, Bi, Trans, Queer und Intersex. Es umfasst verschiedene sexuelle Orientierungen und Identitäten, die unter binären, heteronormativen Dominanzverhältnissen marginalisiert, diskriminiert und unterdrückt werden.

8 Erst mit Beschlussfassung des Bundesrates vom 05.06.2020 werden in Deutschland diese Konversions-Therapien verboten: https://www.bundesregierung.de/breg-de/suche/verbot-konversionstherapie-1707674 (aufgerufen am 02.05.2021).

9 Unter dem Begriff antimuslimischer Rassismus lassen sich unterschiedliche Diskurse und Praktiken zusammenfassen, die Muslim:innen und als solche wahrgenommene Menschen als Andere konstruieren, sie ausgrenzen und/oder zur Zielscheibe von Anfeindungen, Beleidigungen und Gewalt machen. Es handelt sich um eine spezifische Rassismusform, die auf Religion und Kultur zurückgreift, um »den« Islam zu dämonisieren und »die« Muslim:innen unter den Generalverdacht zu stellen, ihrer Herkunft nach fremd, illoyal, antidemokratisch, rückständig und gefährlich zu sein. Ausschlaggebend ist nicht, ob die Betroffenen tatsächlich Musliminnen und Muslime sind oder sich als solche verstehen, sondern wie sie von außen wahrgenommen werden. In diesem Zusammenhang wird auch von »Rassifizierung« gesprochen, einem Konstruktionsprozess, bei dem Menschen erstens entlang phänotypischer und herkunftsbezogener Merkmalszuschreibungen als Muslim:innen markiert und homogenisiert werden: Sie werden betrachtet, als wären alle gleich. Zweitens werden sie von »uns Deutschen« dualistisch getrennt – als wären sie anders als »wir«. Und drittens werden ihnen (negative) Merkmale als wesenhafte Eigenschaften, die als genuin islamisch verstanden werden, zugeschrieben – demnach wären sie also ihrer Kultur und

Religion nach »einfach so«. Dadurch wird die Ungleichbehandlung der Anderen gerechtfertigt und »unsere« Privilegien gesichert. Antimuslimischer Rassismus ist also identitätsstiftend und produziert zugleich ein überlegenes Selbstbild. Antimuslimischer Rassismus kann sich in der Diskriminierung auf dem Arbeitsmarkt, im Bildungssystem und in allen Gebieten des Alltags ausdrücken, durch Racial Profiling, Hatespeech im Netz sowie die Verwendung von Stereotypen in medialer Berichterstattung und politischen Debatten, über Verschwörungsmythen einer Überfremdung, Unterwanderung und »Islamisierung« Europas bis hin zu Angriffen auf Moscheen, körperlicher Gewalt und sogar Mord. Studien zum antimuslimischen Rassismus knüpfen an die Kritik des europäischen Orientalismus an, analysieren historische Kontinuitäten und Veränderungen, fragen nach der Rolle von Geschlecht und Sexualität und rücken Verknüpfungen zu anderen Diskriminierungsformen ins Licht. Siehe dazu ausführlich meinen Beitrag: https://www.bpb.de/politik/extremismus/radikalisierungspraevention/302514/was-ist-antimuslimischer-rassismus (aufgerufen am 03.06.2021).

10 Vgl. BMI: Politisch Motivierte Kriminalität im Jahr 2020: Bundesweite Fallzahlen, https://www.bmi.bund.de/SharedDocs/downloads/DE/veroeffentlichungen/2021/05/pmk-2020-bundesweite-fallzahlen.pdf?__blob=publicationFile&v=4, S. 7. Islamfeindliche Straftaten werden erst seit 2017 in einer eigenen Kategorie der politisch motivierten Kriminalität erfasst.

11 Die Begriffe Schwarz und weiß werden in diesem Buch nicht per se als Adjektive für Hautfarben genutzt, sondern als sozio-politische Kategorien. Sie stehen im Zusammenhang mit historisch gewachsenen Machtverhältnissen, die weiß als überlegene Norm setzen und Schwarze Menschen als unterlegen konstruieren und rassistisch diskriminieren. Der Begriff wird groß geschrieben, um widerständige Selbstpositionierungen hervorzuheben.

12 Der Begriff People of Color (PoC) ist eine kollektive Selbstbezeichnung von Menschen, die Rassismus erfahren. Er

entstand in den späten 1960ern in den USA und wird auch in Europa und Deutschland genutzt, um Bündnisse und Solidarität unter Personen und Gruppen herzustellen, die in der weißen Mehrheitsgesellschaft rassistisch diskriminiert werden.

13 Ozan Zakariya Keskinkılıç (2020): »Muss ich erst getötet werden, damit ihr empört seid?«. Zeit Online, 18.02.2020 (= https://www.zeit.de/campus/2020-02/gruppe-s-rechtsextremismus-terrorismus-ozan-zakariya-keskinkilic/komplettansicht; aufgerufen am 03.06.2021).

14 Kübra Gümüşay (2020): Sprache und Sein. Berlin. S. 65.

15 In seinem Gedankenexperiment problematisierte der österreichische Wissenschaftler Erwin Schrödinger (1887–1961) die Kopenhagener Interpretation der Quantenmechanik bezogen auf die physikalische Welt mit einem Paradoxon. Würde man eine Katze in eine Kiste stecken, die mit radioaktivem Präparat ausgestattet ist, das in einer bestimmten Zeitspanne austritt, wäre die Katze so lange tot und lebendig zur gleichen Zeit, bis die Box geöffnet und der Fall untersucht wird. Ein solcher Zustand widerspricht aber, so Schrödinger, den makroskopischen Alltagserfahrungen, wenn also mit dem bloßen Auge Dinge betrachtet werden. Schrödingers Katze wird in unterschiedlichen Redewendungen bereits zum Ausgangspunkt der Beschreibung widersprüchlicher sozialer Phänomene genommen. Im Englischen wird jemand als »schrodingers douchebag« bezeichnet, der rassistische, sexistische oder andere diskriminierende Aussagen macht und mit »just joking« als Witz verkauft, sollte das Gegenüber die abfälligen Kommentare doch nicht befürworten, um sich so vor Kritik zu schützen.

16 https://www.duden.de/rechtschreibung/Mongolenfleck (aufgerufen am 04.06.2021).

17 https://de.wikipedia.org/wiki/Mongolenfleck (aufgerufen am 04.06.2021).

18 Vgl. Heiko Traupe/Henning Hamm (2006): Pädiatrische Dermatologie. Heidelberg. S. 13.

19 https://forum.genealogy.net/index.php?thread/13606-mongolenfleck/&postID=68928&highlight=Unser%2Bj%25C3%25

BCngster%2BSohn%2Bhat%2Beinen%2BMongolenfleck#post68928 (aufgerufen am 04.06.2021).

20 https://forum.genealogy.net/index.php?thread/13606-mongolenfleck/&postID=68941&highlight=mongolenfleck#post68941 (aufgerufen am 04.06.2021).
Die eigenwillige Rechtschreibung wurde in beiden Zitaten übernommen.

21 Erwin Baelz (1901): Die Menschen-Rassen Ost-Asiens mit specieller Rücksicht auf Japan. In: Zeitschrift für Ethnologie, 1901-01-01, Bd. 33, S. 168.

22 Vgl. Joachim Barnewitz et al. (1932): Angeborene Anomalien. Lichtdermatosen, Pflanzengifte, thermische Schädigungen, Einfluss innerer Störungen auf die Haut. In: ders. (Hrsg.): Handbuch der Haut- und Geschlechtskrankheiten, Bd. 4.1. Berlin. S. 15.

23 Siehe dazu: Frank Thadeusz: »Nachts wühlten wir unter den Knochen«. Der Spiegel 26/2019 (= https://www.spiegel.de/wissenschaft/johann-friedrich-blumenbach-nachts-wuehlten-wir-unter-den-knochen-a-00000000-0002-0001-0000-000166862972; aufgerufen am 04.06.2021).

24 Zit. nach Norbert Klatt (2008): Kleine Beiträge zur Blumenbach-Forschung. Göttingen. S. 81f.

25 Unter »rassehygienischen« Prämissen wurden im Nationalsozialismus Gesetze verabschiedet, die wertvolles von wertlosem Leben unterschieden. 1935 trat das »Gesetz zum Schutze des deutschen Blutes und der deutschen Ehre« in Kraft. Es stellte die Eheschließung und den außerehelichen Geschlechtsverkehr zwischen Jüdinnen und Juden und »Staatsangehörigen deutschen Blutes« unter Strafe. Als sogenannte »Gemeinschaftsfremde« wurden auch Sintizze und Sinti, Romnja und Roma, Menschen mit psychischen Krankheiten, mit geistiger oder körperlicher Behinderung und Homosexuelle verfolgt und ermordet.

26 Siehe Sander L. Gilman (2005 [2009]): Die jüdische Nase: Sind Juden / Jüdinnen weiß? Oder: die Geschichte der Nasenchirurgie. In: Eggers et al. (Hrsg.): Mythen, Masken und Subjekte. Kritische Weißseinsforschung in Deutschland. Münster. S. 394–415.

27 Siehe Ozan Zakariya Keskinkılıç (2019): Die Islamdebatte gehört zu Deutschland. Rechtspopulismus und antimuslimischer Rassismus im (post-)kolonialen Kontext. Berlin. S. 50 ff., 78 f.

28 Siehe dazu: Fatima El-Tayeb (2001): Schwarze Deutsche. Der Diskurs um »Rasse« und nationale Identität 1890–1933. Frankfurt a. M.; ferner: Katharina Oguntoye / May Opitz / Dagmar Schultz (1997): Farbe bekennen. Afro-deutsche Frauen auf den Spuren ihrer Geschichte. Berlin. S. 49 ff., und Nicola Lairé al-Samarai (2004): Schwarze Menschen im Nationalsozialismus. In: BpB Dossier Afrikanische Diaspora in Deutschland, http://www.bpb.de/gesellschaft/migration/afrikanische-diaspora/59423/nationalsozialismus (aufgerufen am 05.06.2021).

29 Frantz Fanon (1969): Aspekte der Algerischen Revolution. Übers. von Peter-Anton von Arnim. Frankfurt a. M. S. 83.

30 Siehe Nina Salouâ Studer (2013): Die Pathologisierung des Maghreb – der Einfluss der französischen Psychiatrie auf koloniale Berichte über schlafende Schwangerschaften. In: Historische Anthropologie, Bd. 21 (1), S. 136 ff.

31 Alice Cherki (2002): Frantz Fanon. Ein Portrait. Übers. von Andreas Löhrer. Hamburg. S. 99.

32 Studer (2013), S. 138.

33 Alice Cherki (2002), S. 107.

34 Frantz Fanon (1972): Für eine afrikanische Revolution, Berlin. S. 39.

35 Siehe dazu z. B. Yannick von Eisenhart Rothe: »Diagnose ›Morbus Mediterraneus‹: Das rassistische Klischee von wehleidigen Migrantinnen«. Spiegel Online / bento.de, 18.09.2019 (= https://www.spiegel.de/politik/morbus-mediterraneus-das-rassistische-klischee-von-wehleidigen-migranten-a-7eced19d-851a-406e-aeb8-bea60ae28873; aufgerufen am 05.06.2021).

36 Im Mai 2020 bekräftigt ENAR, ein europäisches Netzwerk gegen Rassismus mit Sitz in Brüssel, dass die Pandemie insgesamt die strukturelle Ungleichbehandlung rassismusbetroffener Menschen in verschiedenen Bereichen des gesellschaftlichen Lebens eindeutig bestätigt. Schwarze

Menschen und People of Color sind überdurchschnittlich stark von der Pandemie betroffen. Die Wahrscheinlichkeit, dass sie an der Krankheit sterben, liegt in England im Vergleich zu weißen Menschen viermal so hoch, wie das britische Statistikamt Anfang Mai 2020 mitteilte. Siehe: https://www.enar-eu.org/IMG/pdf/key_findings_of_the_map.pdf und https://www.theguardian.com/world/2020/may/07/black-people-four-times-more-likely-to-die-from-covid-19-ons-finds (aufgerufen am 05.06.2021).
Eine Studie der University of Virgina von 2016 stellt fest, dass rassistische Vorurteile über die vermeintlich unterschiedliche Schmerzempfindlichkeit von Schwarzen und weißen Menschen Einfluss auf Therapieempfehlungen nehmen. Siehe: Kelly M. Hoffmann et al. (2016): Racial bias in pain assessment and treatment recommendations, and false beliefs about biological differences between blacks and whites. In: PNAS. Vol. 113, No. 16. S. 4296–4301 (= https://www.pnas.org/content/pnas/113/16/4296.full.pdf; aufgerufen am 05.06.2021).

37 Siedlungen und Stadtviertel, die von Sinti:zze und Rom:nja bewohnt werden, wurden in Bulgarien abgeriegelt, es wurden Checkpoints eingerichtet und brutale Polizeikontrollen durchgeführt, die es pauschal auf Rom:nja abgesehen hatten. Auch in Deutschland wurden sie in der medialen Berichterstattung pauschal als Seuchenträger in den Blick genommen und ihre ethnische Zugehörigkeit in den Zusammenhang mit großen Infektionsherden in Göttingen, Berlin und Magdeburg gesetzt. Das ist fahrlässig, gefährlich und das hat Tradition. Seit Jahrhunderten werden Sinti:zze und Rom:nja mit Krankheit und Gefahr assoziiert, so wurde und wird gegen ihre Anwesenheit oder Einwanderung argumentiert und ihnen die Schuld für die Ausbreitung von Seuchen zugeschrieben.
Siehe: Diljana Lambreva: »Roma unter Corona-Verdacht«. Zeit Online, 05.04.2020 (= https://www.zeit.de/politik/ausland/2020-04/bulgarien-coronavirus-roma-diskriminierung-infektion-covid-19). Ebenso: https://www.amnesty.org/en/documents/ior60/2347/2020/en/. Und: »Die Pandemie orientiert

sich nicht an der Abstammung«. Ein Interview von Reinhard Bingener mit Romani Rose. FAZ Online, 23.06.2020 (= https://www.faz.net/aktuell/politik/inland/zentralrat-der-roma-pandemie-orientiert-sich-nicht-an-abstammung-16828602.html); alle aufgerufen am 05.06.2021.

38 Lauren Frayer: »Blamed For Coronavirus Outbreak, Muslims In India Come Under Attack«. National Public Radio, 23.04.2020 (= https://www.npr.org/2020/04/23/839980029/blamed-for-coronavirus-outbreak-muslims-in-india-come-under-attack?t=1589890446102; aufgerufen am 05.06.2021).

39 Siehe auf Twitter @democ_de, https://twitter.com/democ_de/status/1252332895072641024?s=21

40 »Kontaktversuch: ›Lügenpresse‹ trifft Pegida«. Ein Beitrag von Robert Bongen und Johannes Jolmes. In: Panorama, 18.12.2015 (= https://daserste.ndr.de/panorama/archiv/2014/Kontaktversuch-Luegenpresse-trifft-Pegida-,pegida136.html; aufgerufen am 05.06.2021).

41 Wie Fanon ging auch der französische Philosoph Étienne Balibar von einer Diskursverschiebung aus. Er sprach von einem »Neo-Rassismus«, dem es auf den ersten Blick nicht mehr um »Rasse« geht, sondern der als Meinung getarnt wird. Balibar nannte das auch einen »Rassismus ohne Rassen«, »dessen vorherrschendes Thema nicht mehr die biologische Vererbung, sondern die Unaufhebbarkeit der kulturellen Differenz ist«. Siehe: Étienne Balibar (1990): Gibt es einen Neo-Rassismus? In: Ders. und Immanuel Wallerstein (Hrsg.): Rasse, Klasse, Nation. Ambivalente Identitäten. Berlin/Hamburg. S. 28.

42 Ulrich Gutmair: »Seine Fremde bist du. Aras Ören ist der große Dichter des Einwanderungslands Almanya. Sein Werk beschäftigt sich mit Sprachlosigkeit und Metamorphosen«. taz, 28.05.2017 (= https://taz.de/Besuch-beim-Literaten-Aras-Oeren/!5409464/; aufgerufen am 06.06.2021).

43 Ebd.

44 Ebd.

45 Aras Ören (2019): Berliner Trilogie. Drei Poeme. Übers. aus dem Türkischen von H. Achmed Schmiede, Johannes Schenk, Jürgen Theobaldy und Gisela Kraft. Berlin. S. 5.

46 https://www.bundestag.de/presse/hib/2018_06/561648-561648 (aufgerufen am 06.06.2021).

47 https://www.amadeu-antonio-stiftung.de/todesopfer-rechter-gewalt/ (aufgerufen am 06.06.2021).

48 Zwanzig Jahre später drehte der Filmemacher Mirza Odabaşı eine Reportage über den Brandanschlag in Solingen mit dem Titel *93/13 – Zwanzig Jahre nach Solingen*. In dem 38-minütigen Film dokumentiert Odabaşı Gespräche über Alltagsrassismus und die Folgen des Anschlags. In einem Interview mit dem WDR bezeichnete er das Projekt als »Zeitreise vom Anschlag in Solingen bis zur Selbstenttarnung des NSU«. Die Verbrechen des sogenannten Nationalsozialistischen Untergrundes und das Behördenversagen bei den Ermittlungen waren ausschlaggebend für Odabaşı, zurückzublicken und die Opfer von Solingen in Erinnerung zu rufen. Damit gab er dem Schmerz und der Enttäuschung rassismusbetroffener Menschen in Deutschland einen Raum für ihre Gefühle und Erfahrungen, die in der breiten Öffentlichkeit auf taube Ohren stießen.
Siehe dazu: »Langzeitfolgen eines Brandanschlags«. Interview mit Mirza Odabaşı. WDR Online, 12.05.2013 (= https://www1.wdr.de/archiv/am-rechten-rand/solingen118.html; aufgerufen am 06-06.2021).

49 Siehe: »Mordserie gegen türkische Kleinunternehmer«. SZ Online, 11.05.2010 (= https://www.sueddeutsche.de/muenchen/bundeskriminalamt-mordserie-gegen-tuerkische-kleinunternehmer-1.662348; aufgerufen am 06.06.2021).

50 Zitiert nach: »Wieso die NSU-Mörder Ausländer sein mussten«. MiGAZIN, 25.09.2012 (https://www.migazin.de/2012/09/25/wieso-die-nsu-morder-auslander-sein-mussten/; aufgerufen am 06.06.2021).

51 Siehe: https://www.bmi.bund.de/SharedDocs/downloads/DE/publikationen/themen/sicherheit/pks-2020.pdf?__blob=publicationFile&v=2, S. 13 (aufgerufen am 06.06.2021).

52 Siehe: »Wir klagen an! Anklage des Tribunals ›NSU-Komplex auflösen‹«. Online unter: http://www.nsu-tribunal.de/wp-content/uploads/2017/10/NSU-Tribunal_Anklageschrift_DE_V3.pdf, S. 48 (aufgerufen am 06.06.2021).

53 Simone Rafael: »Zur Ideologie des rechtsextremen Attentäters von Hanau«. Belltower, 20.02.2020 (= https://www.belltower.news/rechtsterroristische-anschlaege-mit-10-opfern-zur-ideologie-des-rechtsextremen-attentaeters-von-hanau-96085/; aufgerufen am 06.06.2020).

54 »Clan-Kriminalität« ist ein unsäglicher Begriff, der für migrantisch gehaltene Familienstrukturen mit Gefahr in Verbindung bringt und Kriminalität ethnisiert. Immer wieder stürmt die Polizei schwerbewaffnet in Shisha-Bars auch in Berlin – übrigens in den meisten Fällen ohne irgendein Ergebnis – und richtet so einen enormen Schaden für Ruf und Geschäft an. Im Jahr 2019 wurden mehr als 380 Razzien gegen die sog. Clan-Kriminalität in der Hauptstadt durchgeführt. Shisha-Bar-Besitzer beschweren sich über die Schikane und berichten davon, dass die Kundschaft sich zurückzieht und sich in der Nachbarschaft großes Misstrauen entwickelt. Eine solche Verdachtskultur hat Konsequenzen. Es ist kein Zufall, dass der Attentäter von Hanau sich Shisha-Bars als Ziele suchte. Und trotzdem fördern Polizei und Medien weiter die Verbreitung solcher Vorurteile.

Der Journalist Mohamed Amjahid nahm das polizeiliche Konstrukt in der aufsehenerregenden Reportage *Clan-Kriminalität: Trickst die Polizei?* genauer unter die Lupe. Er wertete geheime Polizeidokumente aus und stellte fest: Die Polizei arbeitet irreführend mit den Zahlen zur Clan-Statistik. Denn ein zufälliger arabischer Name, der als »Clan-Name« in den Listen registriert ist, reicht aus, um in die Statistik aufgenommen zu werden.

Vgl. Asli Özarslan: »Geheimakte Clan. Trickst die Polizei?«. Reportage für das ZDF, 03.09.2020 (= https://www.zdf.de/politik/frontal-21/geheimakte-clan-frontal-100.html; aufgerufen am 06.06.2021).

55 Justus Bender: »Gauland: Özoguz in Anatolien entsorgen«. FAZ Online, 28.08.2017 (= http://www.faz.net/aktuell/politik/bundestagswahl/afd-alexander-gauland-traeumt-von-entsorgung-aydan-oezoguz-15171141.html; aufgerufen am 06.06.2021).

56 »Seehofer laut Medienberichten: ›Mutter aller Probleme ist die Migration‹«. Spiegel Online, 05.09.2018 (= https://www.spiegel.de/politik/deutschland/horst-seehofer-laut-medienberichten-mutter-aller-probleme-ist-die-migration-a-1226724.html; aufgerufen am 06.06.2021).

57 Julia Weiss: »Boris Palmer kritisiert Deutsche Bahn: ›Der Shitstorm wird nicht vermeidbar sein‹«. Der Tagesspiegel Online, 24.04.2019 (= https://www.tagesspiegel.de/politik/boris-palmer-kritisiert-deutsche-bahn-der-shitstorm-wird-nicht-vermeidbar-sein/24245510.html; aufgerufen am 06.06.2021).

58 Das Online-Archiv zeigt dieses Cover noch: https://www.spiegel.de/spiegel/print/index-1973-31.html (aufgerufen am 06.06.2021).

59 »Die Türken kommen – rette sich, wer kann«. Digitales Print-Archiv des Spiegel, 29.07.1973 (= https://www.spiegel.de/spiegel/print/d-41955159.html; aufgerufen am 06.06.2021).

60 »Gastarbeiter: Unannehmbar, untragbar«. Digitales Print-Archiv des Spiegel, 18.07.1976 (= https://www.spiegel.de/spiegel/print/d-41210860.html; aufgerufen am 06.06.2021).

61 »Türken in Berlin – ›die Heimat hast du hier‹«. Digitales Print-Archiv des Spiegel, 27.01.1980 (= https://www.spiegel.de/spiegel/print/d-14320421.html; aufgerufen am 06.06.2021).

62 Ebd.

63 Ebd.

64 Zitiert nach Olaf Wunder: »Kampf gegen Rassismus. Semra Ertan übergoss sich mit Benzin und zündete sich an«. Hamburger Morgenpost Online, 28.06.2019 (= https://www.mopo.de/hamburg/historisch/kampf-gegen-rassismus-semra-ertan-uebergoss-sich-mit-benzin-und-zuendete-sich-an-32702504; aufgerufen am 06.06.2021).

65 Cana Bilir-Meier (2020): Düsler Ulkesi. Leipzig. S. 143.

66 Mehr Details unter: https://semraertaninitiative.wordpress.com (aufgerufen am 06.06.2020).

67 Feridun Zaimoğlu (1995): Kanak Sprak. 24 Misstöne vom Rande der Gesellschaft. Hamburg. S. 9.

68 »Kanaka« ist das hawaiianische Wort für Mensch. Im 19. Jahrhundert griffen die Briten darauf zurück und nannten so die Arbeiterinnen und Arbeiter, die auf Pazifikinseln angeworben oder zwangsverschleppt wurden. Auch deutschen Kolonialisten war das Wort »Kanake« geläufig. Sie nutzten es in ihren Kolonien im Pazifik. Im Deutschen Kolonial-Lexikon von 1920 steht im Eintrag für »Kanaka«: »ursprünglich in verschiedenen Varianten einheimische Bezeichnung für Mensch, Mann in Polynesien«. Im heutigen Neukaledonien, die pazifische Inselgruppe ist noch immer in französischer Hand, gibt es ein Volk, das sich Kanaka und das Land Kanaky nennt. Sie nutzen das Wort als Eigenbezeichnung, es ist eng mit ihrer Kolonialerfahrung und den Kämpfen um Unabhängigkeit, Anerkennung und Freiheit verbunden. In Deutschland hat sich seit den 1960er Jahren die Bezeichnung dagegen als Schimpfwort für »südländisch« aussehende Personen etabliert. Hier wurden Menschen mit Migrationshintergrund kanakisiert, also zu Kanaken gemacht. Ganz nach der Hannah Arendtschen Faustregel »Wenn man als Jude angegriffen wird, muss man sich auch als Jude wehren« griffen Betroffene selbst ab den 1990er Jahren auf das Wort »Kanake« zurück, um sich dadurch zur Wehr zu setzen. Es gibt Kritik, die diese Praxis gegenüber den Kanaken in Neukaledonien und ihren antikolonialen Bestrebungen für übergriffig hält und sie als unrechtmäßige Aneignung ablehnt. Sie unterscheidet zwischen »echten« und »falschen« Kanaken. Ich sehe im Rückgriff auf das Wort »Kanake« hierzulande eine Reaktion auf und eine Umgangsweise mit rassistischer Stigmatisierung und Diskriminierung in einer mehrheitsdeutschen Dominanzgesellschaft, die Andere zu Kanakinnen oder Kanaken machten. Gleichzeitig sehe ich den Fall als Ausdruck dafür, dass Geschichte und Identitäten nicht natürlich gegeben, sondern konstruiert und prozesshaft sind; sie sind kontextabhängig, ambivalent und deshalb kompliziert. Mehrere Wahrheiten und Bedeutungsebenen können durchaus zusammen existieren, ohne dass dadurch eine andere an Legitimität einbüßt. Das Wort »Kanake« kann, wie im Übrigen viele andere Begriffe,

je nach Ort und Zeit Unterschiedliches bedeuten, es zeugt von globalhistorischen Vernetzungen, für Wandelbarkeit und Transformationen und dafür, wie Menschen sich Gehör für ihre jeweiligen spezifischen Erfahrungen verschaffen. Es sind Geschichten der Ausgrenzung und Diskriminierung wie auch Geschichten der Selbstermächtigung, die miteinander verwoben sind und zusammengedacht werden können. Siehe auch: Deutsches Kolonial-Lexikon (1920), Band II, S. 223, http://www.stub.bildarchiv-dkg.uni-frankfurt.de/Bildprojekt/Lexikon/php/suche_db.php?suchname=Kanaka, und Matthias Heine: »Wie ›Kanake‹ zum rassistischen Hasswort wurde«. Die Welt Online, 18.04.2016 (= https://www.welt.de/kultur/article154409100/Wie-Kanake-zum-rassistischen-Hasswort-wurde.html; beide aufgerufen am 07.06.2021).

69 Zaimoğlu (1995), Hamburg, S. 9.

70 Ebd., S. 13.

71 Ebd., S. 15.

72 Ebd., S. 18.

73 Ebd., S. 25–26.

74 Judith Butler (2006): Haß spricht. Zur Politik des Performativen. Übers. von Kathrina Menke und Markus Krist. Berlin. S. 10.

75 Siehe die Selbstauskunft auf der mittlerweile nur noch sporadisch aktualisierten Website der Bewegung: https://www.kanak-attak.de/ka/about.html (aufgerufen am 07.06.2021).

76 Siehe: https://www.kanak-attak.de/ka/kanaktv/howto.html (aufgerufen am 07.06.2021).

77 So in der Beschreibung des *Konkret Konkrass 2002*: https://www.kanak-attak.de/ka/archiv/ffm/index.htm

78 Max Czollek (2018): Desintegriert euch!. München. S. 15.

79 Siehe noch einmal: https://www.kanak-attak.de/ka/archiv/ffm/index.htm

80 Video »Weisses Ghetto – White Ghetto«: https://www.youtube.com/watch?v=Gwdy_GAPBJQ&feature=emb_title (aufgerufen am 07.06.2021).

81 Katharina Oguntoye / May Ayim / Dagmar Schultz (Hrsg.) (1986): Farbe bekennen: Afro-deutsche Frauen auf den Spuren ihrer Geschichte. Berlin.

82 Keskinkılıç (2020).

83 Das hat ein groß angelegtes Experiment der Datenjournalisten des Bayerischen Rundfunks und des SPIEGEL gezeigt: »Hanna und Ismail sind neu in der Stadt und haben auch sonst viel gemeinsam: Beide sind Ende zwanzig, Single, arbeiten in einer Agentur und suchen dringend eine bezahlbare Wohnung. Wie die meisten Suchenden scannen sie täglich die Online-Portale und schreiben Bewerbungen. Viele Bewerbungen. Ihre Anschreiben sind nahezu identisch: Klar, freundlich und in gutem Deutsch verfasst. Und doch: Hanna wird rasch zu einigen Besichtigungen eingeladen, Ismail hingegen erhält deutlich weniger Antworten.«
Über mehrere Wochen wurden 20 000 Bewerbungen mit fiktiven Profilen, darunter Hanna Berg und Ismail Hamed, verschickt. Die rund 8000 Antworten haben belegt: »Menschen mit ausländischem Namen werden auf dem Mietmarkt deutlich diskriminiert. Besonders hart trifft es Wohnungssuchende mit türkischer oder arabischer Herkunft. In jedem vierten Fall, in dem ein Deutscher eine Einladung zu einer Besichtigung erhält, werden sie übergangen.« Zitiert nach: https://www.hanna-und-ismail.de; aufgerufen am 08.06.2021.

84 Veronika Völlinger: »Frauen mit Kopftuch müssen deutlich mehr Bewerbungen schreiben«. Zeit Online, 20.09.2016 (= https://www.zeit.de/gesellschaft/zeitgeschehen/2016-09/arbeitsmarkt-kopftuch-musliminnen-bewerbung-diskriminierung-studie; aufgerufen am 08.06.2021).

85 Vgl. BMI (2020), S. 7.

86 »Angreifer boxt schwangere Frau in den Bauch«. Berliner Morgenpost Online, 20.03.2019 (= https://www.morgenpost.de/berlin/polizeibericht/article216699249/Angreifer-boxt-schwangerer-Frau-wegen-Kopftuch-in-den-Bauch.html, aufgerufen am 08.06.2021).

87 Kathrin Plikat: »Northeimer Friedhof: Muslimische Gräber mit Hakenkreuzen beschmiert«. Hessische/Niedersächsische Allgemeine, 11.11.2018 (= https://www.hna.de/lokales/northeim/northeim-ort47320/northeim-muslimische-graeber-mit-hakenkreuzen-beschmiert-10547228.html aufgerufen am 08.06.2021).

88 Thomas Speckmann: »Totes Schwein liegt vor Moschee in Vechta«. Münsterländische Tageszeitung/Oldenburgische Volkszeitung Online, 04.01.2021 (= https://www.om-online.de/om/totes-schwein-liegt-vor-moschee-in-vechta-59178; aufgerufen am 08.06.2021).

89 »Scheiben einer Moschee in Sontheim eingeschlagen«. brandeilig.org, 05.01.2021 (= https://brandeilig.org/scheiben-einer-moschee-in-sontheimer-eingeschlagen/; aufgerufen am 08.06.2021).

90 »Bombendrohung an Moschee in Mannheim«. brandeilig.org, 14.11.2020 (= https://brandeilig.org/bombendrohung-an-moschee-in-mannheim/; aufgerufen am 08.06.2021).

91 »Brandanschlag auf Moschee in Frankfurt«. brandeilig.org, 27.01.2021 (= https://brandeilig.org/brandanschlag-auf-moschee-in-frankfurt/; aufgerufen am 08.06.2021).

92 Heinrich von Treitschke (1879 [2003]): »Unsere Aussichten«. In: Karsten Krieger (Hrsg.): Der »Berliner Antisemitismusstreit« 1879–1881. Eine Kontroverse um die Zugehörigkeit der deutschen Juden zur Nation. München. S. 12.

93 Antisemitismus und antimuslimischer Rassismus sind nicht identisch, sie unterscheiden sich in Entstehungskontexten und Entwicklungen. Trotzdem gibt es unübersehbare Parallelen und Überschneidungen. Zu vergleichen bedeutet nicht gleichzusetzen. Zwar eignet sich der deutsche Nationalsozialismus nicht als Vergleichspunkt, erfahren Muslim:innen heute nicht annähernd das, was Jüd:innen im Dritten Reich widerfuhr. Es gibt aber andere historische Beispiele, die Ähnlichkeiten zeigen.
Siehe dazu ausführlich: Wolfgang Benz (2011): Antisemitismus und »Islamkritik«. Bilanz und Perspektive. Berlin; Yasemin Shooman (2016): Zur Debatte über das Verhältnis von Antisemitismus, Rassismus und Islamfeindlichkeit. In: Fritz Bauer Institut (Hrsg.): Antisemitismus und andere Feindseligkeiten. Interaktionen von Ressentiments. Frankfurt a. M.; Ozan Zakariya Keskinkılıç (2019): Antimuslimischer Rassismus und Antisemitismus im Vergleich – Kontroversen und Beziehungen, in: Ders.: Die Islamdebatte gehört zu Deutschland. Berlin. S. 102–127; und Ozan

Zakariya Keskinkılıç/Armin Langer (2018) (Hrsg.): Fremdgemacht & Reorientiert. Jüdisch-muslimische Verflechtungen, Berlin.

94 Thilo Sarrazin (2018): Feindliche Übernahme. Wie der Islam den Fortschritt behindert und die Gesellschaft bedroht. München. S. 387 f.

95 Ebd., S. 360.

96 Die Rassismusforscherin und Historikerin Yasemin Shooman hat Sarrazins jüngstes Buch genauer unter die Lupe genommen. Sie kommt zum Schluss, dass Musliminnen und Muslime »als geistig unterentwickelte, minderwertige, gefährliche Gruppe« dargestellt werden. »Muslime seien dumm, ungebildet und arm, weil ihre Religion sie mental so präge – und zwar in einer irreversiblen und irreparablen Weise.« Zitiert nach: »Er zeigt genau den antimuslimischen Rassismus, den er abstreitet«. Yasemin Shooman im Gespräch mit Andrea Dernbach. Tagesspiegel Online, 30.01.2020 (= https://www.tagesspiegel.de/politik/spd-gutachterin-antwortet-thilo-sarrazin-er-zeigt-genau-den-antimuslimischen-rassismus-den-er-abstreitet/25485582.html; aufgerufen am 08.07.2021).

97 Thilo Sarrazin (2018), S. 199.

98 Mely Kiyak: Deutschland hat mitgemacht. Zeit Online, 05.08.2020 (= https://www.zeit.de/kultur/2020-08/thilo-sarrazin-spd-parteiausschluss-rechtes-gedankengut-aufarbeitung-rassismus; aufgerufen am 08.06.2021).

99 Siehe ausführlich: Ozan Zakariya Keskinkılıç (2018): INSIDE ISLAMFEINDLICHKEIT. Eine rassismuskritische Rezension zu Constantin Schreibers *Inside Islam* (https://www.islamiq.de/2018/03/28/eine-rassismuskritische-rezension-zu-constantin-schreibers-inside-islam/; aufgerufen am 08.07.2021).

100 Constantin Schreiber (2017): Inside Islam. Was in Deutschlands Moscheen gepredigt wird. Berlin. S. 233.

101 Ebd., S. 14.

102 Ebd., S. 9.

103 Siehe etwa ebd. S. 120 f., 117 und 141.

104 Ebd., S. 245.

105 Kurztext des Verlags unter https://hoffmann-und-

campe.de/products/306-die-kandidatin (aufgerufen am 14.06.2021).

106 Ruud Koopmans: Religious fundamentalism and out-group hostility among Muslims and Christians in Western Europe. Discussion Paper. März 2014 (= https://bibliothek.wzb.eu/pdf/2014/vi14-101.pdf; aufgerufen am 24.07.2021).

107 Ebd., S. 8 (Übersetzung: O. Z. Keskinkılıç).

108 »Islamischer religiöser Fundamentalismus ist weit verbreitet.« Pressemitteilung des WZB vom 09.12.2013 (= https://www.wzb.eu/de/pressemitteilung/islamischer-religioeser-fundamentalismus-ist-weit-verbreitet; aufgerufen am 14.06.2021).

109 Es wurden in den sechs Ländern ausschließlich Menschen mit marokkanischer (2200 Personen) und türkischer (3400) Migrationsbiografie untersucht. In Deutschland waren das 489 Befragte mit türkischem und 479 Befragte mit marokkanischem Bezug. Außerdem wurden nur Personen befragt, die entweder selbst oder deren Eltern bzw. Großeltern vor 1975 eingewandert sind. Es fehlen also alle später Eingewanderten, insbesondere jene, die erst nach den sogenannten Anwerbeabkommen nach Deutschland kamen, etwa zum Studium. Darüber hinaus beschränkt sich die Stichprobe auf Befragte aus bestimmten, vor allen Dingen ländlichen Regionen aus der Türkei und Marokko.

110 Pressemitteilung des WZB.

111 Siehe dazu ausführlich Alexander Haridi (2005): Das Paradigma der »islamischen Zivilisation« – oder die Begründung der deutschen Islamwissenschaft durch Carl Heinrich Becker (1876–1933). Eine wissenschaftsgeschichtliche Untersuchung. Würzburg.

112 Siehe dazu ausführlich das Kapitel »Orientalika«.

113 Ernest Renan (1883): Der Islam und die Wissenschaft. Basel. S. 4–5.

114 Jamal al-Din al-Afghani (1883): Brief an Renan. In: Ernest Renan (1883), S. 32.

115 Ebd., S. 35–36.

116 Ebd., S. 43.

117 Ebd., S. 43–44.

118 Vgl. Andrew Shryock (2010): Islamophobia/Islamophilia: Beyond the Politics of Enemy and Friend. Indiana/USA. S. 41.

119 Einen solchen haarsträubenden Fall diskutiert der Journalist Daniel Bax in seinem Artikel »Religionskritik nach Pegida-Art«. Spiegel Online, 28.09.2015 (= https://www.spiegel.de/kultur/literatur/mohamed-von-hamed-abdel-samad-die-angst-vor-dem-islam-a-1055047.html; aufgerufen am 15.06.2021).

120 Vgl. AfD-Fraktion im Thüringer Landtag (2017): Der Islam. Fakten und Argumente, https://afd-thl.de/buch-der-islam-fakten-und-argumente/, S. 102 (zuletzt aufgerufen am 09.12.2016). Die PDF-Datei wurde mittlerweile von der Website entfernt.

121 Ebd., S. 103 f.

122 Ebd., S. 105.

123 Darunter versteht das bereits erwähnte Islam-Handbuch der AfD-Fraktion Thüringen (2017, S. 112 f.) »eine Art vorauseilenden Gehorsams gegenüber islamischen Vorstellungen seitens Nicht-Muslimen, insbesondere nicht-muslimischen Politikern und Personen des öffentlichen Lebens«.

124 Alexander Kohnen, Miguel Sanches und Christian Unger: »Unter Terrorverdacht: Soldat gab sich als Flüchtling aus«. Berliner Morgenpost Online, 27.04.2017 (= https://www.morgenpost.de/politik/article210386417/Soldat-gab-sich-als-Fluechtling-aus-und-plante-Anschlag.html; aufgerufen am 15.06.2021).

125 »Existierte der Jude nicht, der Antisemit würde ihn erfinden«, wie es bei Sartre heißt. Siehe Ders. (1945 [2017]): Überlegungen zur Judenfrage. Gesammelte Werke in Einzelausgaben. Teil: Politische Schriften. Band 2. Übers. von Vincent von Wroblewsky. Reinbek bei Hamburg. S. 12.

126 Albrecht Glaser am 11.08.2017 in Frankfurt am Main: https://www.youtube.com/watch?v=PFT_E5eG-8I (aufgerufen am 15.06.2017). Siehe dazu ausführlich: Keskinkılıç (2019), S. 75 ff.

127 Ebd.

128 Ebd.

129 Tim Geyer: »Die AfD streitet sich über das beste Wahlplakat«. Vice, 08.06.2017 (= https://www.vice.com/de/article/

gypyaw/die-afd-streitet-sich-uber-das-beste-wahlplakat; aufgerufen am 15.06.2021).

130 »Fickfehler gab es früher nicht«. Doris Akrap und Deniz Yücel im Interview mit Idil Baydar. taz Online, 02.03.2015 (= https://taz.de/Comedian-Idil-Baydar-ueber-Deutschland/!5018297/; aufgerufen am 15.06.2021).

131 Tunay Önder / Imad Mustafa (2016): Migrantenstadl. Münster. S. 11.

132 Vgl. Michael Weisser (2002): Cigaretten-Reclame. Über die Kunst blauen Dunst zu verkaufen. Die Geschichte der Zigarette, ihrer Industrie und ihrer Werbung, von 1860 bis 1930. Bassum. S. 47.

133 Vgl. Frank Gesemann / Gerhard Höpp (2002): Araber in Berlin (bis 1945). In: Dies. und Haroun Sweis (Hrsg.): Araber in Berlin. Berlin. S. 9. Siehe auch: Carl Krug (1898): »Die Sonder-Ausstellung Kairo«. In: Berlin und seine Arbeit. Amtlicher Bericht der Berliner Gewerbe-Ausstellung 1896. Berlin. S. 868.

134 Carl Krug (1896): Offizieller Führer durch die Special-Abtheilung der Berliner Gewerbe-Ausstellung 1896. Berlin. S. 4.

135 Vgl. Gesemann / Höpp / Sweis (2002), S. 10 ff.

136 Zit. nach ebd., S. 10 f.

137 Adolf Stein (1927): Rumpelstilzchen. Berliner Funken. Berlin. S. 328.

138 Vgl. Christian Koller (2001): »Von Wilden aller Rassen niedergemetzelt«. Die Diskussion um die Verwendung von Kolonialtruppen in Europa zwischen Rassismus, Kolonial- und Militärpolitik (1914–1930). Stuttgart. S. 127.

139 http://www.dortmund-postkolonial.de/?page_id=3392; aufgerufen am 18.06.2021.

140 Wolfgang G. Schwanitz (2003): Djihad »Made in Germany«: Der Streit um den Heiligen Krieg 1914–1915. In: Sozial. Geschichte, 18, 2, S. 7–34.

141 Max von Oppenheim (1914): Die Revolutionierung der islamischen Gebiete unserer Feinde. Berlin. S. 121–163. Dokument in: Tim Epkenhans (2001): »Geld darf keine Rolle spielen«. In: Archivum Ottomanicum 19 (2001), S. 159.

142 Ebd., S. 160.

143 Ebd., S. 163.

144 Salih Al-Sharif Al-Tunisi (1915): Die Wahrheit über den Glaubenskrieg. Übers. von Karl E. Schabinger. Berlin.

145 Peter Heine (2006): Die »Nachrichtenstelle für den Orient« und die deutsche Öffentlichkeit. In: Spektrum Iran – Zeitschrift für Islamisch-Iranische Kultur, 2/2006, S. 8–13 (= http://spektrum.irankultur.com/wp-content/uploads/2013/05/Die-%E2%80%9CNachrichtenstelle-f%C3%BCr-den-Orient%E2%80%9D-und-die-deutsche-%C3%96ffentlichkeit.pdf; aufgerufen am 18.06.2021).

146 Ozan Zakariya Keskinkılıç (2018): Islam und »Türkenfieber« im kolonialen Gefüge. Zum Verhältnis von Orient-, Kolonial- und Islampolitik im Deutschen Reich. In: Attia / Popal (Hg.) (2018): BeDeutungen dekolonisieren. Spuren von (antimuslimischem) Rassismus. Münster. S. 200–222.

147 Zit. nach Malte Fuhrmann (2006): Der Traum vom deutschen Orient. Zwei deutsche Kolonien im Osmanischen Reich 1851–1918. Frankfurt / New York. S. 173.

148 Zitiert nach Julia Tieke: Das deutsche Kaiserreich und der Dschihad. Deutschlandfunk Kultur, 01.07.2015 (= https://www.deutschlandfunkkultur.de/erster-weltkrieg-das-deutsche-kaiserreich-und-der-dschihad.976.de.html?dram:article_id=324083; aufgerufen am 18.06.2021).

149 Vgl. Heike Liebau (2011): The German Foreign Office, Indian Emigrants and Propaganda Efforts Among the »Sepoys«. In: Franziska Roy, Heike Liebau, Ravi Ahuja (Hrsg.): »When The War Began, We Heard of Several Kings«: South Asian Prisoners in World War I Germany. New Delhi: Social Science Press. S. 96–129.

150 Otto Stiehl (1916): Unsere Feinde: 96 Charakterköpfe aus deutschen Kriegsgefangenenlagern. Stuttgart. S. 13 (Digitalisat unter http://digital.staatsbibliothek-berlin.de/werkansicht/?PPN=PPN670056537&PHYSID=PHYS_0008; aufgerufen am 18.06.2021).

151 Ebd., S. 31.

152 Julius Richter (1905): Der Islam eine Gefahr für unsere afrikanischen Kolonien. In: Verhandlungen des Deutschen Kolonialkongresses 1905 zu Berlin am 5., 6. und 7. Oktober 1905. Berlin. S. 519.

153 Ebd., S. 510.
154 Ebd., S. 522.
155 Ebd., S. 527.
156 Jos. Froberger (1905): Welches ist der Kulturwert des Islam für koloniale Entwicklung? In: Verhandlungen des Deutschen Kolonialkongresses 1905 zu Berlin am 5., 6. und 7. Oktober 1905, Berlin. S. 529.
157 Ebd., S. 529ff.
158 Verhandlungen des Deutschen Kolonialkongresses 1905 zu Berlin am 5., 6. und 7. Oktober 1905. Berlin. S. 1039.
159 Hubert Hansen (1910): Welche Aufgaben stellt die Ausbreitung des Islam den Missionen und Ansiedlern in den deutschen Kolonien? In: Verhandlungen des Deutschen Kolonialkongresses 1910 zu Berlin am 6.,7. und 8. Oktober 1910. Berlin. S. 531.
160 Carl Heinrich Becker (1910): Staat und Mission in der Islampolitik. In: Verhandlungen des Deutschen Kolonialkongresses 1910 zu Berlin am 6., 7. u. 8. Oktober 1910. Berlin. S. 645.
161 Ebd., S. 671.
162 Martin Hartmann zit. nach: Schwanitz (2003), S. 23.
163 Verhandlungen des Deutschen Kolonialkongresses 1910 zu Berlin am 6., 7. und 8. Oktober 1910, Berlin. S. 662.
164 Carl Heinrich Becker (1911): Materialien zur Kenntnis des Islam in Deutsch-Ostafrika. In: Ders. (Hrsg.): Der Islam. Band II. Hamburg. S. 3.
165 Ebd., S. 11.
166 Vgl. Ozan Zakariya Keskinkılıç (2019), passim.
167 Vgl. Mathias Rohe (2016): Der Islam in Deutschland. Eine Bestandsaufnahme. München. S. 53f.
168 ARD-Programmhinweis: »Die Prinzessin von Sansibar«, 16.12.2010 (= https://programm.ard.de/TV/arte/die-prinzessin-von-sansibar/eid_287246122962924; aufgerufen am 19.07.2021).
169 Emily Ruete (1886): Memoiren einer arabischen Prinzessin. Berlin.
170 Ebd., S. 179f.
171 Aischa Ahmed (2020): Arabische Präsenzen in Deutschland um 1900. Biografische Interventionen. Bielefeld. S. 71ff.

172 Ebd., S. 78.
173 Ebd., S. 79.
174 Zitiert nach ebd., S. 83. Das Thema Raubkunst und Rückgabeforderungen ist weiterhin hoch aktuell, allen voran mit Blick auf das umstrittene Humboldt-Forum in Berlin und die darin ausgestellten Sammlungen.
175 Ebd., S. 84.
176 Ebd., S. 86.
177 Ronen Steinke (2017): Der Muslim und die Jüdin. Berlin.
178 David Motadel (2017): Für Prophet und Führer. Die islamische Welt und das Dritte Reich. Stuttgart. S. 53 ff.
179 Yossi Bartal: Halbmond überm Reichstag. Der Freitag Online, 02.05.2020 (= https://www.freitag.de/autoren/der-freitag/halbmond-ueberm-reichstag; aufgerufen am 20.06.2021).
180 Dass die Freiheit, den Namen nach der Heirat zu wählen, Frauen hierzulande erst seit 1976 zugestanden wird, geht in dieser Warnung vor der anderen fremden, patriarchalen Kultur oft unter. Tatsächlich schrieb das Bürgerliche Gesetzbuch seit 1896 fest, dass eine deutsche Ehefrau den Namen ihres Ehemannes anzunehmen hat. Diese Regel, wenn auch nicht mehr kodifiziert, hat sich gesellschaftlich noch lange nicht aufgelöst. Bei drei Viertel aller heterosexuellen Eheschließungen in Deutschland wird noch immer der Familienname des männlichen Partners gewählt. Die Gesellschaft für deutsche Sprache vermutet dahinter eine ausgeprägte deutsche Tradition. Wie Umfragen zeigen, empfinden es viele Männer in Deutschland als Schwäche, den Namen ihrer Frau anzunehmen. Siehe: https://gfds.de/familiennamen-bei-der-heirat-und-vornamenprognose-2018/#
181 Iris Seltmann-Kuke / Jürgen Mannke (2015): Leitartikel – Flüchtlingsdebatte: Anpassung an unsere Grundwerte erforderlich. In: Zeitschrift des Philologenverbandes Sachsen-Anhalt (3/2015), S. 2.
182 Ebd.
183 Ebd. Der Fall zog Kreise und sorgte für einige Kritik. Auch der Landesverband Sachsen-Anhalt des BDK e.V. Fachverband für Kunstpädagogik distanzierte sich ausdrücklich von den Äußerungen.

184 Aus dem Arabischen كيف für Stimmung, Vergnügen und Wohlbefinden.

185 Burton zit. nach Karl-Heinz Kohl (1987): Abwehr und Verlangen. Zur Geschichte der Ethnologie. Frankfurt am Main/New York. S. 34.

186 Fatima Mernissi (2000): Harem. Westliche Phantasien, östliche Wirklichkeit. Freiburg. S. 59f.

187 Evelyn Baring Lord Cromer (1908): Modern Egypt. New York. S. 539. Im Original: »The position of women in Egypt, and Mohammedan countries generally, is, therefore a fatal obstacle to the attainment of that elevation of thought and character which should accompany the introduction of European civilization, if that civilization is to produce its full measure of beneficial effect.« (Übers. O. Z. Keskinkılıç)

188 Vgl. Katharine Viner: »Feminism as imperialism«. The Guardian Online, 21.09.2002 (= https://www.theguardian.com/world/2002/sep/21/gender.usa; aufgerufen am 20.06.2021).

189 Susanne Kaiser: »Entschleiert euch!«. Qantara.de, 15.04.2015 (= https://de.qantara.de/inhalt/das-kopftuch-im-kolonialen-zeitalter-entschleiert-euch; aufgerufen am 20.06.2021).

190 Malek Alloula (1994): Haremsphantasien. Aus dem Postkartenalbum der Kolonialzeit. Übers. v. Stephan Egghart. Freiburg.

191 Frantz Fanon (1969): Algerien legt den Schleier ab. In: Aspekte der Algerischen Revolution. Übers. von Peter-Anton von Arnim. Frankfurt a. M.

192 Iman Attia kritisiert, dass Begriffe wie »Kopftuchdebatten« eine Auseinandersetzung auf Augenhöhe suggerieren, doch insbesondere Frauen mit Kopftuch, die ihr Recht auf das Kleidungsstück verteidigen, zum Schweigen gebracht und diskriminiert werden. Statt von Kopftuchdebatte oder -streit spricht sie deshalb von »Kopftuchmonologen«, um die Einseitigkeit und die hierarchischen Gefälle und Ausschlussmechanismen in Europa ins Zentrum zu rücken. Sie schreibt: »Die Kopftuchmonologe sind in ein diskursives und politisches Feld eingebettet, das über die Emanzipation von Frauen und das Geschlechterverhältnis hinausreicht und eng

verwoben mit Diskursen und Politiken zu historischen und aktuellen Formen von Kapitalismus und Kolonialismus ist.« Iman Attia (2018): Diskursive Interventionen in westliche Kopftuchmonologe. In: Rauf Ceylan und Halil-Haci Uslucan (Hrsg.): Transformation religiöser Symbole und religiöser Kommunikation in der Diaspora. Wiesbaden. S. 144.

193 Jos. Froberger (1905): »Welches ist der Kulturwert des Islam für koloniale Entwicklung?« In: Verhandlungen des Deutschen Kolonialkongresses 1905 zu Berlin am 5., 6. und 7. Oktober 1905. Berlin. S. 529.

194 Ebd., S. 529.

195 Alice Weidel: tweet, 18.09.2017. https://twitter.com/Alice_Weidel/status/909872488821161984.

196 Alice Weidel: tweet, 17.07.2017. https://twitter.com/Alice_Weidel/status/886927770391072768 (aufgerufen am 21.06.2021).

197 Zitiert nach »Lieber ›Kopftuchmädel‹ als ›Bund Deutscher Mädel‹«. FAZ Online, 16.05.2018 (= https://www.faz.net/aktuell/politik/inland/alice-weidel-provoziert-mit-kopftuchmaedchen-aussage-15593291.html; aufgerufen am 21.06.2021).

198 Kristina Schröder am 04.01.2016, twitter-Post @schroeder_k: https://twitter.com/schroeder_k/status/684113837545623552?lang=de

199 s.o. S. 35 f.

200 »Schwimmbad-Verbot für männliche Flüchtlinge«. Spiegel Online, 15.01.2016 (= http://www.spiegel.de/panorama/gesellschaft/bornheim-maennliche-fluechtlinge-erhalten-schwimmbad-verbot-a-1072150.html, aufgerufen am 22.06.2021).

201 Mely Kiyak: »Durchs wilde Nafristan«. Zeit Online, 18.01.2017 (= https://www.zeit.de/kultur/2017-01/silvesternacht-koeln-polizei-nafris-kiyaks-deutschstunde; aufgerufen am 22.06.2021).

202 Cis Menschen fühlen sich der Geschlechteridentität (männlich / weiblich) zugehörig, die ihnen bei der Geburt zugewiesen wurde.

203 »Haftbefehl gegen deutschen Vater auf Teneriffa«. Bild Online, 26.04.2019 (= https://www.bild.de/news/ausland/

news-ausland/teneriffa-haftbefehl-gegen-deutschen-vater-nach-familiendrama-61490302.bild.html, aufgerufen am 22.06.2021).

204 »Beziehungstat in Neuss: Frau erliegt schweren Verletzungen«. Westdeutsche Zeitung Online, 26.04.2019 (= https://www.wz.de/nrw/rhein-kreis-neuss/neuss/beziehungstat-in-neuss-frau-erliegt-schweren-verletzungen_aid-38404531; aufgerufen am 22.06.2021).

205 Mit diesem unscharfen Begriff wird in der medialen Berichterstattung ziemlich fahrlässig umgegangen. »Wenn ein Ausländer der Täter ist, wird das schnell als Ehrenmord kategorisiert, obwohl es oft ein klassischer Fall von Partnertötung ist«, kritisiert etwa die Rechtsanwältin Julia Kasselt das mediale Klischeebild vom muslimischen Ehrenmörder im Gespräch mit dem Islamwissenschaftler und Journalisten Fabian Goldmann für *neues deutschland*. Sie führte im Auftrag des Bundeskriminalamtes (BKA) eine Studie zu »Ehrenmorden« in Deutschland durch und untersuchte unzählige Prozessakten und Agenturmeldungen. Drei bis acht »Ehrenmorde« zählte die Rechtsanwältin im Zeitraum 1996 bis 2005, je nachdem, wie der Begriff definiert wird. Den Auftrag für ihre Forschungsarbeit erhielt Kasselt sechs Jahre nach dem Mord an Hatun Sürücü in Berlin-Tempelhof am 7. Februar 2005. Die damals 23-Jährige wurde am 7. Februar 2005 auf offener Straße von ihrem eigenen Bruder ermordet, weil die Familie ihren Lebensstil nicht duldete. Der Fall ging in die deutsche Justizgeschichte ein. Siehe: Fabian Goldmann: »Ehrenmord. Eine unscharfe Kategorie«. neues deutschland Online, 05.02.2020 (= https://www.neues-deutschland.de/artikel/1132484.femizide-ehrenmord-eine-unscharfe-kategorie.html; aufgerufen am 22.06.2021).

206 Ulrike Lembke: »Nennt sie Femizide!«. Zeit Online, 26.02.2021 (= https://www.zeit.de/kultur/2021-02/mord-frauen-femizid-ehrenmord-justiz-rassismus-10nach8/komplettansicht; aufgerufen am 22.06.2021).

207 Der Begriff »toxische Männlichkeit« stammt aus der queerfeministischen Theorie und wird auch im Aktivismus ver-

wendet, um androzentrische Selbst- und Weltbilder sowie Praktiken männlicher Dominanz aufzudecken.

208 https://www.destatis.de/DE/Themen/Gesellschaft-Umwelt/Gesundheit/Todesursachen/Tabellen/suizide.html

209 bell hooks (2004): The Will to Change: Men, Masculinity, and Love. New York. S. 15.

210 Kübra Gümüşay (2017): Vorwort. In: Lana Sirri (Hrsg.): Einführung in Islamische Feminismen. Berlin. S. 9.

211 Lana Sirri (2017): Einführung in Islamische Feminismen. Berlin. S. 32.

212 Amina Wadud (1999): Qur'an and Woman. Rereading the Sacred Text from a Woman's Perspective. Oxford. S. 16–20.

213 Auch Lana Sirri (2017, S. 73) interessiert sich für linguistische Koran-Analysen. Sie erklärt, dass der Name Adam, der 25-mal im Koran auftaucht, aus dem Arabischen als »menschliches Wesen« übersetzt werden kann und zudem synonym mit *insan* für Mensch benutzt wird.

214 Mohja Kahf: Facebook-Post vom 13. Februar 2017. https://www.facebook.com/photo.php?fbid=10154118703712016&set=a.10150099273442016.275045.667627015&type=3&theater

215 Fatima Mernissi (1993): The Forgotten Queens of Islam. Übers. von Mary Jo Lakeland. Minnesota. S. 89 (Digitalisat unter http://ebooks.rahnuma.org/religion/History/Fatima.Mernessi_The-Forgotten-Queens-of-Islam-EN.pdf; aufgerufen am 05.07.2021).

216 Ebd., S. 101.

217 Mohja Kahf (2016): What al-Ghazali's Mother Commented on the View of Her Son the Eminent Theologian that Women's Natures Tend Not Toward Spiritual Heights but the Baser Elements of World Life Such as Bearing and Nursing Children and the Muck of Cooking, Cleaning, and Sex for Their Husbands and/or Masters. In: Hagar Poems. Fayetteville. S. 87 (Übers. von Ozan Zakariya Keskinkılıç).

218 Claudia F. Savage: »Witness the Hour: Conversations with Arab-American Poets Across the Diaspora«. Medium.com, 15.03.2017 (= https://medium.com/anomalyblog/witness-the-hour-conversations-with-arab-american-poets-across-the-diaspora-841b7eb0a0e; aufgerufen am 25.06.2021).

219 https://www.gaystarnews.com/article/soldier-of-islam-nice-bastille-dating/ (aufgerufen am 26.06.2021).

220 https://www.thedailybeast.com/nice-attack-has-a-bisexual-muslim-hustler-put-france-on-the-path-to-civil-war (aufgerufen am 26.06.2021).

221 Cem Yildiz (2009): Fucking Germany. Das letzte Tabu oder Mein Leben als Escort. Frankfurt a. M. S. 13.

222 Ebd., S. 22 und 101.

223 Ebd., S. 64.

224 Ebd., S. 13 f.

225 Das Unternehmen reagierte anlässlich der *Black-Lives-Matter*-Proteste auf die Kritik, nicht genug gegen Rassismus zu unternehmen und ihn mit dem »Ethnie«-Filter sogar zu fördern. Grindr kündigte eine »Nulltoleranzstrategie für Rassismus und Hassrede auf unserer Plattform« an und schrieb: »Als Teil dieser Selbstverpflichtung und wegen Eures Feedbacks haben wir uns dazu entschieden, den Ethnien-Filter in unserer nächsten Veröffentlichung zu entfernen.« Zitiert nach: »Grindr schafft Ethnie als Ausschlussmerkmal ab«. Queer.de, 02.06.2020 (= https://www.queer.de/detail.php?article_id=36246; aufgerufen am 26.06.2021).

226 Mohamed Amjahid: »Wann Flüchtlingspornos boomen«. Zeit Online, 15.05.2018 (= https://www.zeit.de/gesellschaft/2018-05/sexismus-refugeeporn-fluechtlinge-pornografie-deutschland-analyse/komplettansicht; aufgerufen am 26.06.2021).

227 Matthias Wulff: »Werte-Test für Muslime: Der strittige Fragenkatalog aus Baden-Württemberg«. Welt Online, 08.01.2006 (= https://www.welt.de/print-wams/article137162/Werte-Test-fuer-Muslime-Der-strittige-Fragenkatalog-aus-Baden-Wuerttemberg.html; aufgerufen am 26.06.2021). Die Niederlande starteten im gleichen Jahr einen ähnlichen Pflichttest als Voraussetzung für die Einwanderung. Sie setzten auf visuelle Reize. Migrant:innen, vor allem aus islamisch geprägten Ländern, wurde von den Behörden ein Film vorgeführt, auf dem sich zwei Männer im Park küssen. An den Reaktionen sollte dann überprüft werden, wie die

Bewerber:innen zur »liberalen, niederländischen Kultur« stünden.

228 Khalass!!! We're vex! (2013): We are here – we have always been here! Wir sind da – wir waren schon immer da! Berlin. Zitiert nach: Jin Haritaworn: »Über die (Un-)Möglichkeit, die Beziehung zwischen Kolonialität, Urbanität und Sexualität zu thematisieren«. sub\urban – Zeitschrift für kritische Stadtforschung Online, April 2015. Band 1, Heft 3 (= https://zeitschrift-suburban.de/sys/index.php/suburban/article/view/176/288; aufgerufen am 27.06.2021).

229 Vgl. Jin Haritaworn (2015): Queer Lovers and Hateful Others. Regenerating Violent Times and Places. London. S. 79.

230 Alice Weidel (2017): Rede über die Gefahren für Homosexuelle, 21.09.2017 (= www.youtube.com/watch?v=p1OC0M6Gku8&feature=youtu.be).

231 Alice Weidel (2017): »Die AfD ist die einzige echte Schutzmacht für Schwule und Lesben in Deutschland«, 20.09.2017 (= https://www.afd.de/alice-weidel-im-exklusiv-interview-die-afd-ist-die-einzige-echte-schutzmacht-fuer-schwule-und-lesben-in-deutschland/; aufgerufen am 27.06.2021).

232 https://cdn.afd.tools/wp-content/uploads/sites/111/2021/06/20210611_AfD_Programm_2021.pdf, S. 154.

233 Ebd., S. 114.

234 Andere Genderidentitäten und sexuelle Orientierungen werden delegitimiert, als Irrsinn oder Abweichung behandelt, oder schweren Herzens geduldet und erfolgreich ausgeblendet. Während sich queere Menschen zu outen und um die Anerkennung anderer zu bemühen haben, steht das Begehren heterosexueller Menschen nicht unter Rechtfertigungsdruck. Heterosexuelle brauchen nicht darüber Auskunft zu geben, wann sie in ihrem Leben erkannt haben, dass sie sich zu einem anderen Geschlecht hingezogen fühlen. Wenige hinterfragen heterosexuelle Normen, mit denen wir als Gesellschaft in der gesamten Alltagskultur konfrontiert werden, in der Werbung, im Fernsehen, in Kindergartenbüchern, im Schulunterricht und auch im Kino – Ausnahmen bestätigen auch hier die Regel. »Zwangsheterosexualität«, wie es die US-amerikanische Feministin Adrienne Rich

in den 1980ern nannte (Compulsory Heterosexuality and Lesbian Existence. London. 1981), erzwingt Heterosexualität als Norm. Sie ist eine kulturelle und politische Institution, die andere Formen des Begehrens und Liebens benachteiligt und stigmatisiert.

235 »Mehr homo- und transfeindliche Übergriffe in Berlin«. Zeit Online, 15.05.2020 (= https://www.zeit.de/gesellschaft/zeitgeschehen/2020-05/homophobie-gewalt-gegen-homosexuelle-lgbtq-anstieg-uebergriffe-berlin; aufgerufen am 27.06.2021).

236 Inga Hofmann: »Bundesweiter Anstieg der Angriffe auf queere Menschen«. Der Tagesspiegel Online, 10.02.2021 (= https://www.tagesspiegel.de/gesellschaft/queerspiegel/homophobie-und-transfeindlichkeit-bundesweiter-anstieg-der-angriffe-auf-queere-menschen/25529574.html; aufgerufen am 27.06.2021).

237 »Fast die Hälfte queerer Menschen lebt Orientierung nicht offen aus«. Zeit Online, 14.05.2020 (= https://www.zeit.de/gesellschaft/zeitgeschehen/2020-05/lgbti-sexuelle-orientierung-diskriminierung-gewalt-intoleranz; aufgerufen am 27.06.2021).

238 Oliver Decker, Johannes Kies, Elmar Brähler (Hrsg.) (2016): Die enthemmte Mitte. Autoritäre und rechtsextreme Einstellungen in Deutschland. Gießen. Digitalisat unter https://www.kredo.uni-leipzig.de/download/0/0/1856974370/186be8914b721f3e5046edd12c20ee40335c08ef/fileadmin/www.kredo.uni-leipzig.de/uploads/dokumente/Buch_Mitte_Studie_Uni_Leipzig_2016.pdf, S. 50 (aufgerufen am 27.06.2021).

239 Zitiert nach: Alexius Komnenos: »The Spurious Letter to Count Robert of Flanders Imploring His Aid against the Turks«. Ins Englische übersetzt von John Boswell (1980): Christianity, Social Tolerance, and Homosexuality: Gay People in Western Europe from the Beginning of the Christian Era to the Fourteenth Century. Chicago, S. 367 ff. Dort lautet der englische Text: »But what next? We pass on to worse yet. They have degraded by sodomizing them men of every age and rank – boys, adolescents, young men, old men, servants, and, what is worse and more wicked, clerics

and monks, and even – alas and shame! something which from the beginning of time has never been spoken or heard of – bishops! They have already killed one bishop with this nefarious sin.« (Deutsche Übertragung von Ozan Zakariya Keskinkılıç)

240 Zitiert nach der englischen Übersetzung von John Boswell (1980), S. 281. Dort: »(…) popularized the vice of sodomy among his people, who sexually abuse not only both genders but even animals and have for the most part become like mindless horses or mules.« (Deutsche Übertragung von Ozan Zakariya Keskinkılıç)

241 Vgl. Boswell (1980), S. 282.

242 Ann Laura Stoler (2002): Foucaults »Geschichte der Sexualität« und die koloniale Ordnung der Dinge. In: Sebastian Conrad / Shalini Randeria / Regina Römhild (Hrsg.): Jenseits des Eurozentrismus. Postkoloniale Perspektiven in den Geschichts- und Kulturwissenschaften, Frankfurt a. M. S. 301–321.

243 Richard F. Burton (1886): Terminal Essay. In: The Book of the Thousand Nights and a Night: A Plain and Literal Translation of the Arab Nights Entertainments. London. S. 177.

244 Vgl. Joseph A. Massad (2007): Desiring Arabs. Chicago. S. 32–34.

245 https://www.britishmuseum.org/collection/object/W_1920-0917-0-301 (aufgerufen am 29.06.2021).

246 Vgl. Vincent Monteil (1979): Abu-Nuwas. Le vin, le vent, la vie. Paris. S. 11 ff.

247 Alle deutschen Koran-Zitate folgen der Übersetzung aus dem Arabischen von Max Henning. Siehe: Murad Wilfried Hofmann (Hrsg.) (2011): Der Koran. Arabisch-Deutsch. Übers. von Max Henning. München. S. 524.

248 Ebd., S. 535.

249 Ebd., S. 579.

250 Michel Foucault (1983): Der Wille zum Wissen. Sexualität und Wahrheit I. Übers. von Ulrich Raulff und Walter Seitter. Frankfurt a. M. S. 19 f.

251 Für sexuelle Beziehungen zwischen Frauen etablierte sich im Arabischen der Begriff *sihāq*, übersetzt bedeutet das

»reiben«. Als *sihāq* wurden aber auch sexuelle Handlungen zwischen Mann und Frau bezeichnet, bei der es nicht zur Penetration kommt. Auch deshalb kann das Wort nicht eins zu eins mit »lesbisch« übersetzt werden. Ali Ghandour geht davon aus, dass Liebes- und Sexualbeziehungen zwischen Frauen kein vergleichbarer Gegenstand gesellschaftlicher Debatten waren wie im Fall von *liwāt*: »Der sihāq wird nicht mit der Todes- oder einer ähnlich harten Strafe sanktioniert, weil er gar nicht als illegaler Geschlechtsverkehr (zinā) gilt.« Ali Ghandour (2019), S. 92.

252 Vgl. Samar Habib (2010): Islam and Homosexuality. Oxford. S. 208.

253 Zur Rechtsdebatte vgl. Ali Ghandour (2019), S. 74 ff. und Georg Klauda (2008): Die Vertreibung aus dem Serail. Europa und die Heteronormalisierung der islamischen Welt. Hamburg. S. 25–43 und S. 129.

254 Lana Sirri (2017), S. 94 f.

255 Vgl. Ghandour (2019), S. 77 sowie Khaled El-Rouayheb (2009): Before Homosexuality in the Arab-Islamic World. 1500–1800. Chicago. S. 123.

256 Thomas Bauer (2019): Die Kultur der Ambiguität. Eine andere Geschichte des Islams. Berlin, S. 27, nennt dieses Phänomen kulturelle Ambiguität: »Ein Phänomen kultureller Ambiguität liegt vor, wenn über einen längeren Zeitraum hinweg einem Begriff, einer Handlungsweise oder einem Objekt gleichzeitig zwei gegensätzliche oder mindestens zwei konkurrierende, deutlich voneinander abweichende Bedeutungen zugeordnet sind, wenn eine soziale Gruppe Normen und Sinnzuweisungen für einzelne Lebensbereiche gleichzeitig aus gegensätzlichen oder stark voneinander abweichenden Diskursen bezieht oder wenn gleichzeitig innerhalb einer Gruppe unterschiedliche Deutungen eines Phänomens akzeptiert werden, wobei keine dieser Deutungen ausschließlich Geltung beanspruchen kann.«

257 Ali Ghandour (2015): Lust & Gunst. Sex und Erotik bei den muslimischen Gelehrten. Hamburg. S. 13.

258 Ebd., S. 65.

259 Weltweit werden homosexuelle Handlungen in 69 Staaten strafrechtlich verfolgt. In Brunei, Iran, Jemen, Mauretanien, Nigeria und Saudi-Arabien gilt die Todesstrafe. https://www.lsvd.de/de/ct/1245-LGBT-Rechte-weltweit-Wo-droht-Todesstrafe-oder-Gefaengnis-fuer-Homosexualitaet aufgerufen am 08.07.2021.

260 Wie Thomas Bauer (2019, S. 307) den Transformationsprozess in seinem Buch *Die Kultur der Ambiguität* ausführlich skizziert, gelangte »die für den Westen charakteristische Verbindung zwischen Sex und Wahrheit auch in den Nahen Osten«. Indem europäische Konzepte von Geschichte, Zivilisation und Universalität Fuß fassten, verschwand zugleich die Ambiguitätstoleranz in islamischen Gesellschaften. Fortan stand alles unter dem Zeichen eines Wahrheitsdrangs, der »richtig« und »eindeutig« zum Maßstab für Gesellschaft, Körper, Geschlecht und Begehren nahm. »So hat also der Nahe Osten im Laufe des 20. Jahrhunderts die Homophobie als westliches Exportgut übernommen«, resümiert Bauer (ebd., S. 309).
»Auch die Muslimbrüder und die Salafisten haben ihren Ursprung in dieser Epoche«, schreibt Ali Ghandour (2019, S. 164). Mit dem Aufstieg der Islamisten im 20. Jahrhundert nahm die Vision einer Umgestaltung arabischer Gesellschaften nach der Idee eines »wahren Islams« zu.
In den 1980er und 90er Jahren griffen islamistische Denker vermehrt auch auf medizinisch-religiöse Argumente zurück. Sie ahmten Strategien christlicher Fundamentalisten nach, passten sie dem eigenen Kontext an und beanspruchten die absolute Wahrheit über »den« Islam für sich.

261 Sir Hamilton Alexander Rosskeen Gibb (1926): Arabic Literature: An Introduction. London. S. 42 (Übers. von Ozan Zakariya Keskinkılıç).

262 Zur Debatte siehe ausführlich die Analysen von Joseph A. Massad (2007): Desiring Arabs. Chicago. S. 51–159.

263 Vgl. ebd., S. 57–60.

264 Taha Husayn zit. nach Massad (2007), S. 65.

265 Vgl. ebd., S. 74 und S. 112.

266 Vgl. ebd., S. 77 und S. 120.

267 Vgl. ebd., S. 84–87.

268 »Fridays in the Park (or how to make a boy holy)«. In: Omar Sakr (2020): The Lost Arabs. Kansas City. S. 13.

269 »How to be a son«. In: Omar Sakr (2020), S. 16.

270 Seema Yasmin: Polymath. In: Fatimah Asghar/Safia Elhillo (Hrsg.) (2019): Halal If You Hear Me. Chicago. S. 118.

271 Tamer Düzyol (Hrsg.) (2021): ARAF – Un:::Sichtbar. Gedichte. Münster.

272 Karakaya Talk: »Queere Muslim*innen – wir existieren!«. 22.04.2020 (= https://www.youtube.com/watch?v=OoAOH6fH6mg&list=RDCMUCfN7JOiJhYpMHuRgLV1JicA&index=5; aufgerufen am 29.06.2021).

273 Karakaya Talk »Coming-out, Dating, Heirat: Eure Fragen an Mona El Omari«. 29.04.2020 (= https://www.youtube.com/watch?v=uGLQqujCzwE; aufgerufen am 29.06.2021).

274 Sekneh Hammoud-Beckett (2007): »Azima ila Hayati – an invitation in to my life: Narrative conversations about sexual identity«. In: The International Journal of Narrative Therapy and Community Work 2007/1, S. 29–39.

275 »Jedes fünfte Kita-Kind spricht zu Hause kaum Deutsch«. Die Welt Online und Zeit Online; beide 05.09.2020 (= https://www.welt.de/politik/deutschland/article215084538/Kitas-Jedes-fuenfte-Kind-spricht-zu-Hause-kaum-Deutsch.html und https://www.zeit.de/gesellschaft/familie/2020-09/integration-kita-kinder-sprachfoerderung; aufgerufen am 29.06.2021).

276 »Migranten sollen zu Hause Deutsch sprechen«. Spiegel Online, 05.12.2014 (= https://www.spiegel.de/politik/deutschland/csu-in-bayern-migranten-sollen-im-wohnzimmer-deutsch-sprechen-a-1006904.html; aufgerufen am 30.06.2021).

277 Aydan Özoğuz: »Leitkultur verkommt zum Klischee des Deutschseins«. Der Tagesspiegel Online, 14.05.2017 (= https://causa.tagesspiegel.de/gesellschaft/wie-nuetzlich-ist-eine-leitkultur-debatte/leitkultur-verkommt-zum-klischee-des-deutschseins.html; aufgerufen am 30.06.2021).

278 Justus Bender: »Gauland: Özoguz in Anatolien entsorgen«. FAZ Online, 28.08.2017 (= https://www.faz.net/aktuell/politik/bundestagswahl/afd-alexander-gauland-traeumt-von-

entsorgung-aydan-oezoguz-15171141.html; aufgerufen am 06.07.2021).

279 Thomas de Maizière: »Wir sind nicht Burka«. Bild Online, 29.04.2017 (= https://www.bild.de/politik/inland/thomas-de-maiziere/leitkultur-fuer-deutschland-51509022.bild.html; aufgerufen am 30.06.2021).

280 »Jeder muss wissen, was in Auschwitz passiert ist«. Spiegel Online, 08.04.2016 (= https://www.spiegel.de/politik/deutschland/de-maiziere-zu-integration-von-fluechtlingen-jeder-muss-wissen-was-in-auschwitz-passiert-ist-a-1086088.html; aufgerufen am 30.06.2021).

281 https://www.afd.de/wp-content/uploads/sites/111/2017/06/2017-06-01_AfD-Bundestagswahlprogramm_Onlinefassung.pdf, S. 158 (aufgerufen am 03.07.2021).

282 Siehe die entsprechenden Einträge auf duden.de; aufgerufen am 30.06.2021.

283 Annemarie Schimmel (1984): Stern und Blume. Die Bilderwelt der persischen Poesie. Wiesbaden. S. 5, 74, 151 f., 160 ff.

284 Heinrich Heine (1836): Die Romantische Schule. In: Heines Werke in Einzelausgaben mit Bildern aus seiner Zeit. Neudurchgesehene Originalausgabe, hrsg. von Gustav A. E. Bogeng. Hamburg. S. 66.
Doch bei aller Würdigung, eine bissige Bemerkung erlaubte sich Heine noch: Für ihn war Goethes Gruß auch ein Zeichen dafür, »daß der Okzident seines frierend mageren Spiritualismus überdrüssig geworden und an der gesunden Körperwelt des Orients sich wieder erlaben möchte«. Heine war für seine scharfe, oft provokante Sprache und Satire bekannt. Der Journalist, Dichter und Kritiker politischer Verhältnisse in Deutschland erfuhr Zensur, seit seiner Kindheit auch antisemitische Feindseligkeit. Als er diese Zeilen schrieb, lebte er bereits im Pariser Exil.

285 Heinrich von Treitschke (1879): »Unsere Aussichten«. In: Karsten Krieger (Hrsg.): Der »Berliner Antisemitismusstreit« 1879–1881. Eine Kontroverse um die Zugehörigkeit der deutschen Juden zur Nation. München. S. 12.

286 Zit. nach: Arndt Kremer (2007): Deutsche Juden – Deutsche Sprache. Berlin. S. 108.

287 Achim Rohde (2005): Der innere Orient. Orientalismus, Antisemitismus und Geschlecht im Deutschland des 18. bis 20. Jahrhunderts. In: Die Welt des Islams 45/4, S. 370–411.

288 Siehe dazu ausführlich: Susannah Heschel (2018): Jüdischer Islam: Islam und jüdisch-deutsche Selbstbestimmung. Berlin.

289 Kurt Pinthus (Hrsg.) (1920): Menschheitsdämmerung. Symphonie jüngster Dichtung. Berlin. S. 294.

290 Vgl. Frank Gesemann: Ein Jahrhundert im Spiegel einer multikulturellen Familie. In: Frank Gesemann/Höpp/Sweis (2002), S. 48ff.

291 Susan Kamel (2004): Hamidas Lied. Die 100 Jahre einer Muslimin an der Spree. In: Jens Kröger (Hrsg.): Islamische Kunst in Berliner Sammlungen. Berlin. S. 180–186.

292 So der Titel des 1. Kapitels in Ronen Steinke (2017), S. 9.

293 Auch im Kulturbereich gibt es Ausschlüsse, Hierarchien und Machtgefälle. Darauf machen nichtweiße Kulturschaffende und Expert:innen schon lange aufmerksam. In etablierten Kultur- und Kunstinstitutionen wie in Museen, in Staats- und Stadttheatern oder im Literaturbetrieb sind Menschen mit Migrationsbiografie und ihre Erfahrungswelten unterrepräsentiert. Noch immer mangelt es am Bewusstsein für die Schieflage und am Willen, Veränderungen zu initiieren, die über medienwirksame Diversity-Kampagnen als ästhetisches Korrektiv und zur Verbesserung des eigenen Images hinausgehen. Es reicht nicht, »bunte« Plakate zu drucken, solange sich die künstlerische Leitung nicht diversifiziert. Hinter den Bühnen ist der Betrieb weiterhin weiß und bürgerlich. Die freie Kulturszene und künstlerische Initiativen der Communities stellen sich dem entgegen.

294 https://jmkt.de/veranstaltungen/vernissage-ausstellung-von-tasnim-baghdadi-mirza-odabasi-und-anna-schapiro/

295 »Kunst inclusive: Theofunk art im Gespräch mit Tasnim Baghdadi«. 15.12.2020 (= https://www.youtube.com/watch?v=7NWUiLQmQ5g; aufgerufen am 01.07.2021). Wer weitere Stimmen aus Kunst und Kultur jenseits polemischer Debatten über »den« Islam sucht, dem kann ich den *theofunk*-Podcast sehr ans Herz legen. In der Reihe *theofunk-*

*Art* spricht Professorin Armina Omerika u. a. auch mit der Designerin (und Illustratorin dieses Buchcovers) Nes Kapucu über Konsumkritik und Nachhaltigkeit oder mit dem Künstler Calimaat über Caligraffiti, einer Synthese aus traditioneller Kalligrafie und Graffiti.

296 Deniz Utlu: Die Sprache des Archivs. In: Unterhaltungen deutscher Eingewanderten. Undatiertes Online-Projekt (= https://www.dichterlesen.net/unterhaltungen-deutscher-eingewanderten/; aufgerufen am 01.07.2021).

297 Ozan Zakariya Keskinkılıç: »Spurensuche ›NahostBerlin‹. Keynote zu ›Parataxe Symposium VII = NahostBerlin«. Undatierte Online-Veröffentlichung (= https://stadtsprachen.de/text/spurensuche-nahostberlin/; aufgerufen am 01.07.2021).

298 »Der Vorwurf der kulturellen Aneignung wird in der Regel von einer marginalisierten/subalternen Position aus erhoben«, erklärt Noa Ha, »und richtet sich gegen dominante/privilegierte Positionen (Gruppen, Institutionen, Personen), da sie sich kulturelle Symbole, Gegenstände und Praktiken von subalternen Gruppen abschauen, aneignen und einverleiben.« Ha will auf die Kontinuität gewaltvoller Kolonialgeschichte aufmerksam machen und kritisiert, wie weit verbreitet koloniale Verhältnisse in Popkultur, Literatur und in der Museumslandschaft sind.
Siehe: Noa Ha: »Kulturelle Aneignung und koloniale Gewalt.« Missy Magazine, 03.11.2016 (= https://missy-magazine.de/blog/2016/11/03/kulturelle-aneignung-und-koloniale-gewalt/ (zuletzt aufgerufen am 04.07.2021).

299 »Im Namen Gottes, des Erbarmers, des Barmherzigen!
Lies! Im Namen deines Herrn, Der erschuf –
Erschuf den Menschen aus einem sich Anklammernden.
Lies! Denn dein Herr ist gütig,
Der durch die (Schreib-)Feder gelehrt hat –
Den Menschen gelehrt hat, was er nicht wusste.«
Koran 96:1-5

300 Rumi (2004): The Masnavi. A new translation by Jawid Mojadeddi, Oxford.

301 In eigener Übersetzung des Autors zitiert nach: Rozina Ali: »The Erasure of Islam from the Poetry of Rumi«. The New

Yorker Online, 05.01.2027 (= https://www.newyorker.com/books/page-turner/the-erasure-of-islam-from-the-poetry-of-rumi; aufgerufen am 02.07.2021).

302 Ebd. (Übers. von Ozan Zakariya Keskinkılıç).

303 Ebd.

304 Zit. nach. Annemarie Schimmel (1984), S. 52.

305 Ebd., S. 76.

306 Thomas Bauer (2019), passim.

307 Ebd., S. 45.

308 Zitiert nach Thomas Bauer (2019), S. 81.

309 Vgl. ebd.

310 Ebd., S. 85.

311 Mohja Kahf (2016), S. 92.

312 Momtaza Mehri (2019): Glory Be to the Gang Gang Gang. In: Fatima Asgha / Safia Elhillo (Hrsg.): Halal If You Hear Me. Chicago. S. 10.

313 Aisha Sharif (2019): Why I Can Dance Down a Soul-Train Line in Public and Still be Muslim. In: ebd., S. 5.

314 »Birthday«. In: Omar Sakr (2020), S. 25.

315 Suhaiymah Manzoor-Khan (2019): Postcolonial Banter. Birmingham. S. 15.

316 Ebd., S. 19.

317 Ebd., S. 34–35.

318 Edward W. Said (1997): Götter, die keine sind. Der Ort des Intellektuellen. Übers. von Peter Geble. Berlin. S. 72.

# Quellennachweis Interventionen

**S. 7:** Ibn Khaldun: Zit. nach und ins Deutsche übers. von Thomas Bauer: Die Kultur der Ambiguität. Eine andere Geschichte des Islams. Berlin, 2019. S. 344.

**S. 9:** Edward W. Said: Am falschen Ort. Übersetzt von Meinhard Büning. Berlin, 2003. S. 355.

**S. 25:** Michel Foucault: Der Gebrauch der Lüste. Sexualität und Wahrheit 2. Übersetzt von Ulrich Raulff u. Walter Seitter. Frankfurt a. M., 2017 (zuerst: 1984). S. 15.

**S. 30:** Tunay Önder: Enşöligensi. In: Tamer Düzyol/Taudy Pathmanathan (Hg.): Haymatlos. Gedichte. Münster, 2018. S. 149.

**S. 38:** Nina Salouâ Studer: Die Pathologisierung des Maghreb – der Einfluss der französischen Psychiatrie auf koloniale Berichte über schlafende Schwangerschaften. In: Historische Anthropologie, Bd. 21 (1)/2013, S. 126–140, hier: S. 140.

**S. 44:** Shirin Sima Eghtessadi: Hausordnung. In: Tamer Düzyol, Taudy Pathmanathan (Hg.): Haymatlos. Münster, 2018. S. 106.

**S. 45 f.:** Aras Ören: Frau Kutzers Nachbarn. In: ders: Berliner Trilogie. Drei Poeme. Teil 1: Was will Niyazi in der Naunynstraße?. Übers. aus dem Türkischen von H. Achmed Schmiede, Johannes Schenk, Jürgen Theobaldy und Gisela Kraft. Berlin, 2019. S. 25 f.

**S. 55:** Aras Ören: Fazil Usta war einer von ihnen. In: ders.: Berliner Trilogie. Teil 2: Der kurze Traum aus Kagithane. ebd., S. 80.

**S. 57 f.:** Semra Ertan: Mein Name ist Ausländer. In: dies. (hrsg. von Zühal Bilir-Meier und Cana Bilir-Meier): Mein Name ist Ausländer. Benim Adım Yabancı. Münster, 2020. S. 176.

**S. 67:** May Ayim: deutschland im herbst. In: blues in schwarz weiss. Gedichte. Berlin, 1996. S. 69 f.

**S. 69:** Çığır Özyurt: Der Moslem. Mitschnitt des Liedes vom 02.11.2013 (https://www.youtube.com/watch?v=Pevo8RuzFDU).

**S. 70 f.:** Amira Zarari: Lange Schwarze Kleider. In: Das Milieu, 15.07.2016 (https://www.dasmili.eu/art/lange-schwarze-kleider/).

**S. 73:** Frantz Fanon: Schwarze Haut, weiße Masken, Übers. von Eva Moldenhauer. Frankfurt a. M., 1985 (zuerst: 1952). S. 79.

**S. 76:** Nadire Y. Biskin: Camii. In: PS – Politisch Schreiben. Anmerkungen zum Literaturbetrieb. Lyrik #6, 2020/2021 (= https://www.politischschreiben.net/gedichte-6/).

**S. 84:** Tweets von @BilalErkin (= https://twitter.com/BilalErkin/status/856618535690412032?s=20); @UeSeyma Karahan (= https://twitter.com/UeSeymaKarahan/status/856590096937758720); @kkcyln (= https://twitter.com/kkcyln/status/856606934358786050?s=20) und @AbdelkarimsLP (= https://twitter.com/AbdelkarimsLP/status/856597631627382786?s=20). Alle Tweets aus April 2017.

**S. 85:** Karosh Taha: Die Leichen im europäischen Unterbewusstsein. Blogbeitrag Literaturmagazin Bremen, 16.03.2021 (= https://www.literaturmagazin-bremen.de/beitraege/die-leichen-im-europaeischen-unterbewusstsein).

**S. 87 f.:** Ozan Zakariya Keskinkılıç: flying while muslim. In: BELLA triste. Heft 60/2021. S. 21 f.

**S. 102:** Malek Alloula: Haremsphantasien. Aus dem Postkartenalbum der Kolonialzeit. Übers. v. Stephan Egghart. Freiburg, 1994. S. 25.

**S. 120:** Edward W. Said: Orientalismus. Übers. von Hans Günter Holl. Frankfurt a. M., 2017. S. 49.

**S. 128:** Rana Kabbani: Mythos Morgenland. Wie Vorurteile und Klischees unser Bild vom Orient bis heute prägen. Übers. von Gabriele Gockel und Rita Seuss. München, 1993. S. 63.

**S. 132:** Iman Attia: Kulturrassismus und Gesellschaftskritik. In: dies. (Hg.): Orient- und IslamBilder. Interdisziplinäre Beiträge zu Orientalismus und antimuslimischem Rassismus. Münster, 2007. S. 11.

**S. 134:** Leila Ahmed: Women and Gender in Islam. New Haven & London. 1992. S. 151 f. Im Original: »Veiling – to Western eyes, the most visible marker of the differentness and inferiority of Islamic societies – became the symbol now of both the oppression of women (…) and the backwardness of Islam, and it became the open target of colonial attack and the spearhead of assault on Muslim societies.« (Übers. O. Z. Keskinkılıç)

**S. 139:** @sigi_maurer (Sigi Maurer): Tweet vom 15.01.2019 (= https://twitter.com/sigi_maurer/status/1085167616161972225?s=20).

**S. 150:** @mamjahid (Mohamed Amjahid): Tweet vom 14.03.2021 (= https://twitter.com/mamjahid/status/1371140343131963400?s=21).

**S. 164 f.:** Saadi Shirazi: Von der Liebe und der Jugend. In: Dies.: Rosengarten. Übers. von Karl Heinrich Graf. Berlin, 2018. S. 121 und 136.

**S. 166:** Abu Nuwas: Zit. nach und ins Französische übers. von Vincent Monteil: Abu-Nuwas. Le vin, le vent, la vie. Paris, 1979. S. 91. Im Original: »J'ai quitté les filles pour les garçons / et, pour le vin vieux, j'ai aussi laissé l'eau claire. / Loin du droit chemin, j'ai pris sans façon / celui du péché, car je le préfère. / J'ai couplé les rênes et sans remords / j'ai enlevé la bride avec le mors.« (Deutsche Übers. O. Z. Keskinkılıç).

**S. 166:** Abu Nuwas: Zit. nach und ins Deutsche übers. von Ali Ghandour: Liebe, Sex und Allah. Das unterdrückte erotische Erbe der Muslime. München, 2019. S. 82.

**S. 179:** Queer Arab Barty: Facebook-Eintrag vom 08.02.2020: https://www.facebook.com/events/1554562994692532/.

**S. 182:** Emine Sevgi Özdamar (2013): Mutterzunge. Berlin, 2013. S. 7.

**S. 186:** Frantz Fanon: A Dying Colonialism. Übers. von Haakon Chevalier. New York, 1965. S. 44. Im Original: »This woman who sees without being seen frustrates the colonizer.« (Deutsche Übers. O. Z. Keskinkılıç).

**S. 190:** Johann Wolfgang von Goethe: West-östlicher Divan. München, 2018 (zuerst: 2006). S. 44.

**S. 194:** Mati Shemoelof: ich bin juden dichtar. In: ders.: Bagdad – Haifa – Berlin. Übers. von Jan Kühne. Berlin, 2019. S. 9.

**S. 204:** Der Koran. Hrsg. v. Murad Wilfried Hofmann. Zweisprachige Ausgabe. Übers. von Max Henning. München, 2011. S. 597.

**S. 210 f.:** Hafis: Gedichte aus dem Diwan. Ausgewählt und hrsg. von Johann Christoph Bürgel. Ditzingen, 2019. S. 86 und 89.

**S. 219:** Suhaiymah Manzoor-Khan: A Poem That Winds Through Lewisham Streets. In: dies.: Postcolonial Banter. Birmingham, 2019. S. 74.

**S. 220:** Else Lasker-Schüler: Weltflucht, In: dies: Sämtliche Gedichte. München, 1966. S. 12.